중변분별론소 제3권 외
中邊分別論疏 卷三 外

| 동국대학교 불교기록문화유산아카이브사업단(ABC)
본서는 문화체육관광부 지원으로 동국대학교 불교학술원에서 간행하였습니다.

한글본 한국불교전서 신라 23
중변분별론소 제3권 외

2019년 10월 1일 초판 1쇄 인쇄
2019년 10월 10일 초판 1쇄 발행

지은이 원효
옮긴이 박인성 · 김성철 · 묘주
펴낸이 윤성이
펴낸곳 동국대학교출판부

주소 04620 서울시 중구 필동로 1길 30
전화 02-2260-3483~4
팩스 02-2268-7851
Homepage http://dgpress.dongguk.edu
E-mail book@dongguk.edu
출판등록 제2-163(1973. 6. 28)
편집디자인 다름
인쇄처 네오프린텍(주)

© 2019, 동국대학교(불교학술원)

ISBN 978-89-7801-967-5 93220

값 17,000원

이 책의 무단 전재나 복제 행위는 저작권법 제98조에 따라 처벌받게 됩니다.

한글본 한국불교전서 신라 23

중변분별론소 제3권 中邊分別論疏 卷三
판비량론 判比量論
해심밀경소서 解深密經疏序

원효 元曉
박인성·김성철·묘주 옮김

동국대학교출판부

차례

중변분별론소 제3권 中邊分別論疏 卷三

중변분별론소 해제 / 9

제1편 「대치품對治品」 19
제2편 「수주품修住品」 128
제3편 「득과품得果品」 141

찾아보기 / 164

판비량론判比量論

판비량론 해제 / 171

제1편 간다 기이치로(神田喜一郞) 소장본 201
제2편 사카이 우키치(酒井宇吉) 소장본 222
제3편 〈회향게廻向偈〉가 실린 필사본 225
제4편 오치아이 히로시(落合博志) 소장본 226
제5편 고토(五島)미술관 소장본 229
제6편 바이케이(梅溪) 구장본舊藏本 231
제7편 미쓰이(三井)기념미술관 소장본 233
제8편 도쿄(東京)국립박물관 소장본 236
제9편 동아시아 불교 문헌에 인용된 부분 238

찾아보기 / 252

해심밀경소서 解深密經疏序

해심밀경소서 해제 / 259

해심밀경소서 275

찾아보기 / 282

중변분별론소 제3권

| 中邊分別論*疏 卷三** |

신라 원효 지음 新羅 元曉 撰***
박인성 옮김

---

　* ㉰ '分別論'은 편자가 보입補入하였다.
　** ㉰ 저본은 『續藏經』 제1편 75투套 1책이다.
*** ㉰ '新羅 元曉 撰'은 편자가 보입하였다.

중변분별론소中邊分別論疏 해제

박 인 성
동국대학교 불교학과 교수

1. 개요

원효元曉(617~686)의 『중변분별론소』는 『중변분별론』에 대한 주석서이다. 『중변분별론』은 산스크리트본 *Madhyānta-Vibhāga-Bhāṣya*를 한역한 논서이다. madhya는 '중中'을, ānta는 '변邊'을, vibhāga는 '구별하기'를 의미하므로, *Madhyānta-Vibhāga-Bhāṣya*는 『중과 변을 구별하는 논』으로 번역할 수 있다. 이 산스크리트본 『중과 변을 구별하는 논』을 한역하면서 진제眞諦(Paramārtha, 499~569)는 『중변분별론』이라는 이름을, 현장玄奘(602~664)은 『변중변론辯中邊論』이라는 이름을 붙였다. 진제의 『중변분별론』은 중과 변을 분별하는 논, 현장의 『변중변론』은 중과 변을 변별하는 논이므로, 모두 '중과 변을 구별하기'라는 의미를 담고 있는 셈이다. 여기서 '중中'은 중간, '변邊'은 극단이므로, 우리는 '중과 변을 구별하기'를 통해 양 극단을 타파하며 중간을 보고, 중간을 보며 양 극단을 타파하면서 지혜의 힘을 끌어내어 기를 수 있게 된다.

『중과 변을 구별하는 논』은 미륵彌勒(Maitreya, 4세기 후반)의 송頌에 대해 후대의 세친世親(Vasubandhu, 5세기경)이 석釋을 작성한 논서로, (1) 상相의 장, (2) 장애의 장, (3) 진실의 장, (4) 대치·수습의 계위·결과의 장, (5) 무상승의 장으로 이루어져 있는데, 원효의 『중변분별론소』에서는 이 중 (4) 대치·수습의 계위·결과의 장에 해당하는 「대치수습품對治修習品」(대치를 수습함에 관한 품), 「수주품修住品」(수습의 계위에 관한 품), 「득과품得果品」(결과를 얻음에 관한 품)의 세 품品만을 만날 수 있다. 이 품들을 산스크리트본처럼 한 품으로 묶는다면, 다섯 품 중에서 이 한 품에 대한 주석만이 내려오는 셈이다. 「대치수습품」, 「수주품」, 「득과품」은 이른바 삼십칠보리분법三十七菩提分法을 대승에 의거해서 설명하는 품이다.

원효는 삼십칠보리분법 즉 사념주, 사정단, 사신족, 오근, 오력, 칠각지, 팔성도를 『대지도론大智度論』, 『유가사지론瑜伽師地論』, 『아비달마잡집론阿毗達磨雜集論』, 『현양성교론顯揚聖教論』 같은 논서들에서 인용하여 주석하고 있다. 이를 위해 논서들의 어느 부분을 인용하는지, 인용하면서 여러 논서의 상충하는 내용들을 어떻게 회통하는지 눈여겨보면 원효의 주석하는 솜씨를 엿볼 수 있을 것이다. 특히 『중변분별론』의 송頌과 석釋을 따라가며 한 문장 한 문장 주석할 때 애매해서 파악하기 힘든 문장들을 훌륭하게 해독하고 있다. 이 한 장을 해독해 내는 원효의 역량을 볼 때 다른 장의 주석도 이에 못지않은 훌륭한 내용을 담고 있을 것으로 추측된다. 비록 이 한 장밖에 남아 있지 않지만, 이 장이 삼십칠보리분법을 다루고 있어 이에 대한 북전 아비달마불교나 남방불교의 해석과 비교해 볼 수 있고, 초기 불교의 수행법에 대한 대승불교의 탁월한 해석을 만나 볼 수 있다.

2. 『중변분별론』의 판본

산스크리트본 『중과 변을 구별하는 논』과 진제의 한역본 『중변분별론』,

현장의 한역본『변중변론』의 전 장의 품명을 순서대로 소개하면 다음과 같다.

* 산스크리트본 *Madhyānta-Vibhāga-Bhāṣya*(『중과 변을 구별하는 논』)
Ⅰ. lakṣaṇa-pariccheda(상相의 장)
Ⅱ. āvaraṇa-pariccheda(장애의 장)
Ⅲ. tattva-pariccheda(진실의 장)
Ⅳ. pratipakṣa-bhāvanāvastha-phala-pariccheda(대치·수습의 계위·결과의 장)
Ⅴ. yānāuttarya-pariccheda(무상승의 장)

* 진제의 한역본『중변분별론』
Ⅰ. 상품相品(상에 관한 품)
Ⅱ. 장품障品(장애에 관한 품)
Ⅲ. 진실품眞實品(진실에 관한 품)
Ⅳ. 대치수습품對治修習品(대치를 수습함에 관한 품)
Ⅴ. 수주품修住品(수습의 계위에 관한 품)
Ⅵ. 득과품得果品(결과를 얻음에 관한 품)
Ⅶ. 무상승품無上乘品(무상승에 관한 품)

* 현장의 한역본『변중변론』
Ⅰ. 변상품辯相品(상을 변별하는 품)
Ⅱ. 변장품辯障品(장애를 변별하는 품)
Ⅲ. 변진실품辯眞實品(진실을 변별하는 품)
Ⅳ. 변수대치품辯修對治品(대치를 수습함을 변별하는 품)
Ⅴ. 변수분위품辯修分位品(수습의 계위를 변별하는 품)
Ⅵ. 변득과품辯得果品(결과를 얻음을 변별하는 품)

Ⅶ. 변무상승품辯無上乘品(무상승을 변별하는 품)

3. 원효가 주석한 『중변분별론』의 3품의 내용

『중변분별론』의 7품 중 원효의 『중변분별론소』가 다루는 3품의 내용을 현장의 『변중변론』에 의거해서 간단히 정리하면 다음과 같다.

1) Ⅳ. 대치를 수습함을 변별하는 품

'대치를 수습함'에서 '대치對治'란 치료한다는 뜻을 담고 있고, '수습修習'이란 이른바 '마음을 닦는다'고 할 때의 '닦음'을 가리킨다. 「Ⅱ. 장애를 변별하는 품」에서 본 장애들을 대치하기 위해 37종의 보리분법을 수습하는 것이다. 이 보리를 이루는 법들이라는 뜻의 삼십칠보리분법은 우리가 익히 들어 알고 있는, 도를 돕는 품류라는 뜻의 삼십칠조도품三十七助道品이다. 보리분법은 신역이고 조도품은 구역이다. 이 장에서는 「장애를 변별하는 품」에서 본 장애들을 대치하기 위해 수습하는 과정을 37종의 보리분법의 단계들을 통해 보여 주고 있다. 첫째는 사념주를 수습함, 둘째는 사정단을 수습함, 셋째는 사신족을 수습함, 넷째는 오근을 수습함, 다섯째는 오력을 수습함, 여섯째는 칠각지를 수습함, 일곱째는 팔정도를 수습함이다.

2) Ⅴ. 수습의 계위를 변별하는 품

이 장에서는 앞에 말한 대치를 수습함의 계위로 구별한다. 모두 18계위가 있다. 첫째는 인因의 계위로, 종성種性에 머물고 있는 것을 말한다. 둘째는 들어감의 계위로, 이미 발심한 것을 말한다. 셋째는 가행加行의 계위로, 이미 발심하기는 했으나 아직 과果를 증득하지 못한 것을 말한다. 넷째는 과果의 계위로, 이미 과果를 얻은 것을 말한다. 다섯째는 해야 할 일이 있음의 계위로, 유학有學에 머무는 것을 말한다. 여섯째는 해야 할 일이 없음의 계위로, 무학無學에 머무는 것을 말한다. 일곱째는 월등함의 계위로, 이미 신통 등 월등한 공덕功德을 성취한 것을 말한다. 여덟째는 위가 있음의 계위로, 성문 등을 넘어 이미 보살의 대지에 들어간 것을 말한다. 아홉째는 위가 없음의 계위로, 붓다가 된 것을 말한다. 열째는 승해勝解를 행함의 계위로, 승해를 행하는 대지의 모든 보살을 말한다. 열한째는 깨달아 들어감의 계위로, 극희지極喜地를 말한다. 열두째는 출리出離의 계위로, 이후의 6종의 대지를 말한다. 열셋째는 수기受記의 계위로, 제8의 대지를 말한다. 열넷째는 변설辯說의 계위로, 제9의 대지를 말한다. 열다섯째는 관정灌頂의 계위로, 제10의 대지를 말한다. 열여섯째는 증득證得의 계위로, 붓다의 법신을 말한다. 열일곱째는 월등한 이익의 계위로, 수용신受用身을 말한다. 열여덟째는 해야 할 일의 완수함의 계위로, 변화신變化身을 말한다.

3) Ⅵ. 결과를 얻음을 변별하는 품

결과를 얻음이란 이숙과異熟果, 증상과增上果, 등류과等流果, 사용과士用果, 이계과離繫果 등 5종의 과果를 얻음을 말한다. 첫째 이숙과란 선善에 수순하는 이숙異熟의 기器를 말한다. 둘째 증상과란 그 기器의 증장增長한 세력 덕분에 선법들의 상품上品이 되는 것을 말한다. 셋째 등류과란 선세에 자주자주 수습한 선의 세력 덕분에 금세에 선에 대해 깊게 욕구가 일어나는 것을 말한다. 넷째 사용과란 현세에 자주자주 수습하는 선의 세력 덕분에 수습해야 할 선근善根이 조속히 원만함을 얻는 것을 말한다. 다섯째 이계과란 장애를 끊어 계박을 영원히 벗어난 청정을 얻는 것을 말한다.

4. 참고 사항

원효의 『중변분별론소』를 읽기 전에 먼저 『중변분별론』 전체를 읽을 필요가 있다. 『중변분별론』 산스크리트본과 현장의 한역본이 『중과 변을 구별하기』[1]라는 이름으로 번역되어 있다. 원효는 자주 생략해서 인용하거나 축약해서 인용하므로, 그가 인용하는 의도를 읽어 내려면 온전한 인용문을 살펴볼 필요가 있다. 인용문을 보강한 우리말 번역서[2]가 나와 있는데, 이 번역서에는 생략되거나 축약되지 않은 원래의 인용문을 찾아서 「『중변분별론소』 인용문 보강」에 실어 놓았다. 또 원효는 인용한 문헌의 이름만 밝히고 있을 뿐 그 문헌의 몇 번째 권에 실려 있는지 밝히지 않았는데, 이 번역서는 온전한 인용문을 실으면서 이 점도 밝혀 놓았다. 원효의 『중변분별론소』에는 인용문인지 원효 자신의 글인지 가늠하기 어려운 대목이 있는데, 이러한 대목도 인용문일 경우 「인용문 보강」에 밝혀 놓았다. 또한 이 번역서에는 『중변분별론』 「대치수습품」의 진제 한역본, 현장 한역본, 산스크리트본에 대한 우리말 번역이 실려 있어, 독자들은 이 세 본을 비교해 보며 원효가 저본으로 삼은 진제의 한역본인 『중변분별론』의 특징을 엿볼 수 있다.

한국의 고대 불교 문헌이 흔히 그렇듯이, 원효의 이 저작에도 오자와 탈자 등이 많다. 무려 239곳에서 오자와 탈자 등이 보인다. 저본으로 활용한 『속장경』과 『한국불교전서』에서도 오자·탈자의 문제를 지적하고 있지만 일부를 지적하는 데 그치고 있고, 이 교정마저 잘못된 곳이 있다. 따라서 맨 앞의 탈락된 일곱 자만 빼고, 인용문을 참조하고 문맥의 전후 관계를 고려하여 교정하면서 완전에 가깝게 복원하고자 하였다.

---

[1] 박인성 역, 『중과 변을 구별하기―산스끄리뜨본·현장한역본』, 주민출판사, 2005.
[2] 박인성 역, 『중변분별론소』, 주민출판사, 2005.

차례

중변분별론소中邊分別論疏 해제 / 9
일러두기 / 18

제1편 「대치품對治品」 19
  제1장 의미를 밝힘 19
    1. 이름을 나열함 20
      1) 사념주 20
      2) 사정단 20
      3) 사신족 21
      4) 오근 21
      5) 오력 22
      6) 칠각지 22
      7) 팔지성도 22
    2. 의미를 풀이함 23
      1) 사념주 23
      2) 사정단 25
      3) 사신족 28
      4) 오근 32
      5) 오력 33
      6) 칠각지 33
      7) 팔지성도 34
    3. 본체를 밝힘 35
    4. 계위를 밝힘 37
    5. 순서를 설명함 41
    6. 문을 설명함 43
      1) 사념주 43
        (1) 염주의 소연 43
        (2) 염주의 본체 46

(3) 염주의 동반자 47
　　　(4) 염주를 수습함 47
　　　(5) 염주를 수습함의 결과 50
　2) 사정단 52
　　　(1) 정단의 소연 52
　　　(2) 정단의 본체 53
　　　(3) 정단의 동반자 53
　　　(4) 정단을 수습함 53
　　　(5) 정단을 수습함의 결과 54
　3) 사신족 54
　　　(1) 신족의 소연 55
　　　(2) 신족의 본체 55
　　　(3) 신족의 동반자 55
　　　(4) 신족을 수습함 56
　　　(5) 신족을 수습함의 결과 60
　4) 오근 60
　　　(1) 오근의 소연 60
　　　(2) 오근의 본체 61
　　　(3) 오근의 동반자 61
　　　(4) 오근을 수습함 61
　　　(5) 오근을 수습함의 결과 62
　5) 오력 62
　6) 칠각지 63
　　　(1) 각지의 소연 63
　　　(2) 각지의 본체 63
　　　(3) 각지의 동반자 64
　　　(4) 각지를 수습함 65
　　　(5) 각지를 수습함의 결과 67
　7) 팔성도지 67
　　　(1) 팔성도지의 소연 68
　　　(2) 팔성도지의 본체 68

(3) 팔성도지의 동반자 69
　　　(4) 팔성도지를 수습함 69
　　　(5) 팔성도지를 수습함의 결과 70
　제2장 본문 풀이 70
　　1. 논의 일으키는 부분을 풀이함 71
　　2. 계송과 주석을 풀이함 71
　　　1) 대치를 나누어 밝힘 72
　　　(1) 사념처 72
　　　(2) 사정근 75
　　　(3) 여의족 77
　　　(4) 근과 역을 합해서 밝힘 94
　　　(5) 칠각지 107
　　　(6) 팔정도 113
　　　2) 대치를 합해서 말함 122

제2편 「수주품修住品」 128
　제1장 계위의 상을 하나하나 밝힘 131
　　1. 수행에 의지해서 4종의 계위의 차이를 세움 131
　　2. 법계에 의거해서 3종의 계위가 같지 않음을 밝힘 137
　제2장 사람의 유형에 의거해서 합해서 매듭지음 139

제3편 「득과품得果品」 141

찾아보기 / 164

일러두기

1 '한글본 한국불교전서'는 문화체육관광부의 지원을 받아 동국대학교 불교학술원에서 수행하고 있는 '불교기록문화유산아카이브(ABC)사업'의 결과물을 출간한 것이다.
2 이 책은 『한국불교전서』(동국대학교출판부 간행) 제1책에 수록된 『중변분별론소권삼中邊分別論疏卷三』을 저본으로 번역하였으며, 『중변분별론소』에 대응하는 『중변분별론』 본문을 같이 번역하여 수록하고 논으로 구분하였다.
3 『중변분별론』 본문의 번역 가운데 〈1〉, 〈2〉 등의 표시는 각 품에 나오는 게송의 순서를 가리키고, 그 속에 있는 a, b, c, d는 각각 게송의 제1구~제4구를 가리킨다.
4 번역문에 이어 원문을 병기하고 간단한 표점 부호를 삽입하였다.
5 원문의 교감 사항은 번역문의 각주와 별도로 원문 아래 부분에 제시하였다.
㊝은 『한국불교전서』 편찬자가 교감한 내용이다.
㊞은 번역자가 교감한 내용이다.
6 약물은 다음과 같다.
『　』: 서명
「　」: 편명, 산문 작품
T : 『대정신수대장경』

제1편 「대치품對治品」

「대치품對治品」이란 37품류의 도道를 연마해서 습득하는 것이다. 각각 경우에 따라 □□□□□□이 의미를 나타내기에 '대치품'이라 한다. 이 중 먼저 그 의미를 밝히고, 그런 뒤에 본문[1]을 풀이하겠다.

對治品者。[1] 研習三十七品之道。隨其所對。□□□□□□顯是義故。名對治品。此中先明其義。然後消文。

1) ㉾ 이는『中邊分別論』권하의 시작에 해당한다.

제1장 의미를 밝힘

먼저 보리분菩提分의 의미를 밝히겠는데, 이는 크게 보아 6종의 문門으로 되어 있다. 첫째는 이름을 나열하는 것이고, 둘째는 의미를 풀이하는 것이고, 셋째는 본체를 밝히는 것이고, 넷째는 계위를 밝히는 것이고, 다섯째는 순서를 설명하는 것이고, 여섯째는 문門들을 설명하는 것이다.

□[1]菩提分義略有六門。一者列名。二者釋義。三出體性。四顯明位地。五說[2]次第。六辨諸門。

1) ㉾ □는 '初'인 듯하다. 2) ㉾ '說'은 원본의 자체字體가 미상이다.

---

[1] 본문 : 미륵彌勒의 송頌과 세친世親의 석釋으로 구성된『中邊分別論』의 본문을 가리킨다.

1. 이름을 나열함

첫째, 이름을 나열한다.

무엇을 37종의 보리분법이라 하는가? 사념주四念住, 사정단四正斷, 사신족四神足, 오근五根, 오력五力, 칠각지七覺支, 팔분지(八支)의 성도聖道를 말한다.

初列名者。何等名爲三十七種菩提分法。謂四念住。四正斷。四神足。五根。五力。七覺支。八支聖道。

1) 사념주

사념주四念住란 첫째 신념주身念住, 둘째 수념주受念住, 셋째 심념주心念住, 넷째 법념주法念住이다.

四念住者。一身念住。二受念住。三心念住。四法念住。

2) 사정단

사정단四正斷이란 첫째 이미 발생한 악불선법惡不善法을 끊고자 욕구를 내고 책려策勵하고 근근과 정진을 발기하고 책심策心하고 지심持心하는 정단이며, 둘째 아직 발생하지 않은 악불선법을 발생하지 않게 하고자 욕구를 내고 책려하고 내지 지심하는 정단이며, 셋째 아직 발생하지 않은 선법을 발생하게 하고자 욕구를 내고 책려하고 내지 지심하는 정단이며, 넷째 이미 발생한 선법을 거주하게 하고 망실하지 않게 하고 수습을 원만하게 하고 수습을 배가하게 하고 증장하게 하고 광대하게 하고자 욕구를 내고 책려하고 내지 지심하는 정단이다.

> 四正斷者。一於已生惡不善法。爲令斷故。生欲策勵。發勤精進。策心持心
> 正斷。二於未生惡不善法。爲不生故。生欲策勵。乃至持心正斷。三於未生
> 善法。爲令生故。生欲策勵。乃至持心正斷。四於已生善法。爲欲令住。令
> 不忘失。令修圓滿。令倍修。令增長。令廣大。生欲策勵。乃至持心正斷。

3) 사신족

사신족四神足이란 첫째 욕삼마지欲三摩地[2]의 단행斷行을 성취하는 신족, 둘째 근삼마지勤三摩地의 단행을 성취하는 신족, 셋째 심삼마지心三摩地의 단행을 성취하는 신족, 넷째 관삼마지觀三摩地의 단행을 성취하는 신족이다.

> 四神足者。一欲三摩地斷行成成[1]就神足。二勤三摩地斷行成就神足。三心
> 三摩地斷行成就神足。四觀三摩地斷行成就神足。

---
1) ㉮ '成'은 잉자剩字인 듯하다.

4) 오근

오근五根이란 첫째 신근信根, 둘째 정진근精進根, 셋째 염근念根, 넷째 정근定勤, 다섯째 혜근慧根이다.

> 五根者。一信根。二精進根。三念根。四定根。五慧根。

---
2 욕삼마지欲三摩地 : 여기서 '삼마지'는 ⓢ samādhi 곧 '定'의 음역이다.

5) 오력

오력五力이란 신력信力,……내지 혜력慧力이다.[3]

五力者。信力乃至慧力。

6) 칠각지

칠각지七覺支란 첫째 염각지念覺支, 둘째 택법각지擇法覺支, 셋째 정진각지精進覺支, 넷째 희각지喜覺支, 다섯째 경안각지輕安覺支, 여섯째 정각지定覺支, 일곱째 사각지捨覺支이다.

七覺支者。一念覺支。二擇法覺支。三精進覺支。四喜覺支。五安覺支。六定覺支。七捨覺支。

7) 팔지성도

팔분지의 성도(八支聖道)란 첫째 정견正見, 둘째 정사유正思惟, 셋째 정어正語, 넷째 정업正業, 다섯째 정명正命, 여섯째 정정진正精進, 일곱째 정념正念, 여덟째 정정正定이다.

八支聖道者。一正見。二正思惟。三正語。四正業。五正命。六正精進。七正念。八正定。

---

3 오력五力은 신력信力, 정진력精進力, 염력念力, 정력定力, 혜력慧力이다.

2. 의미를 풀이함

둘째, 의미를 풀이한다.

第二釋義。

1) 사념주

몸(身)에 대해서 염념과 상응하여 순신관循身觀을 확립하는 것이 신념주身念住이다. 내지 법法에 대해서, 모두 이렇게 말한다.[4] 무엇을 염념이라 하는가? 이 중 신념주의 염은 몸을 주된 대상으로 하여 바른 교법을 받아 새겨 두고 그 교법의 의미를 사유하여 작증作證을 수습하는 것을 말한다. 표현과 의미에 대해서 작증을 수습할 때 마음에 망실이 없기 때문이다. 무엇을 관觀이라 하는가? 몸을 주된 대상으로 하는 문聞·사思·수修의 혜慧를 말한다. 이 혜慧에 의지하여 모든 몸의 모든 상相에 대해서 바르게 관찰하고 바르게 추구推求한다. 곧바로 따라가며 관찰하고 곧바로 따라가며 직관하기 때문이다. 무엇을 관觀의 수습이라 하는가? 혹은 수신관隨身觀을 말하고, 혹은 순신관을 말한다. 수신관이란, 본질本質의 몸을 곧바로 따라가며 영상影像의 몸을 관찰하는 것을 수신관이라 한다. 『대법론』[5]에서 "몸에 대해서 수신관을 수습한다는 것은 무엇인가? 영상의 몸을 분별하여 본질의 몸과 평등하게 하는 것을 말한다. 몸의 경계를 따라가며 관찰하는 것은 몸의 상을 따라가며 관찰하는 것과 상사相似하기 때문에 몸에

---

4 수受에 대해서 염념과 상응하여 순신관을 확립하는 것이 수념주이다. 마음(心)에 대해서 염과 상응하여 순신관을 확립하는 것이 심념주이다. 법法에 대해서 염과 상응하여 순신관을 확립하는 것이 법념주이다.
5 『대법론對法論』: 『大乘阿毗達磨雜集論』。

대해 수신관한다고 한다. 영상의 몸을 따라가며 관찰하는 문門에 의지하여 본질의 몸을 상세하게 관찰하기 때문이다."라고 한다. 순신관이란 순환循環의 의미이다. 상相의 몸을 관찰할 뿐만 아니라 그중에서 또한 진여眞如의 몸도 관찰하기 때문이다.『유가사지론』「섭결택분攝決擇分 보살지菩薩地」에 "보살은 어떻게 몸에 대해서 순신관을 확립하는가? 상의 몸에서 순환하여 진여의 몸을 관찰하기 때문이다."라고 설한 바와 같다. 무엇을 염주念住라 하는가? 염념을 수호하기 위해서, 경계에 염오染汚가 없게 하기 위해서, 소연에 안주하기 위해서이다. "염념을 수호하기 위해서"란, 말한 바와 같이 먼저 염을 수호하고 또 항상 염에 매진한다. "경계에 염오가 없게 하기 위해서"란, 말한 바와 같이 염은 마음 작용의 평등한 위位를 수호하여 그 상을 취하지 않고 좋아하는 것을 취하지 않는다.……내지 의근意根을 수호하고 의근의 율의律儀를 수습한다. "소연에 안주하기 위해서"란, 말한 바와 같이 4종의 소연에 그 염이 안주한다. 이 3상相에 의지하여 그 염에 능숙하게 안주하기 때문에 염주라 한다.[6] 또한 염처念處라고도 한다. 처處는 주住의 의미와 같다.『대지도론』에서 "염에 순응하는 지혜가 소연에 집중하여 안주한다면 이를 염처라 한다."라고 설한 바와 같다. 총괄해서 말한다면, 이것에 대해 염이 안주하든 이것에 의해 염이 안주하든 이를 모두 염주라 한다. "이것에 대해 염이 안주한다."란 소연념주所緣念住를 말한다. "이것에 의해 염이 안주한다."란 혜慧 또는 염념을 말한다. 정定을 걷어들여 보존한다는 것은 자성념주自性念住이다. 여타의 상응법相應法인 심과 심소법은 상응념주相應念住[7]이다. 이것은「문소성지聞所成地」에서 설한 바와 같다.[8] 이는 간략하게 염주의 의미를 설명한 것이다.

---

6 『瑜伽師地論』제28권「本地分 聲聞地」.
7 『瑜伽師地論』에는 '相雜念住'로 되어 있다.
8 『瑜伽師地論』제28권「本地分 聲聞地」.

所謂於身與念相應住脩[1]身觀。是身念住。乃至於法皆如是說。云何爲念。
謂依身增上受持正法。思惟法義。脩習作證。於文義於脩作證中。心無忘失
故。云何爲觀。謂依身增上。聞思脩慧。由此慧故。於一切身一切相中。正
觀察正推求。隨觀隨覺故。云何脩觀。或者隨身。或言脩*身。言隨身者。隨
本質身。觀影像身。名隨身觀。如對法說。云何於身隨身觀。謂分別別影像
身。□□□身平等。隨觀於身境。隨觀身相似性故。名於身隨身觀。由隨觀
察影像身門。審諦觀察本質身故。言脩*觀者。是脩*環義。謂非直觀相身
而已。於中復觀眞如身故。如菩薩地決擇中說。云何菩薩於身住脩*身觀。
謂於相身。脩*環觀眞如身故。云何念住。爲守護念。爲於境無染。爲安住
所緣故。爲守護念者。說言先守護念。若常委念。爲於境無染者。謂如說言。
念守護心行。來等住不住。取其相不取隨好。廣說乃至。守護意根脩律儀。
爲安住所緣者。謂如說言。於四所緣。安住其念。由此三相。善住其念。故
名念住。亦名念處。處猶住義。如智度說。念隨順智。緣中正住。是名念處。
總而言之。若於此念住。若由此念住。皆名念住。於此念住者。謂所緣念住。
由此念住者。謂若慧若念。攝持於定。是自性念住。所餘相應。諸心心法。
是相應念住。此如聞所成地中說。是名略說念住義也。

---
1) ㉑ '脩'는 '循'인 듯하다. 아래(*)도 동일하다.

2) 사정단

다음에 사정단四正斷의 의미를 밝힌다. 무엇이 "이미 발생한 악불선법"
인가? "악불선법"이란 악행惡行을 일으키는 욕계의 번뇌와 수번뇌를 말한
다. 추대한 전纏에 속한 것을 "이미 발생한 것"이라 한다. "끊기 위해서"란
'대치對治를 수습해서 미미하고 엷게 하기 위해서'이다. "욕구를 내고"란
끊음을 확증하고자 욕구를 내기 때문이다. "책려하고"란 악을 받아들이
지 않고 끊음으로 돌아가기 때문이다. "근勤과 정진을 발기하고"란 많은

종류를 견고하게 하기 위해 그 대치를 수습하기 때문이다. 이 위의 3구[9]는 부정지不定地[10] 중 문혜聞慧와 사혜思慧 2혜慧의 하품下品을 대치하는 것을 나타낸다. "책심策心하고"란 그 대치를 수습해서 수혜修慧가 현행現行할 때 만약 마음이 침몰하여 번뇌에 염오染汚된다면 책심이 이를 들어 올리기 때문이다. "지심持心하는"이란 이 대치가 현행할 때 만약 마음이 부상浮上하여 번뇌에 염오된다면 지심이 이를 내려가게 하기 때문이다. 무엇이 "아직 발생하지 않은 악불선법"인가? "악불선법"이란 증성增盛된 수면隨眠에 속한 것을 말한다. 추대한 전纏을 일으키는 원인이기에 "아직 발생하지 않은"이라 한다. "발생하지 않게 하고자"란 '추대한 전纏이 현행하지 않게 하고자'이다. "욕구를 내고"란 '현행하지 않음을 확증하고자 욕구를 일으키고'이다. "책려하고"란 망실하지 않고 경계에 거주해서 악불선법이 현행하지 않도록 염을 잘 안주하게 하기 때문이다. 이 아래의 4구[11]는 앞에서 말한 바와 같다. 무엇이 "아직 발생하지 않은 선법"인가? 문聞과 사思와 수修에 의해 발생하는 삼혜三慧를 말한다. 과실이 없기 때문에 선법이라 한다. 아직 얻지 못한 것을 "아직 발생하지 않은 것"이라 한다. "발생하게 하고자"란 '그것을 얻게 하고자'이다. "욕구를 내고"란 '얻음을 확증하고자 욕구를 일으키고'이다. "책려하고"란 그것에 속한 것을 구하는 바른 방편이기 때문이다. "정근을 발기하고"란 '장기간 신중하게 많은 종류를 견고하게 수습하고'이다. 이 위의 3구는 부정지의 문혜와 사혜 2혜에 속하는 선법을 얻는 것을 나타낸다. "책심하고 지심하는"이란 수혜를 얻기 위해서이다. 다른 것은 앞에서 말한 바와 같다. 무엇이 "이미 발생한 선법"인가? 이미 얻은 것이기 때문이다. "거주하게 하고"란 문혜

---

9 이 위의 3구 : 이미 발생한 악불선법을 끊기 위해 ① 욕구를 내고, ② 책려하고, ③ 근과 정진을 발기하고.
10 부정지不定地 : 정지定地가 아닌 지地.
11 이 아래의 4구 : ① 책심하고, ② 지심하고, ③ 욕구를 내고, ④ 책려하고.

를 말한다. "망실하지 않게 하고"란 사혜를 말한다. "수습을 원만하게 하고"란 수혜를 말한다. 이 위의 3구는 그저 이미 얻은 선을 수호한다는 것을 나타낼 따름이다. "수습을 배가하게 하고 증장하게 하고 광대하게 하고자"란 순서대로 그 앞의 것에 대해서 만족할 줄 모르기 때문이다. "욕구를 내고" 등의 구는 모두 앞에서 말한 바와 같다. 이것의 의미를 『현양성교론』에서 자세하게 설하고 있다. 정단正斷이란 정근正勤이라고도 한다. 근勤은 본체의 이름이고 단斷은 작용의 이름이다. 『대지도론』에서 "그릇된 법을 타파하는 정도正道의 행行이기에 정근正勤의 행行이라 한다."고 한다. 단斷이란 『유가사지론』에서 설한 바와 같다. 첫째는 율의단律儀斷이라 하고, 둘째는 단단斷斷이라 한다. 이미 발생한 악불선법에 대해 율의律儀를 수습하여 그것을 끊어서 받아들이지 않는다. 그래서 율의단이라 한다. 아직 발생하지 않은 악불선법에 대해 그것이 현행하지 않도록 끊고 그것이 현전現前하지 않도록 끊는다. 끊음을 위해 끊기에 단단이라 한다. 셋째는 수단修斷이라 하고, 넷째는 방호단防護斷이라 한다. 선법에 대해 자주자주 수습하여 전에는 아직 얻지 못한 것을 현전하게 할 때 능히 끊음이 있기 때문에 수단이라 한다. 이미 얻은 선법들에 대해 방일放逸을 여의고 수습을 원만하게 한다. 방호防護가 이미 발생했을 때 능히 끊음이 있기 때문에 방호단이라 한다. 총괄해서 말한다면, 흑품黑品은 버리고 백품白品은 취할 때 증상된 의향(增上意樂)이 원만하고 가행加行이 원만하기에 4종의 정단을 설한 것이다. 이 중 욕구를 내기에 의향(意樂)이 원만하고, 스스로 책려하고 내지 지심하기에 가행이 원만하다는 것을 알아야 한다. 위에서 말한 것은 『유가사지론』에 나오는 것이다. 이는 정단을 간략하게 설명한 것이다.

次明四正斷義者。云何已生惡不善法。謂能起惡行。欲界煩惱及隨煩惱。麤纏所攝。名爲已生。爲令斷故者。謂俢對治。令微薄故。生欲者。謂起證斷樂欲故。策勵者。謂不忍受惡。及歸趣斷故。發懃精進者。謂多種堅固。俢彼對治故。此上三句。顯不定地中。聞思兩慧。下品對治策心者。謂脩彼對治。脩慧現行。若心沈沒。煩惱染汙。策心令擧故。持心者。謂卽此對治現行之時。若心浮擧。煩惱染汙。持心令下故。云何未生惡不善法。謂增盛隨眠所攝。能起麤纏之因。名爲未生。爲不生故者。爲令麤纏。不現行故。生欲者。謂起爲證不現行。欲策勸者。謂由不忘住。爲令不現行善住念故。此下四句如前所說。云何未生善法。謂聞思脩所生三慧。由無過故。名爲善法。所未得者。名爲未生令生故。生欲者。謂起證得欲。策勸者。謂求彼攝受。正方便故。發正起懃者。謂長時殷重。多堅脩習。此上三句。顯得不定地。聞思兩慧。所攝善法。策心持心者。爲得脩慧故。餘如前說。云何已生善法。謂已得故。爲念住者謂聞慧。令不忘者謂思慧。令脩滿者謂脩慧。此上三句。顯唯守護。已所得善令倍脩令增長令廣大者。如其次第。不唯於彼生知足故。生欲等句。皆如前說。此義廣如顯揚論說。言正斷者。亦名正懃。懃是體名。斷是業稱。智度論云。破諸耶¹⁾法。正道中行故。名正懃行。言斷者。知²⁾瑜伽說。初名律儀斷。第二名斷斷。由於已生惡不善法。應脩律儀。令其斷滅。不應忍受故。名律儀斷。於未生惡。令不現行。爲令彼不現前。斷爲故斷。名爲斷斷。三者名脩斷。四名防護斷。由於善法。數脩數習。先所未得能定現前。能有所斷故名脩斷。由於已得諸善法中。遠離放逸。脩習圓滿。防護已生。能有所斷故名防護斷。總而言之。爲欲顯示於黑白品捨取事中。增上意樂圓滿。及加行圓滿。是故宣說四種正斷。當知此中由生欲故。意樂圓滿。由自策勸。乃至持心故。加行圓滿。上來所說。出瑜伽論。是名略說正斷也。

---

1) ㉓ '耶'는 '邪'와 통한다. 2) ㉓ '知'는 '如'인 듯하다.

3) 사신족

사신족四神足의 의미를 풀이한다. 무엇을 욕欲·근勤·심心·관觀이라 하는가? 4종의 신족에 그 두 가지의 의미가 있다. 혹은 한 사람이 이 4법을 다 갖춘다. 혹은 각각의 사람이 넷 중의 하나를 주로 해서 갖춘다.

『유가사지론』98권에서 "또 4종의 힘에 의해 지심持心하여 삼마지(定)에 들게 한다. 그래서 4종의 신족을 건립한다. 무엇을 넷이라 하는가? 첫째 청정한 의향의 힘, 둘째 노력함의 힘, 셋째 마음의 기쁨과 즐거움의 힘, 넷째 정지正智의 힘이다. 이 중 첫 번째 힘에 의해 삼마지에 들고자 하는 욕구를 발생하게 한다. 얻음을 확증하기 위해 노력함을 수습한다. 두 번째 힘에 의해 최초에 안주한 마음(心)을 안정安定되게 한다. 세 번째 힘에 의해 이미 안주한 삼마지의 마음은 다시 산동散動이 없으니 바깥으로 표류하지 않게 한다. 네 번째 힘에 의해 삼마지(等持)에 의해 대치되는 번뇌를 관찰하고, 이미 끊은 것과 아직 끊지 않은 것을 여실하게 안다. 또 삼마지의 들어가고 머물고 나오는 상을 잘 인식한다. 이와 같이 또 사마타(止) 등에 있는 상들이나, 사마타와 위파사나(觀)의 수번뇌들과 그것을 대치하는 것 등을 모두 여실하게 안다. 삼마지를 즐긴다면 삼마지에 있어서 단지 그만큼의 삼마지가 짓는 일이 있을 뿐, 이것 이외의 다시 지나침이나 더함이 없다."라고 한다. 이 논문論文은 한 명의 수행자가 4종의 힘을 모두 갖추고 삼마지를 성취하기에 4종의 신족을 건립한다는 것을 나타낸 것이다.

무엇이 각각의 사람이 넷 중의 하나를 주로 해서 갖추는 것인가? 『현양성교론』에서 "'첫째 의욕함이 증상하기 때문에 삼마지를 얻는다'란, 가령 수행을 하는 자는 선세先世에 대사大師가 계신 곳이나, 혹은 범행을 하는 지혜로운 자가 있는 곳에서 상품上品의 선근을 수습하고서 믿음을 내고 의욕을 내어 정법을 듣는다. 믿고 의욕하는 대로 정법을 듣고서 전전展轉하여 마음이 한 경계에 안주함을 증득한다. 이 의욕함에 의지해서 삼마지를 성취한다. '성취한다'란 이것에 있어서 자재로움을 얻는 것을 말한다. '둘째 근勤이 증상하기 때문에 삼마지를 얻는다'란, 가령 수행하는 자는 교수敎授와 교계敎誡의 법에 의지해서, 혹은 한적한 곳에 있거나 혹은 숲속에 있거나 혹은 고요한 방에 있거나 하는 이와 같은 곳에서 장기간 용맹스럽게 성숙하게 치열하게 정근해서 마음이 한 경계에 안주함을 증득한다. 정근하기 때문에 삼마지를 성취한다. '셋째 마음이 증상하기 때문에 삼매를 얻는다'란, 가령 수행을 하는 자는 먼저 이미 사마타의 수행을 수습한다. 이 인연에 의지하여 안의 법을 사유해서 급속히 마음이 한 경계에 안주함을 증득한다. 마음을 수습하기 때문에 삼마지를 성취한다. '넷째 관찰함이 증상하기 때문에 삼마지를 얻는다'란, 가령 수행을 하는 자는 많이 듣고서 들어 간직해서 그 들음을 축적한다. 한적하고 고요한 곳에 홀로 거처하며 그 법을 혜에 의해 간택簡擇하고 극히 세밀하게 간택하고 완전하게 식별하고 관찰한다. 이에 의해 마음이 한 경계에 안주함을 증득한다. 관찰하기 때문에 삼마지를 성취한다."라고 한다. 이 논문은 4종의 수행에 의지하는 자가 이 넷 중의 하나를 주로 해서 삼마지를 성취하는 것을 나타낸 것이다. 그렇게 해서 4종의 신족을 건립한다.

"넷이 모두 단행斷行을 성취한다."란 8종의 단행을 성취한다는 것이니 후에 자세히 설명하겠다. 신족이란 비유에 의해 이름을 세운 것이다. 『유가사지론』에서 "가령 족足이 있는 자는 능히 갈 수 있고 능히 돌아갈 수 있고 뛰어오를 수 있고 용감하고 강건해서 세간의 월등한 법을 능히 얻을 수 있다. 세간의 월등한 법을 신神이라 한다. 저것이 능히 이것에 도달하기 때문에 신족이라 하는 것이다. 이와 같이 만약 의욕함 등의 법들이 있어 삼마지가 원만하게 성취되어 있다면 감능堪能하는 바가 있어 부동不動을 획득하기에, 능히 갈 수 있고 능히 돌아갈 수 있고 뛰어오를 수 있고 용감하고 강건해서 능히 출세간의 월등한 법을 얻어 이를 확증할 수 있다. 출세간의 법은 가장 월등하고 자재롭기 때문에 이를 가장 월등한 신神이라 한다. 저것은 이것을 증득하기 때문에 신족이라 한다."라고 한다. 이것은 여의족如意足이라 하기도 한다. 족足이란 만족滿足이다. 족足이 여의롭기에 여의족이라 한다. 또 이 각족脚足은 갈 수 있는 능력이 있기 때문이다. 『대지도론』에서 "사정근을 행할 때 마음에 산란함이 적기 때문에, 정定으로 마음을 잡아매기 때문에 여의족이라 한다. 마치 좋은 음식은 소금이 적으면 맛이 없지만 소금을 얻으면 맛이 족하기가 여의로운 것과 같다. 또 마치 사람에게 두 발이 있으면 다시 좋은 말이나 좋은 수레를 얻어 여의롭게 갈 수 있는 것과 같다. 수행하는 자는 이와 같이 사념처의 실제적인 지혜를 얻어 사정근에서 바른 정진을 한다. 정진에 의해 지혜가 더욱 많아지지만 정定의 힘은 다소 약해진다. 4종의 정定을 얻어 마음을 잡아매기 때문에 지혜의 힘과 정定의 힘이 동등해진다. 원하던 바가 모두 얻어지기 때문에 여의족이라 한다."라고 한다. 이것은 신족의 의미를 간략하게 설명한 것이다.

四神足義者。云何名爲欲懃心觀知足四種。有其二義。或於一人具此四法。或於別人。隨一增上。如瑜伽論九十八卷云。復次由四種力。持心令定。是故建在四種神足。云何爲四一淨意樂力。二勤務力。三心喜樂力。四正智力。當知此中由第一力。於三摩地。發生樂欲。爲證得故。脩習勤務。由第二力。最初住心。令其安定。由第三力。已住定心。無復散動。不令於我。更復飄轉。由第四力。觀察等持。所治煩惱。於斷未斷。如實了知。又於等持入住出相。能善了別。如是復於奢摩他等。所有諸相。若於止觀諸隨煩惱。及彼對治等。皆如實知。樂等持者。於等持中。但有爾所等持作事。除此更無若過若增。此文顯示於一行者具四種力。成就等持。是故建立四種神足。云何別人隨一增上。如顯揚論說。欲增上故得三摩地者。如有行者。先世脩習上品善根。於大師所。或於有智同梵行處。生信生欲。聽聞正法。如所信樂。聞正法已。展轉證得心[1]一境性。由此欲故。三摩地成就。言成就者。謂於此中。而得自在。第二勤增上故得三摩地者。如有行者。依於敎授及敎誡法。或在空閑。或在林樹。或止靜室。於如是處。長時勇猛。純熟熾然。正勤證得心住一境性。由正勤故。三摩地成就。第三心增上故得三摩地者。如有行者。先已脩習奢摩他行。由此因緣。思惟內法。速疾證得心住一境性。由脩心故。三摩地成就。第四觀增上故得三摩地者。如有行者。多聞聞持。其聞積集。獨處樂²⁾靜。卽於彼法以慧簡擇。極細簡擇。遍覺觀察。由此證得心住一境性。由觀察故。三摩地成就。此文顯示依四行者。隨一增上。成就等持。是故建立四種神足。四中皆言斷行成就者。八種斷行。後當廣說。言神足者。從喩立名。如瑜伽說。如有足者。能往能還。騰躍勇健。能得世間殊勝之法。世殊勝法。說名爲神。彼能到此。故名神足。知是若有欲等諸法。有三摩地圓滿成辦。有所堪能。獲得不動。能往能還。騰躍勇健。能得能證出世勝法。由出世法。最勝自在。是最勝神。彼能證此。故名神足。此亦名如意足。足是滿足。足於如意。名如意足。又是脚足。有所至故。如智度說。問四正懃時。心小亂故。以定攝心。故如意足。譬如美食。少鹽則無味。得鹽則味足如意。又如人有二足。復得好馬好車。如意所至行者如是。得四念處實智慧四正懃中。正精進。由精進故。智慧增多。定力少弱。得四種定。以定心故。智定力等。所願皆得。故名如意足。是名略說神足義。

---

1) ⓐ '心' 뒤에 '住'가 탈락한 것으로 보인다. 2) ⓐ '樂'은 '閑'인 듯하다.

4) 오근

오근五根의 의미를 풀이한다. 증상增上의 의미가 근根의 의미이다. 출세간의 법을 발생하게 하는데 이 믿음(信) 등의 행행이 증상이 되기 때문이다. 또 앞의 법들이 뒤의 법들을 발생하게 하는데 증상이 되기 때문이고, 내지 혜근慧根은 출세간의 법에 대해서 증상이 되기 때문이다.[12] 이는 오

---

12 신근은 정진근에, 정진근은 염근에, 염근은 정근에, 정근은 혜근에, 혜근은 출세간법에 증상增上이 된다는 말이다.

근의 의미를 간략하게 설명한 것이다.

> 五根義者。增上義是根義。謂於能生出世間法。是信等行爲增上故。又復前前望後後法。於能生起爲增上故。乃至慧根唯望出世。是名略說五根義也。

5) 오력

오력五力의 의미를 풀이한다. 굴복시키기가 어렵다는 의미가 역力의 의미이다. 이 청정한 믿음은 천天이든 마魔든 사문이든 바라문이든 다른 세간이든 법에 합당하게 탈취하는 자가 없다. 번뇌인 전纏들 또한 굴복시킬 수 없기 때문에 "굴복시키기가 어렵다."라고 한 것이다. 이 힘들은 큰 위세를 갖추고 있기 때문에 모든 마군의 세력을 굴복시켜 모든 누漏들이 영원히 멸진한 상태를 증득하게 할 수 있다. 그래서 역力이라 한다. 이것은 간략하게 역力의 의미를 설명한 것이다. 이 근根과 역의 의미는 『유가사지론』에 의거한 것이다.

> 五力義者。難伏義是力義。謂若天魔。若諸沙門。若婆羅門。若餘世間。無有如法。引奪者。諸煩惱經亦不能屈。故名難伏。由此諸力。具大威勢。摧伏一切魔軍勢力。能證一切諸漏永盡。是故名力。是名略說五力義也。此根力義。依瑜伽說。

6) 칠각지

칠각지七覺支의 의미를 풀이한다. 정성이생正性離生에 깨달아 들어간 유형의 사람(補特伽羅)은 여실하게 식별하는 혜慧, 이것을 분지로 삼기 때문에 각지覺支라 한다. 또한 각분覺分이라고도 한다. 분分이란 말은 원인을 의미한다. 각覺의 결과를 얻기 때문에 각분이라 한다. 『대지도론』에서 "각覺이 없는 것과 각이 있는 것을 포함해서 이 일곱 가지의 것은 각에 도달하게 하기 때문에 분分이라 한다."라고 한다. 이는 각지를 간략하게 설명한 것이다.

> 七覺支義者。諸已證入正性離生補特伽羅。如實覺慧。用此爲支。故名覺支。亦名覺分。分之言因。能得覺果。故名覺分。如智度說。無學實慧。此七事能到。故名爲分。是名略說覺支義也。

7) 팔지성도

팔분지의 성도(八支聖道)의 의미를 풀이한다. 이미 사제四諦의 흔적을 본 자인 유학有學의 성인들은 팔분지에 의해 행行을 포섭하여 정도正道를 밟아 가며 일체의 번뇌를 남김없이 끊어 궁극의 해탈을 작증作證하기에 팔분지의 성도라고 한다. 또한 정도正道라고도 한다. 『대지도론』에서 "열반무위의 성에 들어가고자 이 법들을 행하는데 이때를 정도라 한다."라고 한다. 이는 정도의 의미를 간략하게 설명한 것이다. 問 이와 같은 7법은 바르지 않은 것이 없는데 왜 근勤과 도道만 편벽되게 '바르다(正)'는 이름을 얻는가? 答 『대지도론』에서 "4종의 정진은 마음이 용감하게 발동하는 것이다. 그래서 착오를 할까 두려워해서 정근正勤이라 명명한 것이다. 또 도道를 행할 때 사도邪道에 떨어질까 봐 정도라 말한 것이다."라고 한다. 이에 대해서는 다른 해석들이 있는데 또한 후에 설명하겠다. 이는 팔분지의 도의 의미를 간략하게 설명한 것이다.

> 八支聖道義者。諸聖有學已見迹者。由八支攝行迹正道。能無餘斷一切煩惱。能於解脫究竟作證。是故名爲八支聖道。亦名正道。智度論云。欲人涅

槃無爲城故。行是諸法。是時名正道。是名略說。正道義也。問如是七法。莫非是正。何故勤道。偏得正名。答如智度說。四種精進。心勇發動。畏錯誤故。名爲正勤。又行道時。畏墮耶[1]道。故言正道。於中差別亦當後說。是名略說八道支義也。

---

1) ⓐ '耶'는 '邪'와 통한다.

3. 본체를 밝힘

셋째, 본체를 밝힌다.

작용을 합해서 건립하면 37종이 있다. 그러나 그 본체를 논한다면 10종의 법을 벗어나지 않으니 계戒·사思·수受·염념·정정·혜慧·근근勤·신信·경안輕安·사捨이다. 이 중 계戒란 표색과 무표색의 법에 속하는 것을 말한다. 그 밖의 9종은 모두 심법에 속하는 것이다. 이 중 사思와 수受는 변행遍行[13] 중 둘이고, 염념과 정정과 혜慧는 별경別境[14] 중 셋이다. 근근勤과 신信과 경안輕安과 사捨는 선善의 대지大地에 속한다. 이 10종의 법에 의지해서 37종의 법을 건립한다. 계戒를 열면 셋이 되니 정어正語와 정업正業과 정명正命이다. 사思 심소에는 하나가 건립되니 정사유正思惟이다. 수受 또한 하나가 건립되니 희각지喜覺支이다. 염념을 열면 넷이 건립되니 염근念根, 염력念力, 염각지念覺支, 정념正念이다. 정정을 열면 여덟이 건립되니 사여의족四如意足, 정근定根, 정력定力, 정각지定覺支, 정정正定이다. 혜慧 또한 여덟이 건립되니 사념주四念住, 혜근慧根, 혜력慧力, 택법각지擇法覺支 그리고 정견正見이다. 근근勤 또한 여덟이 건립되니 사정단四正斷, 정진근精進根, 정진력精進力, 정진각지精進覺支 그리고 정정진正精進이다. 신信에는 둘이

---

13 변행遍行 : 변행심소遍行心所라고도 한다. 촉觸·작의作意·수受·상想·사思이다.
14 별경別境 : 별경심소別境心所라고도 한다. 욕欲·승해勝解·염념·정정·혜慧이다.

건립되니 신근信根과 신력信力이다. 경안輕安과 사捨에는 각각 하나가 건립되니 경안각지輕安覺支와 사각지捨覺支이다.

> 第三明體性者。用合建立。有三十七。論其體性。不出十法。謂戒思受念定慧勤信安捨。此中戒者。謂表無表色法所攝。餘九皆是心法所攝。於中思受遍行中二。念定慧者別境中三。勤信安捨在善大地。依此十法立三十七。開戒爲三。正語業命。思數立一。謂正思惟。受亦立一。謂喜覺支。開念立四。謂念根念力念覺正念。開定立八。謂四如意足定根定力。定覺正定。慧亦立八。謂四念住。慧根慧力。擇法覺支。及與正見勤亦立八。謂四正斷。精進根力。精進覺支。及正精進。信中立二。信根信力安捨各一。謂安覺支及捨覺支。

총괄해서 말한다면 그 다섯 부류가 있다. 첫째, 여덟을 여는 것에 셋이 있으니 정定과 혜慧와 근勤이다. 둘째, 넷을 여는 것에 하나가 있으니 염念이다. 셋째, 셋을 여는 것에 하나가 있으니 계戒이다. 넷째, 둘을 여는 것에 하나가 있으니 신信이다. 다섯째, 오직 하나가 있을 뿐인 것에 넷이 있으니 사思와 수受와 경안輕安과 사捨이다.

> 總而言之。有其五類。一者開八有三。謂定慧勤。二者開四有一。謂念。三者開三有一。謂戒。四者開二有一。謂信。五者唯一有四。思受安捨。

첫째 부류 안에 24종이 있고 뒤의 네 부류 안에 합하면 13종이 있으니, 총합하면 37종이 있다. 열고 합함에 같지 않음이 있는 이유는 진실로 정과 혜와 근정진勤精進은 수습의 세력이 길기 때문에 열면 여덟이 되고, 사思와 수受와 경안輕安과 사捨는 도道를 돕는 세력이 짧기 때문에 각각 하나가 건립되는 것이다. 신信 등 법(신信·계戒·염念)의 세력은 그 안에 있기 때문에 오르고 내리는 순서에 따라서 넷, 셋, 둘¹⁵이 건립되는 것이다. 그러므로 본체는 오직 10종의 법이 있을 따름이다. 『대지도론』에서 "37종의 품류는 10종의 법을 본체로 한다. 내지 운운."이라고 한다.

> 第一類內有二十四後四類中。總有十三。都合則有三十七也。所似開合有不第¹⁾者。良由定慧與勤。進修力長。故開爲八。思受安捨助道勢短。故各立一。合信等法力在其中。故隨階降立四三二。是故體性唯有十法。如智度論云。三十七品。十法爲本乃至廣說故。

1) ㉠ '第'는 '等'인 듯하다.

4. 계위를 밝힘

넷째, 계위를 밝힌다.

그 행行의 실제를 논한다면 삼십칠보리분법 모두 모든 계위에 있을 수 있다. 『유가사지론』에서 "또 신身, 수受, 심心, 법法의 증상增上에 의해 발생한 선善의 유루와 무루의 도道를 모두 염주라 한다."라고 한다. 또 뒤의 논문에서 "모든 팔분지의 성도聖道는, 간략하게 말하면, 두 곳에 속해 있다. 첫째는 세간이고 둘째는 출세간이다. 그 세간이란 삼루三漏와 사취四取에 따라서 계박되어 있기 때문에 고苦를 멸진할 수 없다. 선성善性이기 때문에 선취善趣에 갈 수는 있다. 출세간이란 그것과 상반되는 것이니 고를 멸진할 수 있다."라고 한다. 최초와 최후의 2법(사념주와 팔성도)에 대해서는 이미 이와 같이 말했다. 중간의 5법(사정단·사신족·오근·오력·칠각지) 또한 그러하다는 것을 알아야 한다. 행에 의거할 때는 삼십칠보리분법이 모든 계위에 있을 수 있지만, 계위에 의거할 때는 삼십칠보리분법을 하나하나

---
15 바로 앞에서 보았듯이 신信은 둘, 계戒는 셋, 염念은 넷이다.

계위에 배대해서 건립한다. 이는 무엇을 의미하는가? 크게 그 법(삼십칠보리분법)을 나누어 보면 두 계위가 된다. 앞의 5법은 범부의 계위에 있고 뒤의 2법은 성자의 계위에 있다. 범부의 계위인 5법을 건립하는 데에는 두 가지 학설이 있다. 아비달마의 학설에 의거한다면 사념처관은 난법煖法의 앞에 있고, 그 사정근은 난법에 있고, 사여의족은 정법頂法에 있고, 오근은 인법忍法에 있고, 오력은 세제일법世第一法에 있다. 만약 이 논에 의거한다면 앞의 세 가지 넷(사념주·사정단·사신족)은 해탈분解脫分에 있고, 뒤의 두 가지 다섯(오근·오력)은 통달분通達分에 있다. 합당하게 시설하고 있으니 모두 이치가 있다. 성자의 계위인 2법을 건립하는 데에는 세 가지 학설이 있다.

> 第四明階位者。論其行實。皆通諸位。如瑜伽說。又由身受心法。增上所生善。有漏無漏道。皆名念住。又後文言。略說一切人[1]聖道支。二處所攝。一者世間。二出世間。其世間者。三漏四取。所隨縛故。不能盡苦。是善性故。能往善趣。出世間者。與彼相違。能盡衆苦。初後二法既如是說。中間五法當知亦爾。約行雖通。依位別立。是義云何。大分其地。判爲二位。謂前五法在凡夫位。後之二法立聖位中。凡位五法。立有二義。依毗曇說。四念處觀在煖法前。其四正勤在於煖法。四如意足在於頂法。五根在於忍法。五力在世第一法。若依此論。前之三四在解脫分。次之二五在通達分。隨宜施設。皆有道理。聖位二法。立有三義。

1) ㉺ '入'은 '八'인 듯하다.

첫째의 학설이란, 『아비달마구사론』에서 다른 학설을 서술하며 이르기를, "어떤 논사는 '순서를 파하지 않는다. 견도見道에서는 각覺의 분지들을 수습하고, 견도와 수도修道에서는 성도聖道의 분지들을 수습하기 때문이다'라고 한다."라고 하기 때문이다.

一者如俱舍論述餘義云。有餘師說。不破次第。於見道中。脩習覺分。於見道脩道中。脩聖道分故。

둘째의 학설이란, 『대지도론』에서 "수도修道에서 작용하기에 각覺의 분지들이라 하고, 견도見道에서 작용하기에 도道의 분지들이라 한다."라고 한다. 비바사사毘婆沙師의 학설 또한 이와 같다. 그 논에서 설하기를, "도의 분지들은 견도에 있고 각의 분지들은 수도에 있다. 왜 이와 같은가? 도는 감(去)을 의미한다. 견도에서는 감이 극히 신속하다. 각은 깨달음(覺)을 의미한다. 수도에는 9종의 각이 있다. 자주자주 깨닫기 때문이다. 수대로 순서를 잡았기에 앞에 칠각지를 놓고 뒤에 팔정도를 놓은 것이다."라고 한다.

第二義者。如智度說。脩道用故名覺。見道用故名道。毘婆沙師亦同此說。如彼論云。道分見道。覺分脩道。何故如是道是知義。於見道中。知極速疾。覺是覺義。於脩道中有九種覺。數數覺故。隨數次第。先七後八。

세 번째의 학설이란, 이 논에서 설하는 바와 같다. 각覺의 분지들은 견도見道에 있고 도道의 분지들은 수도修道에 있다. 『대지도론』 또한 이와 같이 설하고 있다.

第三義者。如此論說覺分在見道。道支在脩道。智度論中亦有是說。

이와 같은 세 가지 학설 모두 이치가 있다. 각각의 체계에 맞게 건립되었기에 합당하지 않은 바가 없기 때문이다. 『유가사지론』에서는 세 가지 학설을 모두 설하고 있다. 제62권에서는 "'자성을 이해한다'란, 팔분지의 성도聖道는 3종의 잡염雜染을 대치하기 때문에 삼온三蘊을 건립한다. 이를테면 악행惡行의 잡염을 대치하기 때문이고, 욕欲의 잡염을 대치하기 때문이고, 견見의 잡염을 대치하기 때문이다."라고 한다. 이 논문은 첫 번째 논사의 학설에 해당한다. 견見을 대치하는 것은 견도에 있고, 욕欲을 대치하는 것은 수도에 있기 때문이다. 제18권에서는 "정직正直이란 무엇인가? 그 역류逆流[16]를 발생하게 하는 정직이다. 성도의 팔분지들은 견도에서 끊게 되는 번뇌들을 끊을 수 있다. 역류의 도에서는 아직 수류隨流[17]를 타고 있는데 어떻게 강성한 근심과 슬픔을 영원히 끊겠는가?[18]"라고 한다. 이 논문은 두 번째의 학설에 해당한다. 제29권에서는 "그는 그때 최초로 칠각지를 획득하기 때문에 최초의 유학有學이라 한다. 이미 성제聖諦의 흔적을 보았기에 견도에서 끊게 될 모든 번뇌를 영원히 끊는다. 오직 수도修道에서 끊게 될 번뇌만이 남아 있다."라고 한다. 이 논문은 세 번째의 학설에 해당한다.

> 如是三義皆有道理。隨義建立。無不宜故。瑜伽論中通說三義。第六十二卷云。解了自性者。謂八支聖道對治三種雜染故。建立三蘊。謂對治惡行雜染故。對治諸欲雜染故。對治諸見雜染故。此文當於初師所說。治諸見者在於見道。治諸欲者在脩道故。第十八卷言。云何正直。謂彼生起。逆流正直聖八支道。能斷見斷。所有煩惱。於逆流道。得預隨順。此文當於第二義也。第二十九卷云。彼於爾時。最初獲得七覺支故。名初有覺。見聖諦迹已。永斷滅見道所斷一切煩惱。脩除修道所斷煩惱。此文當於第三義也。

---

16 역류逆流 : ⓢ pratisrota의 의역어. 생사윤회의 흐름에 역행해서 열반으로 향한다는 뜻이다. '순류順流(ⓢ anusrota)'의 반대말.
17 수류隨流 : 원문에는 '순류順流'로 되어 있다. 『瑜伽師地論』에 따라 수류로 바꾸었다. 수류와 순류 모두 ⓢ anusrota의 한역이다. 생사윤회의 흐름을 탄다는 뜻이다.
18 어떻게 강성한~영원히 끊겠는가 : 이 구절은 『瑜伽師地論』에 근거하여 추가했다. "云何永斷一切愁憂熾燃"

5. 순서를 설명함

다섯째, 순서를 설명한다.

『대지도론』에서 "問 도道를 먼저 말해야 한다. 무엇 때문인가? 도를 행한 후에야 선법善法을 얻을 수 있기 때문이다. 마치 사람이 길(道)을 간 후에야 목적지에 도달할 수 있는 것과 같다. 이제 왜 거꾸로 먼저 염처念處를 말하고 뒤에 정도正道를 말하는가? 答 거꾸로 된 것이 아니다. 37품은 최초로 도에 들어가고자 할 때의 이름이다. 마치 수행자가 스승이 계신 곳으로 가 도의 법法을 듣는 것과 같다. 먼저 염念으로써 이 법을 간직하는데 이때를 염처라 한다. 간직하고 나서 법에 의지하여 결과를 구하고자 정진을 행하는데 이때를 정근正勤이라 한다. 많이 정진했기 때문에 마음이 산란해지는데, 마음을 잡아매면 평온하게 되기 때문에 이를 여의족如意足이라 한다. 마음이 평온하게 되면 오근五根이 발생한다. 법들의 실상實相은 깊디깊어 알기가 어렵지만 신근信根이 있기에 믿게 되는데, 이를 신근信根이라 한다. 신명身命을 아끼지 않고 일심으로 도를 구하는데 이를 정진근精進根이라 한다. 항상 불도佛道를 억념하고 다른 것은 억념하지 않는데 이를 염근念根이라 한다. 항상 마음을 잡아매어 도에 있기에 이를 정근定根이라 한다. 제諦의 실상을 관찰하기에 이를 혜근慧根이라 한다. 오근五根이 증장增長하면 능히 번뇌를 차단할 수 있는데 이를 역力이라 한다. 이 역力을 얻고 난 후 도의 법이 분별된다. 두 부분의 셋이 있다. 붙들어 맴의 셋(경안輕安·정정定·사捨)과 풀어 줌의 셋(택법擇法·정진精進·희喜)이다. 붙들어 맴과 풀어 줌 두 곳에 염念이 있는데, 마치 문을 지키는 사람과 같다. 이를 칠각분七覺分이라 한다. 이 법을 얻고 나면 열반무위의 성에 들어가기 위해 이 8법을 행하니 이를 도라 한다."라고 하기 때문이다. 또 『유가사지론』에서 "이 중 염주의 위位에서 최초로 마음을 묶어 소연경所緣境에 놓아둔다는 것을 알아야 한다. 다음에 마음을 소연경에 안주하게 하고 나서 정단을 근면하게 수습한다. 다음에 정定을 얻고 나서 다시 이 정을 잘 원만하게 하기 위해 신족에서 가행加行을 근면하게 수습한다. 정定이 원만하게 되면 일체의 상相과 추중麤重이 이계離繫를 얻게 하기 위해 신근信根 등에 의지해서 가행을 수습한다. 가행 중 근根이 하품下品이고 역力이 상품上品이다. 이와 같이 가행을 올바르게 수습하고 나면 다음에 각覺의 분지들을 얻어 실제實際에 통달한다. 실제에 통달하고 나면 다음에 도의 분지들을 수습한다. 점점 내지 무상정등각無上正等覺을 증득하게 되어 모든 장애(障)에서 해탈을 얻는다."라고 한다. 이와 같이 두 논에서 설한 순서는 모두 수數에 따른 계위의 문에 의거해서 설한 것이다.

第五明次第者。如智度説。問曰。應先説道。何以故行道然後得諸善法。譬如人先行道。然後得至處。今何以顛倒先説念處。後説正道。答曰。不顛倒也。三十七品是初欲入道時。名因字。如行者至師所聽道時。先用念持是法。是時名念處持。已從法中求果。故精進行。是時名正勤。多精進故。心散亂。攝心調柔。故名如意足。心調柔已。生五根。諸法實相。甚深難解。信根故能信。是名信根。不惜身命。一心求道理。是精進根。常念是道。不念餘束[1]事。是名念根。攝心在道。是名定根。觀諦實相。是名慧根。五根增長。能遮煩惱。是名爲力。得是力已。分別道法。有二分三。法三起三。法三下念在二處。如守門人。是名七覺分。得是法已。欲入涅槃無爲城故。行是八法。是名爲道故。又瑜伽説。當知此中於念住位。最初繋心。置所縁境。次於所縁念安住。勤脩正斷。次得定已。後令此定善圓滿故。於神足中。勤脩加行。定圓滿已。爲令一切相。及麤重得離繋故。依信等根脩加行。加行中。根是下品。力是上品。如是正脩加行道已。次得覺支。通達實際。通達實際已。次脩道支。漸漸乃至證得阿耨菩提。於一切障。皆得解脱。如是二論所説次第。皆約隨數階位門説。

---
1) ㉠ '束'은 잉자인 듯하다.

6. 문을 설명함

여섯째, 문門을 설명한다.

이와 같은 7법[19]은 모두 5문門으로 되어 있다. 『대법론』에서 "또 모든 보리분법菩提分法은 차이 없이 모두 5문에 의지해서 건립할 수 있다. 소연이기 때문이고, 본체이기 때문이고, 동반자이기 때문이고, 수습함이기 때문이고, 수습의 결과이기 때문이다."라고 한다.

第六辨諸門者。如是七法皆有五門。如對法說。復以一切菩提分法無有差別。皆由五門而得建立。謂所緣故。自體故助伴故。脩習故。脩果故。

1) 사념주

(1) 염주의 소연

첫째, 염주의 소연所緣이란 신身, 수受, 심心, 법法이니 4종의 대상을 말한다. 아我의 의지처인 대상, 아我가 향수하는 대상, 아我의 자체인 대상, 아我의 잡염과 청정의 대상을 말한다. 무엇 때문에 오직 이 4종의 경계만을 건립하는가? 전도된 이해 때문에 어리석은 범부는 대부분 아我의 의지처가 유근신有根身이라 계탁하고, 고苦와 낙樂 등을 향수하고, 경계의 상을 파악하고 식별하고, 탐貪 등에 의해 염오染汚하게 되고, 신信 등에 의해 청정淸淨하게 된다. 그래서 최초로 진실한 대상의 상을 올바르게 관찰하기 위해 이 넷을 건립하여 소연경所緣境이라 한다. 총합해서 말하면 이와

---

[19] 7법 : 삼십칠보리분법인 염주念住, 정단正斷, 신족神足, 근根, 역力, 각지覺支, 성도聖道의 7법을 말한다.

같지만, 이를 분별한다면 이와 같은 4종의 대상에는 각각 3종이 있다. 첫째 안(內), 둘째 밖(外), 셋째 안과 밖(內外)이다.

『유가사지론』에서 간략하게 여섯 가지 의미를 설한다. 첫째, 안의 자기의 유정수有情數의 색을 안의 몸의 경계라 한다. 밖의 비유정수非有情數의 색을 밖의 몸의 경계라 한다. 다른 유정수의 색을 안과 밖의 몸의 경계라 한다. 이 안의 몸을 연해서 수受의 심법心法을 일으키는 것을 안의 수受라 한다. 안의 심心, 안의 법法,······밖의 법, 안과 밖의 법 또한 이와 같이 설한다. 둘째, 근根에 속한 유집수有執受의 색을 안의 몸이라 한다. 근에 속하지 않는 무집수無執受의 색을 밖의 몸이라 한다. 근에 속하지 않는 유집수의 색을 안과 밖의 몸이라 한다. 이 3종을 연해서 수受의 심법을 일으키기에 각 경우에 따라서 3종이라 하는 것이다. 셋째, 자기 안의 정지定地의 경안輕安과 함께하는 색을 안의 몸이라 한다. 자기 안의 부정지不定地의 추중麤重과 함께하는 색을 밖의 몸이라 한다. 타인의 경안과 함께하는 색, 추중과 함께하는 색을 안과 밖의 몸이라 한다. 이 3종을 연해서 수受의 심법을 일으켜서 3종이라 하니, 앞과 같다는 것을 알아야 한다.······내지 여섯째, 자기 몸 중 머리카락, 털, 손발톱, 이 등의 상을 안의 몸이라 한다. 타인의 몸의 머리카락, 털 등의 상을 밖의 몸이라 한다. 안의 몸의 변이하거나 변이하지 않는 청어青瘀 등의 상相과, 밖의 몸의 변이거나 변이하지 않는 청어 등의 상과 상사한 법성이나 평등한 법성, 이를 안과 밖의 몸이라 한다. 이 3종의 경계를 연해서 수受의 심법을 일으키니, 각각의 경우에 따라서 3종이라 한다.

『대지도론』 또한 여섯 가지 의미를 풀이한다. 안의 몸은 앞에서 말한 바와 대동소이하다. 그 둘을 총합해서 관찰한다면 안과 밖의 몸이라 한다. 안과 밖의 몸이 별도로 없는 것은 앞의 둘에 포함되지 않기 때문이다. 그 논에서 "또 이렇게 생각한다. '안을 관찰하는 것을 얻을 수 없는데 밖을 관찰하는 것이 혹 있겠는가? 밖을 관찰하는 것 또한 얻을 수 없다.' 스스로 생각하기를, '나에게 혹 착오가 있을지 모른다. 그래서 지금 안과 밖을 합해서 관찰해야 한다. 안을 관찰하는 것과 밖을 관찰하는 것을 개별적인 상이라 하고, 일시에 함께 관찰하는 것을 총체적인 상이라 한다.' 총체적인 관찰이든 개별적인 관찰이든 지각할 수 없다. 관찰해야 할 경계가 이미 사라졌기 때문이다."라고 한다. 수受, 심心, 법에 대해서 안과 밖 등 3종이 있다는 것은 『유가사지론』에서 설한 바와 같다. 또 다른 학설이 있다. "다른 학설은 무엇인가? 의식意識과 상응하는 수受는 안의 수受 등이고, 오식五識과 상응하는 수受는 밖의 수受 등이다. 정심定心은 안의 마음이고 산심散心은 밖의 마음 등이다. 수受를 제외한 심소법은 안의 법이고 불상응행不相應行과 무위법은 밖의 법 등이다. 내지 운운."이라고 한다. 이를 염처念處의 소연경이라 한다.

念處所緣者。謂身受心法卽是四事。謂我所依事。我受用事。我自體事。我染淨事。何故唯立此四境者。由顚倒覺愚癡凡夫多分計我。依止有根身。受用苦樂故。取了境爲相。由貪等染汙。由信等淸淨。是故最初爲正觀察眞實相。故立此四。爲所緣境。總說雖然。於中分別者。如是四事各有三種。一內二外。三者內外。瑜伽論中略說六義。一者內自有情數色。爲內身境。外非有情數色。爲外身境。他有情數色爲內外身境。緣此內身。起愛念法。名爲內受內心內法法外與內外亦如是說。二者根所攝。有執受色爲內身。非根所攝。無執受色爲外身。非根所攝。有執受色爲內外身。緣此三種。起受心法。隨其所應。卽爲三種。三者自內定地輕安俱色爲內身。自內不定地麤重俱色爲外身。若他輕安俱色麤重俱色爲內外身。緣此三種。起受心法。卽以爲三。如前應知。乃至第六自身中。髮毛爪齒等相爲內身。他身髮毛等相爲外身。若內身變異不變異靑瘀等相。及外身變異不變異靑瘀等相。相似法性。平等法性。是爲內外身。緣此三境。起受心法。隨其所應卽爲三。智度論中亦六義釋內身。與前所說。大同小異。總觀彼二爲內外身無別內外。

前二不攝。如彼說言。復作是念。內觀不得。外或有耶。外觀亦復不得。自念我或錯誤。是故今當總觀內外。觀內觀外。是爲別相。一時俱觀。是爲總相。總觀別觀。了不可得。所觀已竟。受心法中。內外等三有同喩[1]伽。亦有異說。異說云何。謂意識相應受是內受等。五識相應受是外受等。定心是內心。散心是外心等。除受餘心數法是爲內法。不相應行及無爲法是爲外法等乃至廣說。是爲念處所緣境也。

---

1) ㉠ '喩'는 '瑜'인 듯하다.

(2) 염주의 본체

둘째, 염주의 본체란 이것에는 두 가지 의미가 있다. 만약 대치되어야 할 것을 상대로 한다면 혜慧를 본체로 한다. 혜는 사전도四顚倒를 바르게 대치하기 때문이다. 만약 소연을 상대로 한다면 혜慧와 염念을 본체로 한다. 혜와 염은 함께 소연에 머물기 때문이다. 『대지도론』에서는 "몸을 관찰하는 지혜,……내지 법을 관찰하는 지혜, 이를 자성념처自性念處라 한다."라고 한다. 이것은 대치되어야 할 것을 상대로 해서 본체를 나타낸 것이다. 『대법론』에서는 "염주의 본체란 혜와 염을 말한다. 불경佛經에 몸 등에 대해서 '따라가며 관찰한다隨觀'는 말이 있기 때문이고, '염주念住'란 말이 있기 때문이다. 그 순서대로이다."라고 한다. 이것은 소연을 상대로 해서 본체를 제시한 것이다.

第二念住自體者。此有二義。若對所治。以慧爲體。由慧正治四顚倒故。若對所緣慧念爲體。慧與念俱住所緣故。智度論云。觀身智慧。乃至觀法智慧。是爲自性念處。此對所治。顯自性也。對治論云。念住自體者。謂慧及念。由佛經中有於身等隨觀言故。及有念住言故如其次第。此對所緣。出自性也。

(3) 염주의 동반자

셋째, 염주의 동반자란 그것과 상응하는 심소법들과 그것을 우선으로 해서 일어나는 결과 등이다. 『대법론』에서는 "염주의 동반자란 그것과 상응하는 심과 심소법 등이다. 그것이란 그 염과 혜 2법을 말한다."라고 한다. 『대지도론』에서는 "무엇을 염처와 함께하는 것이라 하는가? 몸(身)을 관찰하는 것을 우선으로 하는, 원인에서 생기는 도道이다. 유루이든 무루이든 신념처身念處이다. 내지 법을 관찰하는 것 모두 이와 같이 설한다."라고 한다. 또 아래의 논문에서 "염처와 함께하는 것 중 신업과 구업 2업業은 색법이다. 다른 것은 색이 아니기 때문이다."라고 한다.

> 第三念住助伴者。與彼相應諸心法。及彼爲首。所發果等。如對法說。念住助伴者。與彼相應心心法等。彼者謂彼念慧二法。智度論云。云何名共念處。觀身爲首。因緣生道。若有漏若無漏。是身念處。乃至觀法皆如是說。又下文言。共念處中身口二業。是爲色法。餘殘非色故。

(4) 염주를 수습함

넷째, 염주를 수습함이란 크게 보아 두 문이 있다. 공통되는 것을 수습하는 문과 공통되지 않는 것을 수습하는 문이다. "공통되는 것을 수습함"이란 소승과 공통되는 것을 수습하는 것이다. 안의 몸 등에 대해서 수신관隨身觀을 수습하고, 밖의 몸 등에 대해서, 안과 밖의 몸에 대해서 수신관을 수습한다. 이를테면 부정不淨을 관찰하고,······내지 무아無我를 관찰하는 것이다. 이와 같은 것 등이 소승과 공통되는 것을 수습하는 것이다. "공통되지 않는 것을 수습함"이란 오직 보살의 관찰이다. 이를테면 몸 등에 대해서 안이나 밖의 상想을 배제하고 오직 몸 등의 중도中道의 실상實

相만을 관찰하는 것이다.

『유가사지론』에서 "이 보살들은 두루 모든 이승二乘의 이취理趣인 보리분법을 모두 여실하게 안다. 이를테면 성문의 이취에 대해서 그리고 대승의 이취에 대해서이다. 어떻게 보살은 대승의 이취인 보리분법을 여실하게 아는가? 보살들은 그 몸에 대해서 순신관循身觀을 수습할 때 그 몸에 대해서 자성自性이 있다고 분별하지 않고, 또 일체의 종류가 전연 없다고 분별하지 않는다. 또 그 몸에 대해서 언설의 자성을 여읜 법성法性을 여실하게 안다. 내지 운운."이라고 한다. 또 설하기를, "또 공성에 의지해서 염주를 근면하게 수습하는 보살은 크게 보아 6종의 허망한 상想에서 마음을 해탈하게 한다. 여섯은 무엇인가? 몸에 대해서,……내지 법에 대해서 안의 상을 일으키는 것이 첫째의 상박相縛이다. 이것들에 대해서 밖의 상을 일으키는 것이 둘째의 상박이다. 이것들에 대해서 안과 밖의 상을 일으키는 것이 셋째의 상박이다. 만약 시방의 무량한 유정들을 해탈하게 하기를 원해서 염주를 수습한다면 이것에 대한 상들이 넷째의 상박이다. 만약 이 때문에 몸 등의 경계에 대해서 순관循觀을 확립한다면 이것에 대한 상들이 다섯째의 상박이다. 몸 등에 대해서 순관을 확립한다면 이것에 대한 상들이 여섯째의 상박이다.……내지 운운."이라고 한다.

『대지도론』에서는 "보살마하살의 사념처의 관찰이란, 안의 몸이 무상無常하고 고苦인 것이 마치 병과 같고 악창과 같고, 불덩어리이고 썩어 문드러지고 더러운 것으로 가득 차고 아홉 구멍에서 흘러나오는 것이 마치 뒷간과 같다고 관찰한다.……내지 운운. 이 몸의 상은 안에 있지 않고 밖에 있지 않고 중간에 있지 않다. 이 몸은 이전, 이후, 중간에서 모두 얻을 수 없다. 단지 법들의 인因과 연緣들에 의해 발생한 것이다. 이 인과 연들에 의해 만들어진 것이 몸이라면 또한 허망한 전도顚倒에 의해 존재할 뿐이다. 이 인과 연들에는 인과 연들의 상相이 없다. 이 인과 연들에 의해 발생한 것은 또한 발생의 상이 없다. 이와 같이 사유해서 이 몸에는 본래부터 발생의 상이 없다는 것을 안다. 발생이 없기에 상이 없고 상이 없기에 발생이 없다. 단지 범부를 속이기 때문에 몸이라 할 뿐이다. 보살이 이와 같이 몸의 실상을 관찰할 때 염착染着을 여의게 된다. 염을 잡아매어 몸에 대해서 순신관을 확립한다. 이를 보살의 신념처의 관찰이라 한다. 밖의 몸이나 안과 밖의 몸의 관찰 또한 이와 같다. 수受, 심心, 법法 등에 대해서 ……내지 운운."이라고 한다.

第四念處脩習者。略有二門。謂共脩習。不共脩習。共脩習者。謂共小乘脩於內身等脩隨身觀。於外身等及內外身脩隨身觀。謂觀不淨乃至無我。知是等名。共小乘脩。不共脩者。唯菩薩觀。謂於身等除內外想。唯觀身等。中道實相。如瑜伽說。是諸菩薩普於一切。二乘理趣菩提分法。皆如實知。謂於聲聞乘理趣及於大乘理趣。云何菩薩大乘理趣。菩提分法如實了知。謂諸菩薩能於其身。住脩1)身觀。不於其身。分別有性。亦不分別一切種類都無所有。又於其身。遠離言說。自性法性如實了知乃至廣說。又言復次依空勤脩念住菩薩。略於六種忘2)相縛中。令心解脫。何等爲六。所謂於身乃至於法。發起內相。是初相縛。卽於此中。發起外相。是第二縛。卽於此中。起內外相。是第三縛。若於十方無量有情。願令解脫。脩習念住。此中諸相。是第四縛。若由此故。於身等境。脩*觀而住。此中諸相。是第五縛。卽於身等。脩*觀住者。此中諸相。是第六縛。乃至廣說。智度論云。菩薩摩訶薩四念處觀者。觀是內身無常。若如病如癰。灾聚敗壞。不淨充滿。九孔流出。是爲行廁。廣說乃至。是身相不在內。不在外。不在中間。是身先際後際中際。皆不可得。但從諸法因緣和合生。是諸因緣作是身者。亦從虛妄顚倒故有。是因緣中無因緣相。是因緣生亦無生相。相3)如是思推。知於是身。從本以來無有生相。無生故無相。無相故無生。但誑凡夫。故名爲身。菩薩如是觀身實相。離諸染著。繫念在身。住脩*身觀。是名菩薩身念處觀。觀外身內外身亦如是。受心法等。乃至廣說。

1) ㉯ '脩'는 '循'인 듯하다. 아래(*)도 동일하다. 2) ㉯ '忘'은 '妄'인 듯하다. 3) ㉯ '㲉'은 잉자인 듯하다.

(5) 염주를 수습함의 결과

다섯째, 염주를 수습함의 결과란, 『대법론』에서 "사전도四顚倒를 끊어 사제에 들어간다. 신身 등의 '계박에서 벗어남(離繫)'을 수습함의 결과라 한다. '사전도를 끊음'이란 사념주를 말한다. 그 순서대로 정淨, 낙樂, 상常, 아我의 사전도를 끊는다. 신념주身念住에 의지해서 고제에 들어간다. 색신色身은 모두 행고行苦의 상을 갖고 있다. 추중麤重이 현현한 것이기 때문이다. 그래서 관행觀行을 수습할 때 이 경안輕安을 닦는다. 몸(身)에 차별이 생기기 때문이다. 수념주受念住에 의지해서 집제에 들어간다. 낙樂 등의 수受들은 화합한 애愛 등의 의지처이기 때문이다. 심념주心念住에 의지해서 멸제에 들어간다. 아我가 없는 식識을 관찰하면 아我가 끊어질까 두려워하는 문이 없어진다. 열반에 대한 공포가 생기는 것을 영원히 여의기 때문이다. 법념주法念住에 의지해서 도제에 들어간다. 대치되어야 할 법을 끊기 위해서, 대치하는 법을 수습하기 위해서이다. 또 이 4종은 그 순서대로 신身, 수受, 심心, 법法의 이계과離繫果를 증득한다. 이것들을 수습함으로써 점차 몸(身) 등의 추중을 여의기 때문이다."라고 한다. 이것은 사박四縛의 추중을 여의는 것을 밝힌다. 사박이란 첫째 집수執受의 박, 둘째 영수領受의 박, 셋째 요별了別의 박, 넷째 집착執着의 박이다. 이 사박에 의해 마음(心王)이 계박된다. 이를테면 마음(心)은 몸(身)에 계박되어 있다. 집수의 박縛에 의해 계박되어 있다. 집수가 안의 몸(內身)과 안위安危를 같이하는 것을 말한다. 이 때문에 몸(身)의 재환災患을 여의지 못하기 때문이다. 또 마음은 수受에 계박되어 있다. 영수의 박에 의해 계박되어 있다. 수受와 상응하기에 이에 따라서 고苦와 낙樂을 같이한다. 이 때문에 수受의 재환을 여의지 못하기 때문이다. 마음은 경계(塵)에 계박되어 있다. 요별의 박에 의해 계박되어 있다. 6종의 경계를 반연해서 때가 없이 머문다. 이 때문에 분별의 재환을 여의지 않기 때문이다. 마음은 혹惑에 계박되어 있다. 집착의 박에 의해 계박되어 있다. 혹惑과 상응하기에 이에 따라서 법을 집착한다. 이 때문에 번뇌의 과실을 여의지 못하기 때문이다. 『유가사지론』에서 "이렇게 알아야 할 것이다. 마음은 몸에 계박되어 있다. 집수의 박에 의해 계박되어 있기 때문이다. 마음은 수受에 계박되어 있다. 안의 영수의 박에 의해 계박되어 있기 때문이다. 마음은 색 등 경계의 상에 계박되어 있다. 요별의 박에 의해 계박되어 있기 때문이다. 마음은 말한바 몸 등 법들에 계박되어 있다. 탐貪, 진瞋 등 크고 작은 번뇌의 집착의 박에 계박되어 있기 때문이다. 이와 같은 4종의 박縛을 대치하기 위해 사념주를 건립한다."라고 한다. 이것은 염주를 수습함의 결과를 설명한 것이다. 염주의 5문을 간략하게 설명하면 이와 같다.

第五明念住脩果者。如對法說。斷四顛倒。趣入四諦。身等離繫。是名脩果斷。斷四倒者。謂四念住。隨其次第。能斷淨樂常。我四倒也。由身念住。趣入苦諦所有色身。皆行苦相麤重所顯故。是故脩觀行時。能治此輕安。於身差別生故。由受念住趣入集諦。以樂等諸受。是和合愛等所依處故。由心念住。趣入滅諦。觀離我識。當無所有。懼我斷門。生涅槃怖。永遠離故。由法念住。趣入道諦。爲斷所治法。爲脩能治法故。又此四種如眞[1]次第。能證身受心法離繫之果。由此脩習。漸能遠離身等麤重故。此明遠離四縛麤重。言四縛者。一執受縛。二領受縛。三了別縛。四執著縛。由此四縛。縛於心王。謂心於身。由執受縛所縛。謂執受內身。與同安厄。由是不能離身患故。又心於受。由領受縛所縛。與受相應。隨同苦樂。由是不能離受患故。心於諸塵。由了別縛所縛。攀緣六塵。無時安住。由是不離分別患故。心於諸惑[2]由執著縛所縛與惑*相應。隨著諸法。由是不離煩惱過故。如瑜伽

• 51

說。當知心於身由執受縛所縛。於受由內。領受縛所縛。於色等境界相。由了別縛所縛。卽於所說身等諸法。由貪瞋等大小煩惱。執著縛所縛。對治如是四種縛故。立四念住。是明念處脩習之果。念住五門。略說如是。

1) ㉠ '眞'은 '其'인 듯하다. 2) ㉠ '或'은 '惑'과 통한다. 아래(*)도 동일하다.

2) 사정단

다음에 사정단의 5문을 설명한다.

次明四正斷中五門。

(1) 정단의 소연

첫째, 정단正斷의 소연이란 이미 발생했거나 아직 발생하지 않은 대치되어야 할 법과 대치하는 법을 말한다. 제1의 정단의 소연은 이미 발생한 대치되어야 할 법을 경계로 한다. 제2의 정단의 소연은 아직 발생하지 않은 대치되어야 할 법을 경계로 한다. 제3의 정단의 소연은 아직 발생하지 않은 대치하는 법을 경계로 한다. 제4의 정단의 소연은 이미 발생한 대치하는 법을 경계로 한다. 경에서 설한 바와 같이 자세하게 배대해서 풀이해야 한다.

正斷所緣者。謂已生未生所治能治法。初正斷緣已生所。治法爲境。第二正斷緣未生所治法爲境。第三正斷緣未生能治法爲境。第四正斷緣已生能治法爲境。如經所說。應廣配釋。

(2) 정단의 본체

둘째, 정단의 본체란 4종의 경계에 대해서 발기하는 정진을 말한다.

正斷自體者。謂於四境所起精進。

(3) 정단의 동반자

셋째, 정단의 동반자란 그것과 상응하는 심과 심소법 등을 말한다.

正斷助伴者。謂彼相應心心法等。

(4) 정단을 수습함

넷째, 정단을 수습함이란 경에서 설한 바와 같이 욕구(欲)를 냄, 책려策勵함, 정근을 발기함, 책심策心, 지심持心을 말한다. 이 어구들은 정근正勤을 수습함과 이것의 의지처를 나타낸다. 이것의 의지처란 욕구(欲)를 말한다. 욕구를 우선으로 해서 정진을 발기하기 때문이다. 정근이란 책려함 등[20]을 말한다. 멈춤(止), 들어 올림(擧), 버림(捨) 등의 상을 작의作意할 때 만약 멈춤(止) 등의 상을 작의해서 소연경계를 되돌아보며 연연하지 않고 순전히 대치를 수습한다면, 그때 '책려함'이라 한다. 침몰沈沒과 도거掉擧를 삭감하고자 정근을 발기한다. 이유가 무엇인가? 만약 침몰 수번뇌가 발생할 때면 그것을 삭감하기 위해 정묘淨妙한 것 등을 작의해서 그 마음을 책려하며 단련한다. 만약 도거 수번뇌가 발생할 때면 소략하게 잡아매

---

20 책려함 등 : 책려策勵함, 정근을 발기함, 책심策心, 지심持心.

는 문을 안에서 증득하여 그 마음을 제지한다면, 그때 '정근을 발기함'이
라 한다. 이 침몰과 도거를 삭감하는 적절한 방편을 보여 주기 위해 이어
서 책심과 지심을 설하는 것이다. 또 다른 학설이 있는데 이는 앞의 '의미
를 풀이하는 문'에서 설명한 바와 같다.

> 正斷修習者。謂如經說。生欲策勵。發起正勤。策心持心。此中諸句。顯修
> 正勤及所依止。所依止者。謂欲以欲爲先。發精進故。正勤者。謂策勵等。
> 於止舉捨相作意等中。若於止等相作意。不顧戀所緣境界。純修習對治。爾
> 時名策勵。爲欲損減沉沒掉擧。發起正勤。所以者何。若沉沒隨煩惱生時。
> 爲損減彼故。以淨妙等作意。策練其心。若掉擧等隨煩惱生時。卽以內證略
> 攝門。制持其心。爾時名爲發起正勤。卽爲顯此損減沉掉。善巧方便。故次
> 說言策心持心。又有別義。如前釋義門中說也。

(5) 정단을 수습함의 결과

다섯째, 정단을 수습함의 결과란 모든 '대치되어야 할 것(所治)'을 끊어 내
는 것을 말하고, '대치하는 것(能對治)'을 얻거나 증대시키는 것을 말한다. 그
순서대로 배속한다는 것을 알아야 한다. 정단의 5문을 설명하면 이와 같다.

> 正勤修果者。謂盡棄於一切所治。於能對治。若得若證。如其次第。配屬應
> 知。正斷五門略說如是。

3) 사신족

다음에 사신족의 5문을 설명한다.

次明四神足中五門。

(1) 신족의 소연

첫째, 신족의 소연이란 이미 원만하게 성취된 삼마지(定)에 의해 지어진 일을 말한다. 이것은 또 무엇인가? 이미 원만하게 성취된 삼마지의 세력에 의해 갖가지 신변神變 등의 일이 일어나는데, 이것이 소연경이다.

神足所緣者。謂已成滿定所住事。此復云何。由已成滿三摩地力。發起種種神變等事。是所緣境。

(2) 신족의 본체

둘째, 신족의 본체란 삼마지三摩地를 말한다.

神足自體者。謂三摩地。

(3) 신족의 동반자

셋째, 신족의 동반자란 욕欲, 근勤, 심心, 관觀 그리고 그것들과 상응하는 심과 심소법 등을 말한다.

神足助伴者。謂欲勤心觀。及彼相應心心法等。

(4) 신족을 수습함

넷째, 신족을 수습함이란 8종의 단행斷行을 수습함을 말한다. 8종의 단행이란 의욕(欲), 정진精進, 믿음(信), 경안輕安, 정념正念, 정지正知, 사思, 사捨를 말한다. 이와 같은 8종을 축약하면 4종이 된다. 가행加行, 섭수攝受, 계속繼屬, 대치對治를 말한다. "가행"이란 의욕(欲), 정진, 믿음(信)을 말한다. 의욕은 정진의 의지처이고, 믿음은 의욕의 원인이다. 이유가 무엇인가? 욕구하기 때문에, 이 대상을 얻기 위해 근勤과 정진을 발기한다. 이와 같은 의욕(欲)은 믿음(信受)을 여의지 않는다. 본체가 동등하기 때문이다. "섭수"란 경안을 말한다. 이 경안에 의해 몸과 마음이 북돋워지기 때문이다. "계속"이란 정념과 정지를 말한다. 소연을 잊지 않음에 의해 마음이 한 경계에 안존하기 때문이다. 만약 방일放逸이 발생한다면 여실하게 알아채기 때문이다. "대치"란 사思와 사捨를 말한다. 책심과 지심 두 가행의 세력은 이미 발생한 침몰과 도거를 여의기 때문이다. 또 수번뇌를 여의게 하는 멈춤(止) 등의 상[21]을 끌어와 일어나게 하기 때문이다. 또 욕欲, 근勤, 심心, 관觀을 수습함에는 두 종류가 있다. 하나는 모임, 흩어짐, 모임의 원인, 흩어짐의 원인을 멀리하는 것을 수습함이고, 다른 하나는 모이지 않음에 응해서, 흩어지지 않음에 응해서, 그 둘의 의지처에 응해서 수습함이다. 여기서 욕欲 등이 모임, 흩어짐, 그것들의 원인 등 두 종류의 수습함의 의미를 보여 준다. "모임(聚)의 원인"이란 위파사나를 멀리하기 때문에 태만함의 문에 의해 생기는 침몰沈沒을 말한다. "흩어짐(散)의 원인"이란 부정不淨한 상을 멀리하기 때문에 요동침의 문에 의해 생기는 '들어 올려짐(高擧)'을 말한다. "모임(聚)"이란 혼침惛沈과 수면睡眠의 문에 의해 안으로 '움츠러듦(蹜踖)'을 말한다. "흩어짐(散)"이란 정묘淨妙한 상에 응하는 문

---

21 멈춤(止) 등의 상 : 멈춤(止), 들어 올림(擧), 버림(捨) 등의 상.

에 의해 바깥으로 '치달려 흩어짐(馳散)'을 말한다. "모이지 않음에 응해서 수습함"이란 관찰의 상에 의지해서 법들을 관찰하는 것을 말한다. "흩어지지 않음에 응해서 수습함"이란 부정不淨한 상에 의지해서 머리카락, 털 등의 사물을 관찰하는 것을 말한다. "그 둘의 의지처에 응해서 수습함"이란 광명光明의 상을 수습하는 것을 말한다. 이와 같은 순서에 의해서 세존께서는 "나의 욕구는 열등하지도 않고 월등하지도 않다. 안으로 모이지도 않고 바깥으로 흩어지지도 않는다. 전과 후의 상想이 있고 상과 하의 상想이 있어 그 마음을 열어 일어나게 하고 전纏의 박縛을 여의게 한다. 광명과 함께해서 스스로 그 마음을 수습하여 나의 마음에 암흑과 은폐가 없도록 해야 한다."라고 하셨다.

  이제까지 설명한 것은『대법론』에 나오는 것이다. 이 중 "관찰의 상에 의지해서 법들을 관찰한다."라는 것은, 그 경의 "전과 후의 상想이 있어 그 마음을 열어 일어나게 한다."라는 것을 나타낸다. "부정不淨한 상에 의지해서 머리카락 등을 관찰한다."라는 것은, 그 경의 "상과 하의 상想이 있어 전纏의 박縛을 여의게 한다."라는 것을 나타낸다. 무엇을 전과 후, 상과 하라고 하는가?『유가사지론』제28권에서 "사마타(止)를 수습할 때 지품止品의 상과 하의 상想을 수습하고 위파사나(觀)를 수습할 때 관품觀品의 전과 후의 상想을 수습한다. 상과 하의 상想이란 이 몸이 그것이 놓인 대로, 그것이 원해진 대로 위로는 정수리 위로부터 아래로는 발아래에 이르기까지 갖가지 잡류의 부정不淨한 것이 충만해 있다고 관찰하는 것을 말한다. 갖가지 잡류의 부정한 것이란 이를테면 이 몸에 있는 갖가지 머리카락, 털, 손발톱, 이이니, 앞에서 자세히 말한 바와 같다. 전과 후의 상想이란 가령 하나의 관찰되어야 할 상相에 대해서 신중하고 간절하게 잘 파악하고 잘 사려하고 잘 요별하고 잘 통달하는 것을 말한다. 이를테면 서 있을 때는 앉아 있는 것을 관찰하고, 앉아 있을 때는 누워 있는 것을 관찰한다. 혹은 뒤의 행에 있으면서 앞의 행을 관찰한다. 이것은 위파사나의 행으로 삼세의 연緣에서 생긴 행들을 관찰하는 것이다. 이를테면 만약 서 있을 때 앉아 있는 것을 관찰한다고 말한다면 이는 현재의 작의로 미래의 알아야 할 바의 행들을 관찰하는 것이다. 왜 그런가? 현재의 작의의 위位는 이미 현재에 발생해 있기 때문에 서 있는 것이라 한다. 미래의 알아야 할 바의 위位는 아직 현재에 발생해 있지 않기 때문에, 곧 발생하고자 하기 때문에 앉아 있는 것이라 한다. 만약 앉아 있을 때 누워 있는 것을 관찰한다고 말한다면 이는 현재의 작의로 과거의 알아야 할 바의 행들을 관찰한다는 것을 나타낸 것이다. 왜 그런가? 이는 현재의 작의의 위는 곧 소멸하고자 하기 때문에 앉아 있는 것이라 하고, 과거의 알아야 할 바의 위는 이미 낙사落謝해서 소멸했기 때문에 누워 있는 것이라 한다. 만약 후의 행에 있으면서 전의 행을 관찰한다고 말한다면 이는 현재의 작의로 찰나의 간격 없이 소멸한 현행現行의 작의를 관찰한다는 것을 나타낸 것이다. 왜 그런가? 만약 이미 발생했기 때문에 찰나의 간격 없이 낙사해서 소멸한 것이라면, 파악되어야 할 작의를 전의 행行이라 한다. 만약 이 찰나의 간격 없이 새롭게 발생하는 파악하는 작의가 전의 찰나의 간격 없이 이미 낙사해서 소멸한 것을 파악한다면 이를 후의 행行이라 한다. 여기서 사마타(止)와 위파사나(觀)를 수습하는 것은 그 두 품류의 월등한 광명의 상想을 수습하는 것이기에 이를 상想의 수습이라 한다는 것을 알아야 한다."라고 하기 때문이다. 여타 어구의 상호 관계 또한 이에 준하면 알 수 있다. 이를 신족을 수습함의 상이라 한다.

神足脩習者。謂數脩習八種斷行。謂欲精進。信安正念正知思捨。如是八種略攝爲四。謂加行攝受繼屬對治。言加行者。謂欲精進信。欲爲精進依。信爲欲因。所以者何。由欲求故。爲得此義。發勤精進。如是欲求。不離信受。有體等故。攝受者謂輕安。由此輕安。攝益身心故繼屬者。謂正念正知。由不忘所緣。安心一境故。若有放逸生。如實了知故。對治者。謂思捨。策心持心。二加行力。已生沉掉。能遠離故。又能引發離隱煩惱。止等相故。復次欲勤心觀脩有二種。謂兼因緣聚散遠離脩。不劣¹⁾不散。彼二所依隨順脩。此中顯示欲等。遠聚散及因緣等。二種脩義。聚因緣者。謂遠離毗鉢舍那故。由懈怠所生沉沒。散因緣者。謂遠離不淨相故。由掉動門所生高擧聚者。謂由惛沈睡眠門。於內跋踖散者。謂由隨順淨妙相門。於外馳散。不劣*隨順脩者。謂依觀察相。觀察諸法。不散隨順脩者。謂依不淨相。觀察髮毛等事。彼二所依隨順脩者。謂脩光明相依。如是次第。薄伽梵說。我之欲樂。無有下劣。亦無高擧。於內不聚。於外不散。有後前想及上下想。開發其心遠離纏縛。與光明俱。自脩其心。當令我心無諸闇蔽。上來說出對法論。此中依觀察相。觀察諸法者。是顯彼經有前後想開發其心也。依不淨相觀察髮等者。是顯彼經及上下想遠離纏縛也。何等名爲後前²⁾上下。如瑜伽論第二十八卷云。脩奢摩他時。脩習心品上下想脩毗鉢舍那時。脩習觀品前後想。上下想者。謂觀察此身。如其所住。如其所顯。上從頂上。下至足下。種種雜類不淨充滿。謂此身中所有種種髮毛爪齒。如前廣說。前後想者。謂如有一。於所觀相。殷重懇到。善取善思。善了善達謂住觀於坐。坐觀於臥。或在後行。觀察前行。謂若說言住觀於坐。此則顯示。以現在作意。觀察未來所知諸行。所以者何。現在作意位已現生故。說名爲住未來成所知位未現生故。臨欲起故。說名爲坐。若復說言坐觀於臥。此則顯示以現在作意。觀察過去所知諸行。所以者何。現在作意位臨欲滅故。說名爲坐過去所知位已謝滅故。說名爲臥。若復說言。或在後行。觀察前行。此則顯示。以現在作意。觀察無間滅現行作意。所以者何。若已生故。無間謝滅。所取作意。說名前行。若此無間新生能取作意。取前無間已謝滅者。說名後行。當知此中爲脩止觀。脩二品勝光明想。是名想脩故。餘句相屬准之可知。是名神足脩習之相。

---

1) 웹 '劣'은 '聚'인 듯하다. 아래(*)도 동일하다. 2) 웹 '後前'은 뒤바뀐 것으로 보인다.

(5) 신족을 수습함의 결과

다섯째, 신족을 수습함의 결과란, 이미 잘 대치해서 삼마지를 수습했기 때문에 통달해야 할 법을 증득하고자 욕구하는 대로, 마음이 통달하는 대로 변현할 수 있다. 또 갖가지 처소의 법에 대해서 감능堪能을 증득해서 자재롭게 작용한다. 원하는 대로 갖가지 신통 등의 일을 성취한다. 또 월등한 품류의 공덕을 끌어와 일어나게 할 수 있다. 신족의 5문을 간략하게 설명하면 이와 같다.

神足脩果者。謂已善脩治三摩地故。隨所欲證所通達法。卽能隨心通達變現。又於別別處所法中。證得堪能自在作用。如所願樂。能辨種種神通等事。又能引發勝品功德。神足五門略說。如是。

4) 오근

다음에 오근五根의 5문의 구별에 대해 설명하겠다.

次明五根五門差別。

(1) 오근의 소연

첫째, 오근의 소연이란 만약 공통되는 행行에 의거한다면 사성제를 연하고, 만약 공통되지 않는 행行에 의거한다면 비안립제非安立諦를 연하는 것을 말한다.

五根所緣者。若約共行緣四聖諦。若約不共行緣非安立諦。

(2) 오근의 본체

둘째, 오근의 본체란 신信, 근勤, 염念, 정定, 혜慧를 말한다.

五根自體者。謂信勤念定慧。

(3) 오근의 동반자

셋째, 오근의 동반자란 그것과 상응하는 심과 심소법 등을 말한다.

五根助伴者。謂彼相應心心法等。

(4) 오근을 수습함

넷째, 오근을 수습함이란 신근信根은 제諦들에 대해서 인가忍可의 행行의 수습을 일으키고, 정진근精進根은 식별하기 위해 정진의 행의 수습을 일으키고, 염근念根은 망실하지 않음의 행의 수습을 일으키고, 정근定根은 '마음을 한 경계에 놓음(心一境性)'의 행의 수습을 일으키고, 혜근慧根은 간택簡擇의 행의 수습을 일으키는 것을 말한다. 『대지도론』에서 "신근이란 일체의 법이 인과 연들에 의지해서 발생한다는 것을 믿고, 전도된 허망한 견해는 과거에도 있지 않고 미래에도 있지 않고 현재에도 있지 않다는 것을 믿는 것이다. 법들의 공성, 무상無相, 무원無願, 불생불멸을 믿는 것이다. 그리고 지계, 선정, 지혜, 해탈, 해탈지견 등의 법을 믿는 것이다. 내지 혜근이란 법들의 실상에 이롭게 들어가 장애가 없고 난관이 없다. 세간에는 근심이 없고 열반에는 기쁨이 없어, 자재로운 지혜를 얻기 때문에 혜근이라 한다."라고 한다. 이것을 오근을 수습함에 대한 간략한 상이라 한다.

五根脩習者。謂信根於諸諦起忍可行脩。精進根爲覺悟故起精進行脩。念根起不忘失行脩。定根起心一境性行脩。慧根起簡擇行脩。智度論云。信根者。信一切法。從因緣生。顚倒妄見。不在過去。不在未來。不在現在。信諸法空。無相無作。不生不滅。而信持戒禪定智慧解脫解脫知見等法。乃至慧根者。於諸法實相。和入無礙無難。於世間無憂。於涅槃無喜。得自在智慧。故名慧根。是名五根。脩習略相。

(5) 오근을 수습함의 결과

다섯째, 오근을 수습함의 결과란, 신속히 제諦의 현관現觀을 일으키는 것을 말한다. 이 증상增上의 세력에 의해 오래지 않아 견도見道가 발생하기 때문이다. 또 난煖과 정頂을 닦아 다스리고 인忍과 세제일법世第一法을 끌어와 일어나게 해서, 이 몸(身)이 현현한 채 순결택분順決擇分의 계위에 들어가기 때문이다. 오근의 5문을 간략하게 설명하면 이와 같다.

五根脩果者。謂能速發諦現觀。由此增上力。不久能生見道故。又能脩治煖頂。引發忍世第一法。卽現此身已。入順決擇分位故。五根五門略說。如是。

5) 오력

다음에 오력五力의 5문의 구별에 대해 설명하겠다.

앞의 4문은 근根과 유사하다. 오직 수습함의 결과에 조금 차이가 있을 뿐이다. 이를테면 믿지 않음(不信) 등의 장애를 덜어 내는 것, 굴복되지 않는 것이 앞의 것을 월등하게 넘어서 있다.[22] 오력의 5문을 간략하게 설명

---

22 『對法論』의 이 부분을 번역하면 다음과 같다. "믿지 않음(不信) 등의 장애를 능히 덜어 내

하면 이와 같다.

次明五力五門差別。前之四門與根相似。唯脩習果。少有差別。謂能損減不信等障。不可屈伏。勝過於前。五力五門略說如是。

6) 칠각지

다음에 칠각지의 5문의 상에 대해 설명하겠다.

次明七覺支五門相。

(1) 각지의 소연

첫째, 각지의 소연이란 만약 이승二乘의 안립제의 문에 의거한다면 인공人空이 경계이고, 만약 보살의 안립제와 비안립제의 문에 의거한다면 인공과 법공法空 이공二空이 경계이다.

覺支所緣者。若就二乘安立諦門。所顯人空。若就菩薩安立非安立諦門中。人法二空以爲境界。

(2) 각지의 본체

둘째, 각지의 본체란 염念, 택법擇法, 정진精進, 희喜, 경안輕安, 정定, 사

기 때문에 전의 것보다 월등하게 넘어서 있다. 비록 오근의 소연경계, 자체 등이 상사하긴 하나 굴복될 수 없는 것이어서 뜻에 차이가 있기에 따로 역력의 분을 건립하는 것이다."

捨를 말한다. 이와 같은 7법이 각지의 본체이다. 또 이 7법은 세 부류로 축약될 수 있다. 『유가사지론』에서 "3각지는 사마타(止)의 부류에 속하고, 3각지는 위파사나(觀)의 부류에 속하고, 1각지는 두 부류 모두에 속한다. 그래서 7종의 각지라 하는 것이다. 이를테면 택법, 정진, 희喜 이 셋은 위파사나의 부류에 속한다. 경안, 정定, 사捨 이 셋은 사마타의 부류에 속한다. 염각지 1종은 두 부류 모두에 속하기에 이를 변행遍行이라 한다."라고 한다. 『대지도론』에서 "염각지는 두 곳에 있다. 선법은 수집하고 악법은 차단한다. 마치 문지기가 유익한 사람은 들여보내고 무익한 사람은 못 들어오게 하는 것과 같다. 만약 마음이 가라앉을 때면 염이 3법(택법·정진·희喜)을 솟아오르게 하고, 만약 마음이 흩어질 때면 염이 3법(경안·정定·사捨)을 잡아매기 때문이다."라고 한다.

> 覺支自體者。謂念擇法精進喜安定捨。如是七法是覺支體。又此七法三品所攝。如瑜伽說。三覺支奢摩他品攝三覺支。毗鉢舍那品攝一覺支。通二品攝。是故說名七種覺支。謂擇法精進喜。此三觀品所攝。安定捨此三止品所攝。念覺支一種俱品所攝。說名所行。智度論云。念覺支在二處。能集善法。能遮惡法。如守門人。有利者令入。無益者除却。若心沒時念三法起。若止散時念三法攝故。

(3) 각지의 동반자

셋째, 각지의 동반자란 그것과 상응하는 심과 심소법 등을 말한다.

> 覺支助伴者。謂彼相應心心法等。

(4) 각지를 수습함

넷째, 각지를 수습함이란 공통되는 것과 공통되지 않는 것이 있다. 공통되는 것을 수습함의 상이란, 『대법론』에서 "원리遠離, 무욕無欲, 적멸寂滅, 내버림(棄捨)으로 회향하는 것에 의지해서 염각지念覺支 내지 사각지捨覺支를 수습한다. 이와 같은 4구는 그 순서대로 제諦를 연해서 각지를 수습하는 것을 나타낸다. 이유가 무엇인가? 만약 고제를 연해서 고가 핍뇌逼惱할 때면 고의 경계에 대해서 원리遠離를 구하기 때문에 원리에 의지한다고 하는 것이다. 만약 애愛의 상을 연해서 고가 집기集起할 때면 이 경계에 대해서 반드시 이욕離欲을 구하기 때문에 이욕에 의지한다고 하는 것이다. 만약 고의 멸을 연해서 고가 멸할 때면 이 경계에 대해 반드시 작증作證을 구하기 때문에 적멸寂滅에 의지한다고 하는 것이다. 내버림(棄捨)이란 고를 멸하기 위한 행으로 나아가는 것을 말한다. 이 세력에 의지해서 고를 내버리기 때문이다. 이 경계에 대해 반드시 수습을 구하기 때문에 내버림으로 회향한다고 하는 것이다."라고 한다. 이것을 '공통되는 것을 수습함'이라 한다.

공통되지 않는 것을 수습함이란, 『대지도론』에서 "일체의 법에 대해 기억하지 않고 억념하지 않는 것, 이것을 염각분念覺分이라 한다. 일체의 법에 대해 선법, 불선법, 무기법을 추구해 보아도 모두 얻을 수 없는 것, 이것을 택법각분擇法覺分이라 한다. 삼계三界에 들어가지 않고 삼계의 상을 파괴하는 것, 이것을 정진각분精進覺分이라 한다. 일체의 지어진 법에 대해 즐거움(樂)에 집착함을 내지 않아 슬픔(憂)과 기쁨(喜)의 상이 파괴되기 때문에 이를 희각분喜覺分이라 한다. 일체의 법에 대해 제除(輕安)의 마음을 연해도 얻을 수 없기 때문에 이를 제각분除覺分이라 한다. 일체의 법이 항상 정定의 상을 갖는다는 것을 알아 흩어지지도 않고 모이지도 않는 것, 이것을 정각분定覺分이라 한다. 일체의 법에 대해 집착하지 않고 의지하지 않고 또한 보지 않는 이 사捨의 마음, 이것을 사각분捨覺分이라 한다."라고 한다. 또 "실상을 보는 지혜에 대해 기쁨(喜)을 내는데 이를 참된 기쁨이라 한다. 이 참된 기쁨을 얻었을 때 먼저 몸의 추중麤重을 제거하고 뒤에 마음의 추중을 제거한다. 연후에 일체의 법의 상을 제거해서 즐거움(快樂)을 얻으면 이것이 몸과 마음에 편만하니, 이를 제각분除覺分이라 한다. 이미 기쁨과 제거를 얻고 나면 관행觀行을 내버린다. 관행이란 이를테면 무상無常, 고苦, 공空 등을 관찰하는 것이고 유有, 무無, 비유비무非有非無 등을 관찰하는 것이다. 왜 그렇게 하는가? 희론戱論이 없는 것이 실상實相이다. 만약 사捨를 행하지 않는다면 쟁諍들이 있다. 만약 유를 실實이라 한다면 무는 허虛라고 하는 것이다. 만약 무를 실이라 한다면 유는 허라고 하는 것이다. 만약 비유비무를 실이라 한다면 유와 무는 허라고 하는 것이다. 실에 애착하면 허를 증오하게 된다. 슬픔(憂)과 기쁨(喜)의 처소를 생하는데 어찌 사捨라 하겠는가? 이와 같이 기쁨(喜), 제除, 사捨를 얻으면 칠각분이 원만하게 갖춰지게 된다."라고 한다. 이 경우 제除란 경안이다. 능히 추중을 제거하기에 제除라 하는 것이다. 이것은 각분의 수습의 상을 간략하게 설명한 것이다.

覺支脩習者。有共不共。共脩相者。如對法說。依遠離無欲寂滅廻向棄捨脩念覺支。乃至捨覺支。如是四句。隨其次第。顯示緣諦脩習覺支。所以者何。若緣苦諦。爲苦惱時。於苦境界求遠離故。名依止遠離。若緣愛相爲苦集時。於此境界。必求離欲。故名依止離欲。若緣苦滅。爲苦滅時。於此境界。必求作證。故名依止。寂靜棄捨者。謂起苦滅行。由此勢力。棄捨苦故。於此境界必求脩習故。名廻向棄捨。是名共脩。不共脩者。如智度說。於一切法。不憶不念。是名念覺分。一切法中求索善法。不善法無記法。皆不可得。是名擇法覺分。不入三界。破壞諸界相。是名精進覺分。於一切作法。不生著樂。憂喜相增故。是名喜覺分。於一切法中除心緣。不可得故。名除覺分。

者[1]一切法常定相。不亂不定是名定覺分。於一切法不著不依止。亦不見是捨心。是名捨覺分。又觀實相智慧中生喜。是名眞喜。得是眞喜。先除身喜。次除心喜。然後除一切法相得快樂。遍身心中。是爲除覺分。旣得喜除捨諸觀行。所謂無常苦空等觀。有無非有非無等觀。何似故。無戲論是實相。若不行捨。便有諸諍。若以有爲實。以無爲虛。若以無爲實。則以有爲虛。若以非有非無爲實。則以有無爲虛。於實愛著。於虛憎恚。生憂喜處云何不捨。得如是喜。除捨七覺分具足滿。此中除者。卽是輕安。能除麤重。故名爲除。是爲略說覺分脩相。

1) ㉔ '者'는 '於'인 듯하다.

(5) 각지를 수습함의 결과

다섯째, 각지를 수습함의 결과란, 견도에서 끊게 되는 번뇌를 영원히 끊는 것을 말한다. 그 공통되지 않는 것의 각분의 결과를 설명한다면, 부처의 집에 태어나 5종의 두려움(怖畏)이 없게 되고 백법百法을 밝히는 문을 얻어 백불百佛의 세계를 움직이게 하니, 이와 같은 내용을 경에서 자세히 설하고 있다. 각지의 5문을 간략하게 설명하면 이와 같다.

覺支脩果者。謂見道所斷煩惱永□□[1]其不共覺分果者。生在佛家離五怖畏。得百法明門動百佛世界等。廣說如經也。覺支五門。略說如是。

1) ㉔ □□는 '斷。若'인 듯하다.

7) 팔성도지

다음에 팔성도지八聖道支의 5문을 설명하겠다.

次明八聖道支五門。

(1) 팔성도지의 소연

첫째, 팔성도지의 소연이란 이 뒤 시기의 사성제의 여실성如實性과 일체의 진소유성盡所有性을 말한다. 여소유성如所有性은 모두 수도위修道位의 소연이기 때문이다.

八聖道所緣者。謂卽此後時四聖諦如實性。及與一切盡所有性。如所有性。皆是脩道位所緣故。

(2) 팔성도지의 본체

둘째, 팔성도지의 본체란 정견正見, 정사유正思惟, 정어正語, 정업正業, 정명正命, 정정진正精進, 정념正念, 정정正定을 말한다. 이와 같은 8법이 성도지聖道支의 본체이다. 또 이 8법은 삼온三蘊에 속한다. 『유가사지론』에서 "이 중 정견, 정사유, 정정진은 혜온慧蘊에 속하고, 정어와 정업과 정명은 계온戒蘊에 속하고, 정념과 정정은 정온定蘊에 속하기 때문이다."라고 한다. 무슨 이유로 각지覺支(칠각지)는 3품에 속하고, 이 도지道支(팔성도지)는 삼온에 속한다고 설하는가? 견도見道에서는 사마타(止)와 위파사나(觀)가 짝이 되어 운용된다는 것을 보여 주기 위해서이다. 다른 방편의 도道는 짝이 되어 운용되지 않기 때문이다. 수도修道에서는 이 삼온을 수습해야 무학위無學位의 해탈온解脫蘊과 해탈지견解脫知見의 온蘊을 얻는다는 것을 보여 주기 위해서이다.

八聖道自體者。正見正思惟正語正業正命正精進正念正定。知[1]是八法是道支體。又此八法三蘊所攝。如瑜伽說。此中正見正思惟正精進。慧蘊所攝。正語正業正命。戒蘊所攝。正念正定。定蘊所攝故。何故覺支三品所攝。說此道支三蘊攝者。爲顯見道止觀雙運。異方便道不得雙故。爲顯脩道。脩此三蘊能得無學位解脫蘊。及與解脫知¹⁾見蘊故。

1) ㉑ '知'는 '如'인 듯하다.

(3) 팔성도지의 동반자

셋째, 팔성도지의 동반자란 그것과 상응하는 심과 심소법을 말한다.

道支助伴者。謂彼相應心心法等。

(4) 팔성도지를 수습함

넷째, 팔성도지를 수습함이란, 만약 그 공통되는 행行이라면 각지에서 설명한 바와 같다. 만약 공통되지 않는 행이라면, 『대지도론』에서 "보살은 일체의 법이 공해서 얻음이 없는, 이와 같은 정견에 머물면서 정사유의 상을 관찰할 때 일체의 사유가 모두 그릇됨을 안다.……내지 열반을 사유할 때, 부처들을 사유할 때도 또한 이와 같다. 이유가 무엇인가? 일체의 사유의 분별을 끊는 것, 이것을 정사유라고 한다. 이와 같은 정사유에 머물기에 이것은 바르다, 이것은 그르다 하고 보지 않는다. 일체의 사유의 분별을 넘어서기에 이를 정사유라 하는 것이다. 일체의 사유의 분별은 모두 평등하고, 모두 평등하기에 마음이 집착하지 않는다. 이와 같은 것들을 정사유라 한다. 운운."이라고 한다.

道支脩習者。若其共行如覺支說。不共行者如智度說。菩薩於諸法。空無所得住如是正見中觀正思惟相。知一切思惟皆是邪。乃至思惟涅槃。思惟諸佛皆亦知¹⁾是。以何故。斷一切思惟分別。是名正思惟。住如是正思惟中。不見是正是耶。²⁾ 過諸思惟分別。是爲正思惟。一切思惟分別皆悉平等。平等故心不著。如是等名爲正思惟。乃至廣說。

1) ㉘ '知'는 '如'인 듯하다.   2) ㉘ '耶'는 '邪'와 통한다.

(5) 팔성도지를 수습함의 결과

다섯째, 팔성도지를 수습함의 결과란, 분별해서 타인에게 가르쳐 보이고 타인에게 믿게 하여, 번뇌의 장애를 청정하게 하고 수번뇌의 장애를 청정하게 하고 가장 월등한 공덕의 장애를 청정하게 해서 무량하고 월등한 공덕을 얻게 하기 때문이다. 이것은 성도지의 5문을 간략하게 설명한 것이다. 보리분법의 의미를 간략하게 설명하면 이와 같다.

道支脩果者。謂分別海¹⁾示他。令信煩惱障淨。隨煩惱障淨。最勝功德障淨。能得無量殊勝功德故。是爲略說道支五門。菩提分義略說如是。

1) ㉘ '海'는 '誨' 혹은 '顯'인 듯하다.

제2장 본문 풀이

다음에 본문을 따라가며 풀이하겠다.

次消其文。

1. 논의 일으키는 부분을 풀이함

> **논** 네 번째, 대치를 수습함에 관한 품
>
> 對治修住品第四。
>
> 대치를 수습함이란 삼십칠도품三十七道品을 수습하는 것이다. 이제 (이에 대해) 설명하겠다. 이 논에서 최초에 (다음의 것을) 설한다.
>
> 修習對治者。三十七道品修習。今當說。此論初說。

본문 중 먼저 논論의 일으키는 부분에 대해 풀이한다. 이것은 두 구절로 되어 있다. 앞 구절은 합해서 일으키는 것이고, 뒤 구절은 나누어 일으키는 것이다. "이 논에서 최초에 (다음의 것을) 설한다."란 '이 품에서 최초에 사념처를 설한다'는 것을 말한다.

> 文中在先釋論發起。於中二句。初句總發。下句別起。此論中初說者。謂此品初說四念處也。

2. 게송과 주석을 풀이함

송頌은 합하면 12송 반이 있다. 이것은 둘로 되어 있다. 앞의 11송은 대치를 나누어 밝히고, 뒤의 1송 반은 대치를 합해서 설한다. 앞의 11송은 문의 형세가 여섯으로 되어 있다. 첫째 최초의 1송은 사념처四念處를 밝히고, 둘째 다음의 1송은 사정근四正勤을 밝히고, 셋째 3송 반은 여의족如意

足을 밝히고, 넷째 2송은 근根과 역力을 합해서 밝히고, 다섯째 1송 반은 칠각지를 밝히고, 여섯째 2송은 팔성도를 밝힌다.

偈中合有十二頌半。於中有二。前十一頌。別明對治。後一頌半。總說對治。前十一中文[1)]有六。一初一頌明四念處。二次一頌明四正勤。三三頌半明如意足。四有二頌總明根力。五一頌半明七覺分。六有二頌明八聖道。

---
1) ㉑ '□'는 '亦'인 듯하다.

1) 대치를 나누어 밝힘

(1) 사념처

> 논
> 추중한 행이기에, 탐욕의 원인이기에
> 종자이기에, 혼미하지 않기에
> 사제에 들어가기 위해
> 사념처의 관을 수습하네 〈1〉
>
> 麤行貪因故 種故不迷故
> 爲入四諦故 修四念處觀
>
> 몸(身)에 의해 추중한 행이 현현한다. 추중한 행을 사택思擇해서 고제에 들어간다. 이 몸은 추대한 행行들을 상相으로 하기 때문이다. 추대함이란 행고行苦이다. 이 행고로 인해 일체의 유루의 법들, 이것들에 대하여 성인은 고제를 본다. 수受란 탐애의 의지처이다. 수들을 사택해서 집

제에 들어간다. 마음(心)이란 아집我執의 의지처이다. 이 마음을 사택해서 멸제에 들어간다. 아我가 없어지지 않을까 하는 두려움을 없애 주기 때문이다. 법法이란 청정하지 않음과 청정함 두 부류이다. 이 법을 사택해서, 청정하지 않음과 청정함에 대한 무명無明이 없기 때문에, 도제에 들어간다.

그러므로 최초에, 사제에 들어가기 위해, 사념처를 수습함이 안립된다.

> 由身故麤行得顯現。思擇麤行故得入苦諦。此身者麤大諸行爲相故。麤大者名行苦。因此行苦一切有漏諸法。於中聖人觀苦諦。受者貪愛依處。思擇諸受故得入集諦。心者我執依處。爲思擇此心得入滅諦。離我斷怖畏故。法者不淨淨二品。爲思擇此法離不淨淨品無明故得入道諦。是故初行爲令入四諦中。修習四念處所安立。

사념처를 밝히는 최초의 1송에서 앞의 반은 나누어서 밝히는 것이고, 뒤의 반은 합해서 밝히는 것이다. 그런데 사념처를 건립하는 일은 크게 보아 3종의 의미가 있다. 첫째 사전도四顚倒를 대치하기 위해, 둘째 사박四縛에서 벗어나기 위해, 셋째 사제에 들어가기 위해서이다. 3종의 구별은 앞에서 이미 설명한 바 있다.

이제 여기서는 세 번째 의미를 설명한다. "추중한 행"이란 신념처身念處의 색신色身이다. 추중이 수반되는 것은 경안이 없다. 이것은 행고行苦의 상이 있다. 그러므로 몸(身)을 관찰해서 고제에 들어간다. "탐욕의 원인"이란 수념처受念處를 나타낸다. 6종의 수受는 6종의 탐애貪愛를 일으킨다. 탐애는 삼유三有의 고苦의 집취를 불러와 모은다. 그러므로 이것을 관찰해서 집제에 들어간다. "종자이기에"란 심념처心念處를 나타낸다. 마음(心)은 종자를 집지執持하기에 법들의 근본根本이다. 아我는 지말枝末이다. 없어지지 않을까 두려워한다. 마음을 여실하게 관찰할 때 멸제에 들어가기 때문이다. "혼미하지 않기에"란 법념처法念處를 나타낸다. 법들이 잡염과 청정의 부류로 구별되는 것을 무명無明이 알지 못해서 명明인 혜慧를 덮고 가로막는다. 법의 상에 혼미하지 않기 때문에 이를 따라서 도제에 들어간다. 뒤의 반에서 "사제에 들어가기 위해"란 해야 할 바를 합해서 밝히는 것이다 "사념처의 관을 수습하네"란 수습을 합해서 밝히는 것이다.

初一頌明四念處中。上半別顯。下半總明。然立四念處。略有三意。一爲治四倒故。二爲脫四縛故。三爲入四諦故三種差別如前已說。今於此中。說第三義。言麤行者。是身念處。所有色身。麤重所隨。遠離輕安。是行苦相。是故觀身從入苦諦。言貪因者。顯受念處。□¹⁾種受起六貪愛。貪愛招集三有苦聚。所以觀此。能入□²⁾諦。言種或³⁾者。顯心念處。心持種子。作諸法本。我是□□。⁴⁾怖畏斷滅。如實觀心。趣入滅諦故。不迷故者。顯法念處。諸法品類。染淨差別無明不了。覆障明慧。不迷法相。順入道諦故。下半中。言爲入四諦故者。總顯所爲。脩四念處觀者。總明能脩。

1) ㉥ □는 '六'인 듯하다. 2) ㉥ □는 '集'인 듯하다. 3) ㉠ '或'은 '惑'과 통한다.
4) ㉥ □□는 '枝末'인 듯하다.

세친世親(바수반두)의 주석은 둘로 되어 있다. 앞부분은 송의 위의 반을 주석하는 것이고, 뒷부분은 송의 뒤의 반을 주석하는 것이다. 앞의 "추중한 행"을 주석하는 부분에서, 앞부분은 송문을 간략하게 주석하는 것이고, 뒷부분은 거듭 분별하는 것이다. 앞의 "몸(身)에 의해 추중한 행이 현현한다."란 『대법론』에서 "실재하는 색신은 모두 행고行苦의 상이 있다. 추중이 현현하는 것이기 때문이다. 그러므로 관행觀行을 수습할 때 이 경안을 닦는다. 몸의 차별에 있어서 생기기 때문이다."라고 한다. 여기서 "추중한 행이 현현한다."란 추중한 행의 고苦가 현현한다는 것이다. "이 몸"

이하는 앞의 의미를 거듭 밝히는 것이다. "추대함이란 행고의 상이다."[23]는 "대大"란 "중重"이니 "추중이란 행고의 상이다."를 의미한다. 다른 문장들을 알 수 있을 것이다. "그러므로" 이하는 송의 아래의 반을 합해서 풀이하는 것이다.

釋中有二。先釋上半。後釋下半。初中卽釋麤行中。先略釋文。後重分別。初言由身故麤行得顯者。如對法說。所有色身皆行苦相。麤重所顯故。是故脩觀行時。能治此輕安。於身差別生故。今言麤行得顯者。麤重行苦得顯現也。此身以下重顯前義。言麤大者是行苦相者。大之言重。謂麤重是行苦相也。餘文可見。是故以下總釋下半。

(2) 사정근

논 다음에 정근을 수습한다.

次修習正勤。

도를 돕지 않는 것
대치를 모든 종류로 이미 알았네
위의 두 종류를 위해
사정근을 수습하네 〈2〉

已知非助道 一切種對治

---

23 원효는 "麤大者是行苦相"이라 적었는데, 진제의 원문에는 "麤大者名行苦"로 되어 있다.

爲上二種故　修習四正勤

　사념처를 완전하게 수습했으므로 도道를 돕지 않는 흑법과 도를 돕는 백법의 모든 종류에 대해서 명료하게 보았기 때문이다.
　도를 돕지 않는 법을 소멸하게 하기 위해, 도를 돕는 법을 발생하게 하기 위해 4종의 정근이 일어난다. "첫째, 이미 발생한 비선非善의 악법을 소멸하게 하기 위해 운운."이라고 하며 경에서 자세히 설하고 있다. 소멸하게 하기 위해, 차단하기 위해, 발생하게 하기 위해, 증장하게 하기 위해.

　　爲修習四念處究竟故。非助道黑法及助道品白法。一切種已明了所見故。爲滅離非助道法。爲生起助道法。四種正勤得起。第一爲滅已生非善惡法。如經中廣說。爲滅爲塞爲生爲長。

　"다음에 정근을 수습한다."란, 첫째로 아래의 본문을 일으키는 것이고, 이 아래는 둘째로 사정근을 밝히는 것이다. 송은 둘로 되어 있다. 위의 반은 앞의 것을 다시 거론하고 뒤의 것을 일으키는 것이다. 뒤의 반은 앞의 것을 이어서 이에 편승해서 정근을 밝히는 것이다. 앞의 법념처에서 말한 바와 같이 잡염의 법은 도道를 돕지 않는다는 것을 이미 알았다. 또 청정의 법은 그것을 대치한다는 것을 이미 알았다. 그래서 "도를 돕지 않는 것, 대치를 모든 종류로 이미 알았네"라고 말하는 것이다. 위에서와 같이 이미 발생한 잡염의 법은 소멸하게 하고, 아직 발생하지 않은 잡염의 법은 발생하지 않게 한다. 위에서와 같이 아직 발생하지 않은 청정의 법은 발생하게 하고, 이미 발생한 청정의 법은 증장하게 한다. 그래서 "위의 두 종류를 위해, 사정근을 수습하네"라고 말하는 것이다.

次脩正勤。一者發起下文。此下第二明四正勤。頌中有二。上半勝[1]前以發於後。下半係前乘顯正勤。如前所說。法念處中。已知染法是非助道。又知淨法。是彼對治。故言已知乃至對治。如上染法。已生者滅。未生不起。爲上淨法。未生令生。生者增長。故言爲上二種故。脩習四正勤也。

1) ㉘ '勝'은 '牒'인 듯하다.

주석은 둘로 되어 있다. 앞부분은 송의 위의 반을 풀이하는 것이고, "도를 돕지 않는 법을 소멸하게 하기 위해" 이하인 뒷부분은 송의 아래의 반을 풀이하는 것이다. 본문의 의미를 알 수 있을 것이다.

釋中有二。先釋上半。爲滅離下。次釋下半。文相可知。

(3) 여의족

> **논**
> 대상에 따라 그것에 안주하게 되네
> 바라던 바를 성취하게 되네
> 5종의 과실을 내버리기 위해
> 8종의 자량을 수습하네 〈3〉
>
> 隨事住於彼　爲成就所須
> 捨離五失故　修習八資糧

흑법과 백법 2종의 법을 멀리하거나 얻기 위해 정근을 수습했을 때, 마음은 장애가 없고 (도를) 돕는 것이 있기 때문에 안주하게 된다. 이 마음의 안주는 4종의 역능이 있다. 4종의 역능이란 하나하나가 가르침(敎)을 따라 성취하는 것이다. "가르침을 따라 성취하는 것"이란 사여의족을 말한다. 모든 구하고자 하는 목적을 성취하게 하는 원인이기 때문이다. 이 경우 안주란 마음의 안주이니 삼마제三摩提라 한다는 것을 알아야 한다. 그래서 사정근 후 순서대로 사여의족을 설하는 것이다. 대상에 따라, 가르침에 따라 안주함이란, 5종의 과실을 멸하기 위해 8종의 자량을 수습하기 때문이라는 것을 알아야 한다.

> 爲離爲得黑白二種法。修習正勤已。心者無障有助。故得住。此心住有四能。四能者。一隨教得成就。隨教得成就者。說名四如意足。一切所求義成就因緣故。此中。住者。心住。名三摩提應知。是故。四正勤後次第說四如意足。隨事隨教住者。爲滅五種過失。爲修習八種資糧故應知。

이하 셋째 여의족을 밝힌다. 3송 반이 있는데 세 단락으로 되어 있다. 첫째 단락인 제1구는 본체를 제시하는 것이고, 둘째 단락인 제2구는 이름을 풀이하는 것이고, 셋째 단락은 3송으로 되어 있는데 수습의 상을 밝히는 것이다.

제1구 "대상에 따라 그것에 안주하게 되네"란, 전 단계에서 정근을 수습해서 악이 소멸하고 선이 발생하게 되면 이에 따라 "장애는 없고 도를 돕는" 대상은 있게 되므로 '마음이 한 경계에 놓임(心一境性)'에 안주하게 된다. 마음의 소연경계는 두 종류를 벗어나지 않는다. 산란하고 추대한 경계와 정려靜慮의 경계이다. 이 산란하고 추대한 경계를 내버리고 그 정려의 경계에 안주하게 되므로 "그것에 안주하게 되네"라고 말한 것이다. 이것은 '마음이 한 경계에 놓임'에 안주하는 것을 밝힌 것이다. 사마타(止)가 사여의족의 본체이다. 넷이 증상함에 따라 삼마지(定)를 얻게 되기 때문이다. 제2구 "바라던 바를 성취하게 되네"란, 둘째 여의족의 의미를 풀이하는 것이다. "성취함"이 여의如意의 의미이고, "바라던 바(所須)"가 족足의 의미이다. 여의해서 "바라던 바(所欲)"가 성취되지 않음이 없다. 이것은 육신통六神通의 자재로움을 의미한다. 이와 같은 육신통은 네 발을 필요로 한다고 한다. 마치 가야 할 곳이 있을 때 반드시 두 발을 필요로 하는 것과 같다. 그래서 "필요로 하는 바(所須)"로서 그 발의 의미를 풀이한 것이다. 결과를 들어서 원인으로 삼기에 여의족이라 이름하는 것이다. 이하 3송은 수습의 상을 밝힌다. 이것은 둘로 되어 있다. 앞의 두 구는 수를 들어 합해서 표방하는 것이고, 뒤의 두 송 반은 순서대로 나누어서 풀이하는 것이다. 합해서 표방하는 것은 다시 둘로 나뉜다. 앞의 구는 5종의 과실을 내버리는 것을 표방하는 것이고, 뒤의 구는 8종의 자량을 수행하는 것을 표방하는 것이다.

此□□三明如意足。有三頌半。卽爲三段。初句出體。次句釋名。後有三頌。明脩習相。初言隨事住於彼者。前脩正勤。滅惡生善。隨是無障。有助之事。故得住心於一境性。心所緣境不出二種。謂散亂境及靜慮境。捨此散亂境。住彼靜慮境。以之故言住於彼也。是明心住於一境性止。爲四如意足體性。隨四增上而得定故。次言爲成就所說者。是第二釋如意足義成就。是如意義。所須是其足義。如義所欲。無不成就。卽是六通自在之義。如是六通。名順四足。如有所至。必須兩足。故以所須。釋其足義。擧果曰因。名如意足也。此下三頌。明脩習相。於中有二。初之二句擧數總標。下二頌半隨次別解。總標中亦有二。初句標所脩行捨失。下句標所。

주석은 둘로 되어 있다. 앞부분은 위의 반을 풀이하는 것이고, 뒷부분은 아래의 반을 풀이하는 것이다. 앞부분은 다시 둘로 되어 있다. 나누어서 풀이하는 부분과 합해서 밝히는 부분이다. 나누어서 풀이하는 부분 중 앞부분은 앞의 구를 풀이하는 것이다. 이것은 다시 둘로 되어 있다. 있는 대로 풀이하는 부분과 거듭해서 보여 주는 부분이다. 있는 대로 풀이하는 부분 중 "흑법과 백법 2종의 법을 멀리하거나, 내지 정근을 수습했을 때"란, 수반되는 대상을 들어서 '대상(事)'이라는 단어를 풀이한 것이다. 다음에 "마음은 장애가 없고 (도를) 돕는 것은 있기 때문에"란, 수반하는 것인 마음(心)을 다시 거론하고 이어서 '수반되는 것(隨)'이라는 단어를 풀이한 것이다. "때문에 안주하게 된다."란 "그것에 안주하게 되네(住於彼)"를 풀이한 것이다. "이 마음의" 이하는 앞의 의미를 거듭해서 보여 준 것이다. "이 마음의 안주는 4종의 역능이 있다."란, 이 마음의 안주가 성취되면 4종의 월등한 역능, 곧 욕欲의 증상, 근勤의 증상, 심心의 증상, 관觀의 증상이 있게 됨을 말한다. 이와 같은 4종의 역능은 대상을 수반해서 마음의 안주를 성취하게 한다. 하나하나가 모두 성스러운 말씀인 스승의 가르침을 따라 '마음이 한 경계에 놓임(心一境性)'을 성취하기에 "하나하나가 가르침을 따라 성취하는 것"이라고 말한 것이다. 『유가사지론』 제98권에서 "만약 어떤 비구가 청정한 의향(意樂)과 맹렬한 의욕(欲)에 의지해서 가장 월등한 신통의 혜慧를 증득하고자 한다면 여래들과 불제자들을 은중殷重하고 공경하며 정법正法을 듣고, 듣고서 즉각 점차 월등한 삼마지를 증득하게 되는데, 이를 증상된 욕欲의 삼마지라 한다. 또 만약 어떤 비구가 법을 들은 대로, 법을 얻은 대로 큰 공용功用을 일으키고 큰 정진을 일으키거나, 혹은 바르게 타인을 위해 언명하고 설명하거나, 혹은 더할 나위 없이 훌륭한 의미가 담긴 말을 독송한다면 이로부터 즉각 점차 인연이 되어 월등한 삼마지를 획득하게 되는데, 이를 증상된 근勤의 삼마지라 한다. 또 만약 어떤 비구가 현선賢善들의 삼마지의 상에 대해 잘 사유를 취하고 청어靑瘀 등 내지 골쇄骨鎖의 관觀을 최대한 행할 때 이 소연所緣에 의해 순서대로 월등한 삼마지가 생기하는데, 이를 증상된 심心의 삼마지라 한다. 또 어떤 비구가 법을 들은 대로, 법을 얻은 대로 한적한 곳에 홀로 거처하며 사유하고 잘

헤아리고 상세히 관찰한다면 이 인연에 의해 점차 월등한 삼마지가 생기하는데, 이를 증상된 관觀의 삼마지라 한다. 운운."이라고 한다. 이와 같은 네 유형의 사람은 모두 법을 들은 대로 월등한 삼마지(定)를 성취하기에 "가르침을 따라 성취하는 것"이라 말한 것이다.

이 이하는 제2구를 풀이한다. 이것은 둘로 되어 있다. 앞부분 중 "'가르침을 따라 성취하는 것'이란 사여의족을 말한다."란, 장차 뜻을 풀이하고자 함에 본체를 들어서 이름을 보여 준 것이다. "모든" 이하는 그 이름을 바로 풀이한 것이다. "모든 구하고자 하는 목적을 성취하게 하는"이란 송의 "성취하게 되네"를 바로 풀이한 것이다. "원인"이란 송의 "바라던 바(所須)"를 풀이한 것이다. 아래의 "때문이다"란, 구하는 목적을 여의如意하게 성취하는 법의 원인이기 때문에 이 삼마지(定)를 여의족이라 한다. 두 구를 나누어서 풀이하는 것은 앞에서 다 설명하였다. "이 경우" 이하는 합해서 그 의미를 풀이하는 것이다. 이것은 두 구절로 되어 있다. 앞의 구절은 여의족의 본체를 거듭 보여 주는 것이고 뒤의 구절은 순서대로 뜻을 설명하는 것을 매듭지어 밝히는 것이다. 앞의 구절 중 "마음의 안주이니 삼마제三摩提[24]라 한다."란, 우리나라에서 '등지等持'라 하는 것이다. 마음의 안주를 설명하고자 할 때, 9종의 안주 중 오직 아홉째인 등지의 안주만을 취해서 사여의족의 본체로 한다. 무엇을 9종의 마음의 안주라 하는가? 첫째 내주內住, 둘째 등주等住, 셋째 안주安住, 넷째 근주近住, 다섯째 조순調順, 여섯째 적정寂靜, 일곱째 극한의 적정, 여덟째 일취一趣에 전념하는 것, 아홉째 등지이다. 자주 닦고 자주 익히고 자주 수습하는 것을 인연으로 하기 때문에 무가행無加行과 무공용無功用을 얻어 저절로 도道가 전전하기에 등지라 한다. 등지는 바로 삼마지이다. 앞의 8종은 후에 다시 설명할 것이다. "알아야 한다."란, 이와 같은 등지의 의미를 알도록 권하는 것이

---

24 삼마제三摩提 : ⓢ samādhi의 음역어. 삼마지三摩地.

다. "그래서" 이하는 둘째 매듭지어 밝히는 것이다. 앞의 8종의 마음의 안주의 단계 중 사정근에 의지해서 근면하게 수습하면 아홉째의 삼마지에 안주하기 때문에 정근 후에 여의족을 설하는 것이다.

釋中有二。初釋上半。後釋下半。初中亦二。別釋。總明。別釋之中。先釋初句。於中亦二。正釋。重顯。正釋中言爲離□□[1]正勤已者。舉所隨事。以釋事字。次言心者。無彰有。助者。牒能隨心。次釋隨字。故得住者。釋住於彼也。此心以下重顯前義。言此心住有四能者。成此心住有四勝能。謂欲增上及勤心觀。如是四能作。但隨事能成心住。一一皆隨聖言師敎。乃得成就心一境性。故言一隨敎得成就。如瑜伽論第九十八卷云。若有苾蒭。依淨意樂及猛利欲。爲欲證得最勝通慧。從諸如來及佛弟子。殷重恭敬。聽聞正法。從聞無間。漸次證得勝三摩地。是名欲增上三摩地。復有苾蒭。如所聞法。如所得法。起大功用。發大精進。或正爲他宣說開示。或以勝妙意詞讀誦。從此無間。漸次因緣。能隨獲得勝三摩地。是名勤增上三摩地。復有苾蒭。於諸賢善三摩地相。善取思惟。觀靑瘀等。乃至骨鏁以爲邊際。由此所緣。次第生起勝三摩地。是名心增上三摩地。復有苾蒭。如所聞法。如所得法。獨處空閑。思惟籌量。審諦觀察。由此因緣。漸次生起勝三摩地。是名觀增上三摩地。乃至廣說。如是四人皆隨聞法成就勝定。故言隨敎得成就也。從此以下釋第二句。於中有二。初言隨敎得成就者。說名四如意足者。將欲釋義。舉體顯名也。一切以下正釋其名。一切所求義成就者。正釋頌中爲成就也。言因緣者。是釋所須。下言故者。諸所求義。如意成就之所法因。故說此定。名如竟足也。別釋二句。竟在於前。此中似下總顯其義。於中二句。初句重。顯如意足體。下句結明。次第說意。初言心住名三摩提者。此云等持。欲明心住者。九種中唯取第九等持之住。以爲四如意足之體。何等名爲九種心住。一者內住。二者等住。三者安住。四者近住。五者調順。六者寂靜。七者最極寂靜。八者專住一趣。九者等持。數脩數習數多脩習爲因緣故。得無加行無功用住。任運轉道。故名等持。等持正是三摩地也。前八種住後當更說。言應知者。觀知如是等持義也。是故以下第二結明。由前八種心住位中。依四正勤勤脩習已。乃得第九三摩地住。故正勤後說如意足也。

1) ⓨ □□는 '乃至'인 듯하다.

"대상에 따라" 이하는 이어서 아래의 반을 풀이하는 것이다. "대상에 따라, 가르침에 따라 안주함"이란, 위를 다시 거론하며 여의족의 본체를 말하는 것이다. 안으로는 근면의 대상에, 밖으로는 성스러운 가르침에 의지해서 이 인연에 따라 마음의 안주를 성취하기 때문에 "대상에 따라, 가르침에 따라 안주한다."라고 말한 것이다. 안과 밖의 인연은 이미 앞에서 말한 바와 같다. 무슨 방편을 써서 이 안주를 성취하는가? 5종의 과실을 멸하기 위해 8종의 행行을 수습하는 것을 그 자량資糧으로 해서 마음의 안주에 도달하기 때문에 "5종의 과실을 멸하기 위해 8종의 자량을 수습하기 때문이라는 것을 알아야 한다."라고 말한 것이다. 이 주장은 4종의 삼마지(定)를 얻고자 할 때면 반드시 이와 같은 8종의 자량을 필요로 하고, 이에 그 삼마지를 성취하게 된다는 것을 밝힌 것이다. 『대법론』에 의거한다면 이렇게 말해야 한다.

만약 『유가사지론』에 의거한다면 다시 다르게 풀이하게 된다. 무엇이 여의족을 수습하는 것인가? 이중二重으로 되어 있다. 앞의 욕欲 등 4종의 증상력에 의지해서 각 경우에 따라 삼마지를 얻는다. 오직 현행의 전纏을 멸하게 했을 뿐 아직 수면隨眠(번뇌)을 끊지 못했다. 그 사람이 이후의 시기에 수면을 끊고자 한다면 다시 전진해서 8종의 단행斷行을 수습해야 한다. 이에 가장 월등한 등지等持를 성취하게 된다. 합해서 설명하면 다음과 같다. 이전과 이후 두 단계에 4종의 신족의 본체를 건립한다. 그러므로 지금 "대상에 따라, 가르침에 따라 안주함"이란 앞의 단계(位)를 다시 거론하며 삼마지를 얻는 네 유형의 사람을 말한 것이고, "5종의 과실을 멸하기 위해" 이하는 그 네 유형의 사람이 각 경우에 따라 이후의 시기에 8종의 단행을 수습하는 것을 밝힌 것이다.

회통해서 말한다면 이 8종의 행은 이전의 단계에도 있지만 그 단계에서는 그저 현행의 전纏을 끊을 뿐이다. 그래서 단행의 이름을 건립하지 않는다. 이후의 단계에서는 수면을 끊을 수 있기 때문에 이 단계에서 비로소 단행을 건립하는 것이다. 그 논(『유가사지론』)에서 "그 사람은 4종의 삼마지의 증상력에 의해 이미 전纏들을 여의었다. 다시 영원히 수면을 해하기 위해, 또 그 대치하는 것인 선법들을 수습해서 적집하기 위해 다시 욕구와 책려를 일으킨다. 그 사람이 이와 같이 바르게 수습할 때 8종의 단행이 있게 된다. 수면을 영원히 해하고자, 삼마지가 원만함을 얻고자 차별이 전전한다. 이 중 의욕(欲)이란 그것의 의욕이다. 이 중 책려란 그것의 정진이다. 이 중 믿음(信)이란 그것의 믿음이다. 이 중 경안輕安, 염念, 정지正知, 사思, 사捨는 그것의 방편이다. 이와 같이 이 중 앞의 욕欲 등 4종의 삼마지나, 지금 말하는 8종의 단행이 수면을 영원히 끊고자 하고 삼마지를 원만하게 성취하고자 할 때 일체를 총합해서 욕삼마지단행성취신족欲三摩地斷行成就神足 내지 관삼마지단행성취신족觀三摩地斷行成就神足이라 한다. 운운."이라고 한다.

(『유가사지론』의) "이 중 욕欲이란 그것의 의욕이다. 내지 그것의 방편이다."란, 그 앞선 4종의 삼마지를 수습할 때 또한 이와 같은 8종 행의 상이 있다는 것을 밝힌 것이다. 그 네 유형의 사람이 삼마지를 수습할 때 이 의욕, 정진, 믿음, 방편에 의지하지 않고서 삼마지를 얻는 일이 없기에 그때 합해서 넷이라 하는 것이다. 『유가사지론』에서는 8종의 단행이라 하지 않는다. 비록 그 논이 단행의 이름을 건립하지 않지만 그 행의 상은 이 논과 저 논이 다름이 없기에 "이것 등은 그것 등이다."[25]라고 설한 것이다.

---

25 앞에서 말한 "이 중 욕이란 그것의 의욕이다." 등.

또 비록 네 유형의 사람이 모두 욕欲 등[26]이 있기는 하나 돋보이는 것을 부각하기 위해 넷을 구별한 것이다. 욕欲이 증상된 사람에게 정진 등의 행이 전연 없는 것이 아니고, 내지 관觀이 증상된 사람에게 욕欲 등이 전연 없는 것이 아니다.

隨事以下次釋下半。言隨事隨敎住者。是牒上說如意足體。依內勤事。及外聖敎。隨此因緣。得成心住。故言隨事隨敎住也。內外因緣已如前說。以何方便得成此住者。爲滅五失。以脩八行。爲其資根[1]得至心住。故言爲滅乃至應知。此意明其得四定時。必須如是八種資粮乃得成就彼三摩地。依對法論。應作是說。若依瑜伽更作異釋。何者脩如意足。有其二重。前依欲等四增上力。隨其所應。得三摩地。唯滅現纒。未斷隨眠。彼人後時。欲斷隨眠。更進脩習八種斷行。乃得成就最勝等持。合說如是。前後二位。建立四種神足體性。是故今言隨事隨敎住者是牒前位。得定四人爲滅以下。明彼四人隨其所應後時脩習八種斷行。通而言之。此八種行亦在前位。但彼位中唯伏現纒。是故不立斷行之名。於後位中能斷隨眠。是故此中方立斷行。如彼論云。四三摩地增上力故。已遠諸纒。後爲永害諸隨眠故。及爲脩集能對治。彼諸善法故。便更生起欲樂策勵。彼於知是正脩習時。有八斷行。爲欲永害諸隨眠故。爲三摩地得圓滿故。差別而轉此中欲者。卽是彼欲。此由策勵。卽彼精進。此中信者。卽彼信。此中安念正知思捨。卽彼方便。如是此中若先欲等。四三摩地。若今所說八種斷行。於爲永斷所有隨眠。圓滿成辦三摩地時。一切總名欲三摩地斷行成就神足。乃至觀三摩地斷行成就神足。乃至廣說。言此中欲者。彼是彼欲。乃至卽彼方便者。是明彼先脩四定時。亦有如是八種行相。以彼四人脩習定時。無有不依此欲精進。及信方便而得定者。彼時合說名四。瑜伽論中。不名八種斷行。雖彼不

---

26 욕欲 등 : 욕욕, 근근, 심심, 관관.

立斷行之名。而其行相此彼不異。故言此等即彼等也。又雖四人皆有欲等。
而隨偏增。說四差別。非謂欲增上者。都無精進等行。乃至觀增上者。都無
欲等行也。

1) ㉑ '根'은 '粮'인 듯하다.

> 논 무엇을 과실이라 하는가?

何者名失耶。

해태, 존귀한 가르침을 잊는 것
그리고 하열下劣과 도기掉起,
작의하지 않음과 작의함
이 5종의 과실을 알아야 하네 〈4〉

懈怠忘尊教　及下劣掉起
不作意作意　此五失應知

해태懈怠란 태만함의 나쁜 곳에 빠지는 것이다. 존귀한 가르침을 잊는 것이란 스승이 세운 법의 명名, 구句, 미味 등을 기억하지 않고 간직하지 않는 것이기 때문이다. 하열과 도기란 두 장애를 하나로 하고 있다. 슬픔과 기쁨을 본체로 하는 것이기 때문이다. 침몰과 부상이 그 작용이다. 이 위位 중 침몰할 때 작의하지 않는 것, 이것이 제4의 과실이다. 만약 이 둘이 없는데 작의한다면, 이것이 제5의 과실이다. 이 5종의 과실을 끊기 위해 8종의 자량을 안립한다. 해태를 끊기 위해, 무엇을 넷이라 하는가? 첫째 욕欲, 둘째 정근正勤, 셋째 믿음, 넷째 의猗이다.

懈怠者。沒嬾惡處。忘尊教者。如師所立法名句味等不憶不持故。下劣掉
起者。兩障合爲一。憂喜爲體故。沈浮是其事。此位中沈時。不作意。是第
四過失。若無此二而作意。是第五過失。爲滅此五失。安立八種禪定資糧。
爲滅懈怠。何者爲四。一欲二正勤三信四猗。

    이제 논서에 편승하여 설명하는 것을 그만두고, 돌아가서 다시 본문을 풀이하겠다. "무엇을" 이하는 뒤의 본문을 일으키는 것이다. 이 이하 2송 반이 있다. 앞은 전에 의지하여 합해서 표방하는 것이고, 뒤는 순서대로 나누어서 보여 주는 것이다. 앞의 1송은 5종의 과실을 밝히는 것이고, 뒤의 1송 반은 팔단행八斷行을 보여 주는 것이다. 앞의 1송은 둘로 되어 있다. 앞의 3구는 나누어서 보여 주는 것이고, 뒤의 1구는 합해서 매듭짓는 것이다. 그 5종의 과실의 상을 주석에서 나누어서 밝히고 있다.

    주석에서 순서대로 5종의 과실을 풀이한다. 제1의 과실 중 "태만함의 나쁜 곳에 빠지는 것"이란 산란한 곳에 매여서 정진을 일으키지 않는 것이다. 제2의 과실 중 "기억하지 않고 간직하지 않는 것"이란 가르침의 말을 기억하지 않고 가르침의 뜻을 간직하지 않는 것이다. 제3의 과실 중 "슬픔과 기쁨을 본체로 하는 것"이란, "하열下劣"은 슬픔이다. 슬픔은 앞으로 나아가는 것을 어렵게 한다. 침몰沈沒을 작용으로 한다. "도기掉起"는 기쁨이다. 기쁨은 얻는 바를 적게 한다. 부상浮上을 작용으로 한다. 이 둘은 서로 의존하고 서로 두루 장애가 되기 때문에 합해서 하나의 과실이 된다. 마치 단斷과 상常을 합해서 하나의 변견邊見이라 하듯이. 제4의 과실이란, 침몰할 때는 위파사나(觀)를 수습하고 부상할 때는 사마타(止)를 수습해야 하는데, 때에 맞춰 작의해서 닦지 않는다. 그래서 "작의하지 않음"을 과실이라 하는 것이다. 제5의 과실이란 침몰과 부상을 멸했을 때 여전히 이를 제거해야 하겠다고 하는 것이다. 만약 침몰을 멸한 후 여전히 멸하겠다는 의지(意)를 짓는다면(作) 다시 부상을 일으키게 될 것이다. 만약 부상을 그치게 한 후 여전히 그치게 하겠다는 의지(意)를 짓는다면(作) 또한 다시 침몰에 들어가게 될 것이다. 그러므로 두 시기[27]가 없기에 "작의함"이 장애가 된다.

"이 5종의 과실을 끊기 위해" 이하는 대치하는 행(行)을 밝히고, 또한 우선 아래의 본문을 일으키는 것이다. 이는 세 구절로 되어 있다. 첫째 구절은 8종의 삼마지(定)를 세우는 것을 합해서 표방하는 것이고, 둘째 구절은 앞의 네 가지 의미[28]를 세우는 것을 나누어서 보여 주는 것이다.

且止乘論。還釋本文。何者以下生起後文。從此以下有二頌半。依前總標。次第別顯。謂初一頌明五種失。後一頌半頌八斷行。初中有二。三句別顯。一句總結。其五失相。釋中分明。釋中次第釋五種失。第一中言沒嬾惡處者。著散亂處不起精進也。第二中言不憶不持者。不憶敎言。不持敎旨也。第三中言憂喜爲體者。下劣是憂。憂其難進。沉爲事用。掉起是喜。喜小所得。浮爲事用。此二相待互徧爲障。是故合立爲一過失。如合斷常爲一邊見也。第四過者。沉時脩觀。浮時脩止。而不隨時作意脩治。故不作意爲過失也。第五過者。沉浮滅時。即應任捨。若沉滅後猶作離意。則還起浮。若浮息後猶作止意。亦還入沉。故無二時作意爲障也。爲滅以下。明能治行。亦先發起。於中三句。初句總標立八種定。次句別顯立前四意。

> 📖 또 4종의 법이 순서대로 (다음과 같이) 있다는 것을 알아야 한다.
>
> 復有四法次第應知。

---

27 두 시기 : 침몰과 부상을 멸해야 할 시기.
28 네 가지 의미 : 의욕(欲), 정근, 믿음(信), 의기.

의지처 그리고 의지하는 것
이것의 원인 그리고 결과이네 〈5ab〉

依處及能依 此因緣及果

의욕(欲)이란 정근의 의지처이다. 의지하는 것이란 정근이다. 이것의 의지처를 의욕이라 한다. 무엇의 원인이기에 이것을 믿음(信)이라 하는가? 만약 믿음이 있다면 의욕을 낸다. 이 의지하는 것을 정근의 결과라 하는데, 이 결과를 의猗라 한다. 만약 정근을 행한다면 추구하는 선정禪定을 얻기 때문이다. 다른 4종의 자량은 첫째 염念, 둘째 지智, 셋째 작의 作意, 넷째 사멸捨滅이다. 다른 4종의 과실을 순서대로 대치한다.

欲者。正勤依處。能依者。正勤。此依處。名欲。有何因是名信。若有信。即生欲。此能依者。名正勤果。此果名猗。若作正勤。得所求禪定故。餘四種資糧。一念二智三作竟四捨滅。餘四種失如次第對治。

"또 4종의 법이 순서대로 (다음과 같이) 있다는 것을 알아야 한다." 이하는 아래의 본문을 곧바로 일으키는 것이다.

송은 둘로 되어 있다. 앞의 2구는 앞의 4종의 행을 밝히는 것이고, 뒤의 1송은 뒤의 4종의 행을 밝히는 것이다. 앞의 4행[29]은 합해서 하나의 장애를 대치한다. 왜냐하면 장애(障)들 중에서 해태懈怠가 우두머리이기 때문이다. 제거하기가 어렵기 때문에 반드시 의욕(欲)과 정근正勤이 능동과 수동이 되어 서로 의지가 되어 주고, 믿음(信)과 의猗가 원인과 결과가 되어 서로 도

---

29 4행 : 믿음(信), 의욕(欲), 정진精進, 경안輕安.

움이 되어 준다. 이 4종의 세력에 의지해야 능히 그 뒤의 4종의 과실을 제복할 수 있다. 이미 과실의 우두머리이기는 하나 장애의 세력이 미미하여 넷 중의 하나가 능히 이를 제멸할 수 있다. 송의 "의지처"란 제1의 의욕(欲)이다. "그리고 의지하는 것"이란 제2의 정근이다. 먼저 적정의 공덕을 깊이 욕구해야 이에 의지해서 정근과 정진精進을 일으킬 수 있기 때문이다. "이것의 원인"이란 의지처의 원인이니 제3의 믿음(信)이다. 결정적인 믿음에 의지해서 욕구를 내기 때문이다. "그리고 결과이네"란 의지하는 것인 결과이니 제4의 의猗이다. 정근을 원인으로 해서 의猗인 결과를 얻기 때문이다.

復有以下正發下文。頌中有二。初之二句明前四行。次之一頌顯後四行。用初四行總治一障。所以然者。諸障之中。懈怠無[1]首。除遣爲難。故須欲勤能所相依及與信猗因果相助。依此四力。乃能摧伏。其後四過。已失上首。障力微劣。隨一能除。言依處者。是第一欲。及能依者。第二正勤。先深欲樂寂靜功德。依此發起勤精進故。此因緣者。依處之因。是第三信。□決定信。起欲樂故。言及果者。能依之果。是第四猗。正勤爲因。得猗果故。釋中次第。

1) ㉮ '無'는 '爲'인 듯하다.

주석은 순서대로 이 4종을 풀이한다. 넷째 구절의 "만약 정근을 행한다면 추구하는 선정禪定을 얻기 때문이다."란, 선정을 얻을 때 추중이 사라진다. 이에 몸과 마음의 경안을 얻는다. 경안이 의猗이다. 적열適悅을 상으로 한다. 그래서 삼마지(定)를 얻음에 의거해서 의猗인 결과를 보여 준 것이다. "다른 4종의 자량은" 이하는 뒤의 4종의 행行을 밝히는 것이다. 또한 먼저 본문을 일으킨다. 그중 먼저 수를 들어 이름을 열거한다. "다른 4종의 과실을" 이하[30]는 과실을 대치하는 것을 밝힌다.

---

30 "……四捨滅。餘四種失……"에서, 원효는 앞의 '捨滅'의 '滅'을 뒤로 붙여 "……滅餘

釋此四種。第四中言。若作正勤得所求禪定故者。得禪定時。麤重息滅。於此卽得身心輕安。輕安曰猗。適悅爲相。故約得定。以顯猗果。餘四以下明後四行。亦先發起。於中先卽擧數列名。滅餘以下對過明。[1]

1) ㉑ '明' 앞에 '以'가 탈락한 것으로 보인다.

논 이 염(念) 등 4종의 법은 순서대로 (다음과 같다는 것을) 알아야 한다.

此念等四法次第應知。

소연경계에 혼미하지 않는 것
올라오는 것과 내려가는 것을 알아채는 것 〈5cd〉
그것을 제멸하고자 하는 마음이 공용功用하는 것
적정하게 되었을 때 추방해서 내버리는 것이네 〈6ab〉

緣境界不迷　高下能覺知
滅彼心功用　寂靜時放捨

염念이란 경계를 망실하지 않는 것이다. 지智란 경계를 망실하지 않을 때 침몰과 부상의 일을 알아채는 것이다. 알아채고 나서 이것들을 제멸하기 위해 공용의 의지를 내는데, 이것을 작의라 한다. 이 침몰과 부상 두 법이 적멸했을 때 추방해서 내버리는 마음이 일어나 추방되어 흐르며 상속하는데, 이것을 사멸捨滅이라 한다.

……"로 보았다.

> 念者。不忘失境界。智者。不忘失境界時。覺知沈浮兩事。覺知已。爲滅此。作功用意。是名作意。此沈浮二法寂滅已。起放捨心。放流相續。名捨滅。

다음에 송의 4구는 이에 따라서 4종의 상相을 보여 주는 것이다. 제1구 "소연경계에 혼미하지 않는 것"이란 정념正念은 가르침을 잊는 것을 대치하는 것이다. 제2구 "올라오는 것과 내려가는 것을 알아채는 것"이란 정지正智가 제3의 과실을 대치하는 것이다. 침몰과 부상을 알아채는 것이란 부상해 올라오는 것과 침몰해 내려가는 것을 그에 따라 알아채게 되는 것이다. "그것을 제멸하고자 하는 마음이 공용功用하는 것"이란 작의作意를 밝히는 것이다. 부상과 침몰을 제멸하기 위해 마음이 작의하고 이에 따라 대치를 일으킨다. 이 경우 작의는 곧 사思 심소心所이다. 사마타(止)와 위파사나(觀)를 추동해서 일으키기에 작의라 하는 것이다. 변행遍行 내의 작의 심소가 아니다. "적정하게 되었을 때 추방해서 내버리는 것"이란 사捨의 상을 밝히는 것이다. 침몰과 부상이 제멸되었을 때 추방되어 흐르며 상속하는 것이다.

> 次頌中四句隨顯四相。初言緣境界不迷者。即是正念對治忘敎。次言高下能覺知者。是正智對第三過。覺知沉浮。浮高沉下隨至覺知也。滅彼心功用者。是明作意。爲滅沉浮。用心作意。隨起對治。此中作意。正是思數。推發止觀。故名作意。非遍行內作意數也。寂靜時放捨者。是明捨相。沉浮滅時任放而捨也。

주석은 넷으로 되어 있다. 넷째 구절 중 "추방해서 내버리는 마음이 일어나 추방되어 흐르며 상속하는데"란, 사捨의 단계에 초·중·후가 있다는 것을 밝히고자 하는 것이다. 『대법론』에서 "사捨란 정근正勤, 무탐無貪,

무진無瞋, 무치無癡에 의지하기에 잡염에 머무는 것과는 상반된다. 마음의 평등성平等性, 마음의 정직성正直性, 마음의 무공용의 지속성(無功用住性)을 본성으로 한다. 잡염에 의지처가 되는 것을 작용으로 한다는 것은 인정되지 않는다. '마음의 평등성 등'이란 초·중·후의 위位로써 사捨의 구분을 밝힌 것이다. 왜 이렇게 하는가? 사捨가 마음과 상응해서 침몰 등의 불평등성을 여의었기 때문이다. 최초에 마음의 평등성을 증득한다. 마음의 평등에 의해 가행加行을 여의고 자연히 상속하기 때문이다. 차후에 마음의 정직성을 증득한다. 마음의 정직에 의해 잡염들을 두렵게 생각하지 않기 때문이다. 최후에 마음의 무공용의 지속성을 증득한다."라고 한다. 이 경우 "내버리는 마음이 일어나"란 어구를 합해서 표방하는 것이다. 다음에 "추방되어"란 최초의 위位인 마음의 평등성이다. 최초에 처음으로 불평등을 추방해서 내버리기 때문이다. 다음에 "흐르며"란 제2의 위位인 마음의 정직성이다. 평등으로부터 4종의 정직正直이 흐르기 때문이다. "상속하는데"란 제3의 무공용의 지속성을 나타낸 것이다. 무공용이 영구히 지속하기 때문이다.

釋中卽四。第四中言起放捨心放流相續者。欲明捨位有初中後。如對法論說。捨者依止正勤無貪瞋癡。與雜染住相違。心平等性。心正直性。心無功用住性爲體。不容雜染所依爲業。心平等性等者。謂以初中後位辨捨差別。所以者何。由捨與心相應。離沉沒等。不平等性故。最初證得心平等性。由心平等遠離加行。自然相續故。次後證得心正直性。由心正直。於諸雜染無□□[1)]故。最後證得心無功用住性。今言起捨心者。是總標句。次言放者。顯初位中心平等性。初始放捨不平等故。次言流者。顯第二位心正直性。從平等流四正直故。言相續者。是顯第三無功用住由無功用得久住故。

1) ㉮ □□는 '怯畏'로 보인다.

(4) 근과 역을 합해서 밝힘

논 사여의족 후에 순서대로 오근五根을 수습함에 대해 설명한다. 이 오근은 어떻게 안립하는가?

四如意足後。次第說修習五根。此五根云何得立。

이미 해탈분의 종자가 심겨서
의욕(欲)이 힘씀(事)이 증상하기 때문에 〈6cd〉
경계에 혼미하지 않음,
산란하지 않음, 그리고 사택함이 (증상하기 때문에) 〈7ab〉

已下解脫種 欲事增上故
境界不迷沒 不散及思擇

이 중 "증상하기 때문에"는 순서대로 다섯 곳에 흘러간다. 사근四勤을 수습했기 때문에 마음이 가르침에 따라 이미 안주하게 되었다. 이로 인해 마음에 이미 순해탈분順解脫分의 선근善根의 종자가 심겨서, 첫째 의욕(欲)이 증상하기 때문에, 둘째 근면하게 수습함이 증상하기 때문에, 셋째 경계를 잊지 않음이 증상하기 때문에, 넷째 산란해서 동요하지 않음이 증상하기 때문에, 다섯째 법을 사택함이 증상하기 때문에, 순서대로 믿음(信) 등 오근이라는 것을 알아야 한다.

此中。增上次第五處流。爲修四勤故。心已隨教得住。因此。心已下解脫分善根種子。一欲增上故。二勤修增上故。三不忘境界增上故。四不散動增上故。五思擇法增上故。如次第。信等五根應知。

"사여의족 후에 순서대로 오근五根을 수습함에 대해 설명한다." 이하는 대부분 제4의, 근根과 역力을 합해서 밝히는 대목이다. 또한 먼저 뒤의 본문을 일으킨다. 문장의 의미를 알 수 있을 것이다. 송은 둘로 되어 있다. 앞의 1송 반은 행行의 상을 밝히는 것이고, 뒤의 2구는 계위를 배속하는 것이다. 앞의 1송 반은 셋으로 되어 있다. 첫째 1송은 근根을 밝히고, 둘째 1구는 역力을 밝히고, 셋째 마지막의 1구는 근과 역 다섯의 순서를 밝힌다.

첫째는 다시 둘로 되어 있다. 앞의 1구는 근根을 일으키는 원인을 밝히고, 뒤의 3구는 근根의 상을 밝힌다. 앞의 "이미 해탈분의 종자가 심겨서"란, 오근의 단계는 통달분通達分에 있기 때문에 앞서 이미 해탈분의 종자가 심겨 있다. 출리出離의 결과를 상대로 해서 볼 때 수습한 선근은 해탈의 결과에 대해 최초의 종자가 되기 때문에 "이미 해탈분의 종자가 심겨서"라고 말한 것이다. 어떤 것들이 선법善法을 본체로 하는가? 어떤 논사는 "7방편 중 앞의 3방편이 해탈분이다. 난煖 등 4심心은 통달분이기 때문에 앞의 셋이 해탈분에 속한다는 것을 안다."라고 한다. 또 어떤 논사는 "문聞과 사思의 이혜二慧, 보시布施와 지계持戒와 다문多聞의 삼업三業을 해탈분이라 한다.『우바새계경』에서 '해탈분의 본체는 신身, 구口, 의意의 업業이다. 방편으로부터 얻는다. 방편에는 둘이 있다. 첫째 귀로 듣는 것, 둘째 사유하는 것이다. 다시 세 종류가 있다. 첫째 보시, 둘째 지계, 셋째 다문이다.'라고 한다."라고 한다.『아비달마대비바사론』에도 또한 이와 같이 설해져 있다. "신업, 구업, 의업이다. 의업이 더 많다. 의지意地이지 오식五識이 아니다. '방편에 의해 얻은 것(方便得)'이자 또한 '날 때부터 얻은 것(生得)'이기도 하다. 문혜聞慧와 사혜思慧이지 수혜修慧는 아니다. 어떤 것으로

이 선근을 심는가? 혹은 보시로, 혹은 지계로, 혹은 다문으로 선근을 심는다. 이것으로써 해탈과 열반으로 회향하고 생사를 영원히 여의고자 하는, 만약 이와 같은 용맹심이 있다면 능히 해탈분의 선근을 심을 수 있다. 만약 이와 같지 않다면 비록 많이 보시하고 몸이 다할 때까지 지계하고 다문을 광범위하게 배운다 하더라도 또한 해탈분의 선근을 심을 수 없을 것이다."라고 한다. 논에서 설하는 것은 이와 같다.

만약 앞의 3방편이 해탈분이라면 정심념처停心念處는 삼혜 모두일 수 있거늘 왜 수혜가 아니라고 말하는가? 또 『아비달마대비바사론』에서 "해탈분의 선근에는 먼 것이 있고 가까운 것이 있다. 가까운 것은 전세前世의 몸(身)에 심은 것이다. 차세此世의 몸이 성숙해서 내세來世의 몸이 해탈한다. 먼 것은 일찍이 심은 것이다. 나유타那由他가 경과한 후 받은 몸이다. 통달분의 선근을 생기게 할 수 없다."라고 한다. 『우바새경』 또한 이와 같이 설한다. 그런데 근기가 예리한 성문과 독각과 보살은 모두 최후의 일세一世의 몸에서 7방편을 수습하고 이에 의지해서 해탈을 얻는다. 만약 정심관停心觀의 총별념처總別念處가 해탈분의 선근이라면 일세의 몸에 선근을 심어 해탈을 얻는데 왜 삼세의 몸을 경과한다고 하는가? 그러므로 앞의 3방편의 선근이 통달분의 방편에 속한다는 것을 안다. 가령 중음中陰의 식識의 분지는 방편이기에 식識의 분지에 속한다고 하듯 이것 또한 그러하다. 혹은 어떤 논사는 "보시, 지계, 다문 그리고 2방편은 모두 해탈분의 선근의 본체이다."라고 한다. 그런데 해탈분의 선근은 그 3품류가 있다. 중품과 하품 2품류는 문혜와 사혜를 본체로 하고 퇴보 가능성의 의미가 있다. 그 상품上品의 품류는 수혜를 본체로 하고 이에 의지해서 통달분에 들어간다. 퇴보 가능성의 의미가 없다. 앞에서 설한 경과 논은 우선 최초에 선근을 심는 것에 의거해서 오직 중품과 하품 2품의 선근만을 나타낸 것이다. 『대법론』에서 "하품과 중품의 해탈분의 선근부터는 퇴보 가능성의 의미가 있다. 오직 퇴보의 현행現行이지 퇴보의 습기習氣가 아니기 때문이다."라고 한다. 또 이 논에서 사정근과 사여의족에 의거해서 해탈분의 종자를 심는 것을 설하기 때문에 이 분分 또한 수혜를 수습하는 문에 통한다는 것을 안다. 만약 이 선근이 또한 수혜에도 통한다면 무엇 때문에 별도의 2분分의 다른 상을 취하는가? 답한다. 믿음(信)이 증상할 때 해탈분을 세우고 혜慧가 증상할 때 결택분決擇分을 세운다. 『대법론』에서 "제諦의 증상의 법에 대해서 청정하게 믿고 월등하게 이해하는 상相, 이를 순해탈분順解脫分이라 한다. 이 법에 대해서 법인法忍의 상을 자세히 관찰할 때 이것이 순결택분順決擇分이다. 그 순서대로 믿음(信)이 증상하기 때문이고, 혜慧가 증상하기 때문이다."라고 한다. 이제 지엽적인 논의는 그만두고 본문으로 돌아가 풀이하겠다. 이하의 3구는 오근을 하나하나 밝히는 것이다. "의욕(欲)이 증상하기 때문에"란 신근信根의 상이다. 만약 믿음(信)이 증상한다면 반드시 욕구가 있기 때문이다. "힘씀(事)이 증상하기 때문에"란 정진근精進根의 상이다. 악이 소멸하고 선이 발생하도록 노력하기 때문이다. "경계에 혼미하지 않음"이란 염근念根의 상이다. 염念이 증상하면 혼미해서 잃어버리는 일이 없기 때문이다. "산란하지 않음"이란 정근定根의 상이다. "그리고 사택思擇함"이란 혜慧의 상이 있는 근根이다.

四如意下。大分第四。總明根力。亦先發起。文相可知。頌中中有二。前一頌半正明行相。後之二句屬當階位。初中有三。一頌明根。一句明力。後之一句明五次第。初中亦二。在前一句顯根起因。下之三句正明根相。初言已下解脫種者。五根位在通達分中。故先已下解脫分種。望出離果所倚善根。與解脫果。作初種子。故言已下解脫種子。何等善法爲其體者。有師說云。七方便中。前三方便。是解脫分。以煖等四心是通達分。故知前三屬解脫分。或有說者。聞思二慧。施戒三業。爲解脫分。如優婆塞戒經說云。解脫分體者。所謂身口意業。從方便得方便有二。一者耳聞。二者思惟。復有三種。一者施。二者持戒。三者多聞。毗婆沙中亦同此說。是身口意。意業

偏多。唯是意地。不通五識。是方便得。亦是生得。是聞思慧。非是脩慧。以
何事種。如此善根。或以布施持戒多聞。以此廻向解脫涅槃。永離生死。若
有如是勇猛心者。是則能種。若不如是。雖多布施。終身持戒。廣習多聞。
亦不能種。論說如是。若言前三方便是解脫分者。亭[2]心念處。皆通三慧。何
故說言非是脩慧。又婆沙云。解脫分善有遠有近。近者所。謂前身種。此身
成就。來[3]身解脫。遠者曾種逕那由他受身。不能生遠分善。優婆塞經亦同
此說。然利根聲聞獨覺菩薩。皆於最後一身之中。脩七方便。乘得解脫。若
亭*心觀總別念處。是爲解脫分善根者。則於一身下種得脫。何得說言逕三
身體。故知前三方便善者。屬通達分。方便所攝。如說中陰。識支方便。故
屬識支。此亦如是。或有說者。施戒多聞及二方便。皆是解脫分善根體。然
解脫分善有其三品。中下二品聞思爲體。有可退義。其上品者。脩慧爲體乘
入通達分。無可退義。前說經論。且約初種。唯顯中下二品善根。如對法論
云。從下中品解脫分善。有可退義。唯退現行非退習氣故。又此論中約四正
勤四如意是[4]以說下。解脫分種子。故知此分亦通修慧門。若此善根亦通修
慧。何以取別二分異相。答信增上時立解脫分。慧增上時立決擇分。如對法
論云。於諦增上法。淨信勝解相。是順解脫分。卽於此法。諦察法忍相。是
順決擇分。如其次第。信增上故慧增上。且止傍論。還釋本文。此下三句別
顯五根。欲增上者。是信根相。若信增上。必有欲樂故。事增上者。精進根
相。滅惡生善。爲事能故。境界不迷沒者。是念根相。念增上者。不迷失故。
言不散者。是定根相及思擇者。是慧相根。

---

1) ㉘ '中'은 잉자인 듯하다. 2) ㉘ '亭'은 '停'인 듯하다. 아래(*)도 동일하다. 3) ㉘ '來'는 어떤 곳에는 '成'으로 되어 있다. 4) ㉘ '是'는 '足'인 듯하다.

주석은 셋으로 되어 있다. 첫째 근根의 의미를 풀이하고, 둘째 앞의 1 구를 풀이하고, 셋째 뒤의 3구를 풀이한다. 앞의 "이 중 '증상하기 때문에' 는 순서대로 다섯 곳에 흘러간다."란, 제2구의 '증상하기 때문에'라는 말이 다섯 곳 모두로 흘러간다는 뜻이다.[31] 증상함의 의미가 근根의 의미이기 때문이다. "사근四勤을 수습했기 때문에" 이하는 앞의 1구를 풀이한 것이다. "사근을 수습했기 때문에"란 정근正勤을 들어 염처念處도 겸해서 취한 것이다. "마음이 가르침에 따라 이미 안주하게 되었다."는 사여의족을 다시 거론한 것이다. "이로 인해 마음에 이미 순해탈분順解脫分의 (선근善根의) 종자가 심겨서"는 3종의 넷(사념처四念處·사근四勤·사여의족四如意足)이 순해탈분이라는 것을 밝힌 것이다. 이 문장에 의해 이와 같은 3종의 넷의 단계는 사선근四善根의 전前이라는 것을 안다. "첫째 의욕(欲)이 증상하기 때문에" 이하는 오근을 하나하나 풀이한 것이다. 문장의 의미를 알 수 있을 것이다.

釋中有三。先釋根義。次釋初一句。後釋下三句。初言此中增上。次第五處流者。第二句中。增上之言。通流五處。以增上義。是根義故。爲修以下釋初一句。爲修四勤故者。是擧正勤。兼取念處心。已隨敎得住者。是牒四如意足。心信言。因此心已下解脫分種子者。是明三四。爲解脫分。依此文知。如是三四位在四善根之前也。一欲以下別釋五根。文顯可知。

역力은 혹惑을 덜어 낸다고 말하기 때문이네
전은 원인이고 후는 결과이네 〈7cd〉

說力損惑故　前因後是果

---

[31] "힘씀(事)이 증상하기 때문에"의 "증상하기 때문에"는 의욕(欲), 힘씀(事), 경계에 혼미하지 않음, 산란하지 않음, 사택함에 모두 걸린다는 뜻이다.

믿음 등 5법法은 앞에서 말한 바와 같다. 월등한 힘이 있기에 역력이라 한다. 월등한 힘이란 무슨 뜻인가? (도를) 돕지 않는 혹惑을 덜어 내어 없애기 때문이다. 만약 5법이 믿지 않음(非信) 등 대치되어야 할 혹惑과 서로 장애하지 않는다면, (오력五力이다.) 그래서 근근과 역력은 순서가 있다고 말한다. 왜 믿음 등의 5법이 전과 후의 순서대로 말해지는가? 5종의 법은 전과 후이듯 원인과 결과이기 때문이다. 어떻게 이와 같은가? 만약 어떤 사람이 원인을 믿고 결과를 믿는다면, 이 결과를 구해서 얻기 위해 결정코 근근勤을 행한다. 이 근근勤이 이미 행해졌기 때문에 경계를 수호해 이동하지 않는다. 만약 염念이 지속하게 되면, 마음이 삼매를 얻는다. 평등하게 지속해서 올라오지도 내려가지도 않는다. 첫째 3종의 수受이기 때문이고, 둘째 1종의 경계이기 때문이다. 또 5종의 지속(住)에 대해서는 아직 말하지 않았다. 만약 마음이 삼매(定)를 얻으면 여실하게 경계를 관찰해서 안다. 이 의미 때문에, 그래서 5법에 순서를 세우는 것이다. 만약 어떤 사람에게 이미 해탈분의 선근이 심겨 있다면, 오근五根이 그 계위이다. 만약 어떤 사람에게 통달분의 선근이 심겨 있다면, 오근의 계위에 있는 것인가, 오력의 계위에 있는 것인가?

> 信等五法如前所說。爲有勝力。故說名力。勝力者何義。能損離非助惑故。若五法非信等諸對治惑不相障故。故說根力有次第。云何信等五法前後次第說。五種法。如前後。爲因果故。云何如此。若人信因信果。爲求得此果故。決勤行。因此勤行已。守境不移。若念止住心得三昧。平等住不高不下。一三受故。二一境故。又。有五種住未說。若心得定。觀知如實境。因此義。是故五法立次第。若人已下種解脫分善根已。說五根是其位。若人已下通達分善根者。爲在五根位中。爲當在方位中。

송 중 1구는 둘째 역력力을 밝히는 것이다. 5법法에 의거해서 역력力을 설명하는 것이다. 월등하게 전진할 때 혹惑을 덜어 내기에 역력力이라 말한다. 혹惑을 덜어 내기 때문이다. 아래의 1구는 근根과 역 다섯의 순서를 밝히는 것이다. 앞의 것이 원인이 되고 뒤의 것이 결과가 된다. 그래서 처음에 믿음(信)을 말하고 내지 마지막에 혜慧를 말한다. 그래서 "전은 원인이고 후는 결과이네"라고 말한 것이다.

> 頌中一句。第二明力。卽就五法以說力者。由勝進時。能損惑故。故言說力。損惑故也。下之一句明五次第。前前爲因。後後是果。故初說信乃至後慧。故言前因後是果也。

주석은 둘로 되어 있다. 첫째 구를 풀이하는 첫째 부분은 다시 세 구절로 되어 있다. 첫째 구절은 오근五根을 다시 거론하는 것이고, 둘째 구절은 송을 있는 대로 풀이하는 것이고 "만약 5법이" 이하는 거듭 근根을 밝히는 것이며, 셋째 구절은 역력力의 의미를 설명하는 것이다. 이를테면 만약 5법이 처음으로 성립할 때면 흑법과 백법 간에 다름이 있기에 아직 역력力이라 하지 않는다. 만약 믿지 않음(不信) 등 도를 돕지 않는 혹惑의 법에 장애를 받지 않는다면 오력五力이라 한다. 그래서 근根과 역력力은 이에 따라 순서가 있다고 말하는 것이다. "어떻게 이와 같은가?" 이하는 둘째 구절로 송의 아래 구를 풀이하는 것이다. 이것은 다시 셋으로 되어 있다. 첫째 따져 묻는 것이고, 둘째 송을 다시 거론하며 답하는 것이고, 셋째 "어떻게 이와 같은가?" 이하는 물음에 인해서 서로 발생하게 하고 발생하는 순서를 나누어서 보여 주는 것이다. 문장의 의미를 알 수 있을 것이다. 이제까지 그 행行의 상을 밝히는 것을 이미 마쳤다. "만약 어떤 사람에게" 이하는 계위를 배당하는 것이다. 또한 먼저 아래의 본문을 일으킨다. 이것은 두 구절로 되어 있다. 첫째 구절은 전의 해탈분에 상대해서 후의 계위를 나누는 것이다. 이것은 오근이 해탈분의 후에 있다는 것을 밝히는 것이다. 둘째 구절은 후의 통달분에 의거해서 소재를 각각 묻는 것이다. 이것은 통달분이 근根에 있는지, 역力에 있는지 묻는 것이다.

釋中卽二。釋初句中亦有三句。初牒五根。次正釋文。若五以下重顯根後說力之意。謂若五法始成立時。黑白間赴。未名爲力。若不信等。非助或法。不能障時。乃名五力。故說根力隨有次第也。云何以下次釋下句。於中亦三。初以徵問。次牒偈答。云何如是以下因問別顯相生次第。文相可知上來明其行相已竟。若人以下屬當階位。亦先發起。於中二句。初句對前以分後位。此明五根在解脫分後。次句就後別問所在。此問通達分在根在力。

2종의 두 통달분은
오근과 오력이네 ⟨8ab⟩

二二通達分 五根及五力

난위煖位와 정위頂位에는 오근의 행行을 세운다. 인위忍位와 세제일법世第一法에는 오력의 행을 세운다. 만약 어떤 사람에게 해탈의 선근의 종자가 심겨 있다면, 이 2종의 두 계위는 결정코 통달분이다. 만약 아직 심겨 있지 않다면 (결택분과) 같지 않다.

煖位及頂位立行五根。忍位及世第一法立行五力。若人下解脫善根種。此二二位決定通達分。若未。不如此。

송은 2구로 되어 있는데 바로 답하는 것이다. 이것은 난煖 등 4위位는 통달분이라고 답하는 것이다. 이 중 앞의 둘에는 근根을 세우고 뒤의 둘에는 역力을 세우기 때문에 "2종의 두 통달분은, 오근과 오력이네"라고 말한 것이다.

頌中二句正答。此問煖等四位是通達分。於中前二立根。後二說力。故言二二通達分。五根及五力也。

여기서는 간략하게 사선근四善根을 밝히고 있다. 이것들의 의미를 밝히고자 4종의 문을 분별한다. 첫째 이름을 풀이하는 문, 둘째 본체를 제시하는 문, 셋째 상을 밝히는 문, 넷째 계위를 밝히는 문이다.

此中略明四善根義。欲顯此義。四門分別。一名。二體。三相。四位。

첫째, 이름을 풀이한다. 난煖과 정頂 두 이름은 비유에 의거해서 명명한 것이고, 뒤의 두 이름은 법 자체에 의거해서 명명한 것이다. 이를테면 최초의 정심定心이 성제聖諦를 자세히 관찰하는 것은 진정한 현관現觀에 방불하고 유사하다. 마치 불을 얻고자 할 때 처음에 연기가 생기는데 이것이 불의 뜨거움과 처음으로 유사하기 때문에 이 비유에 의지해서 난법煖法이라 하는 것과 같다. 수행하고자 하는 사람은 근면히 수습해서 쉬지 않는데 이것은 마치 불을 얻고자 하는 사람이 잠시도 쉬지 않는 것과 같기 때문이다. 『대지도론』에서 "이와 같이 제諦를 관찰해서 열반의 도道를 믿게 되면 마음이 쾌락에 머무는데 이는 마치 무루無漏와 같다. 이것을 난법이라 한다. 마치 어떤 사람이 불을 지피면 이와 함께 따뜻한 기운이 있게 되어 반드시 불을 얻기를 소망하는 것과 같다."라고 한다.

정법頂法이란 최상이라는 의미이다. 오근五根을 수습하면 최상의 품류에 도달하게 된다. 사람 머리의 정수리가 몸 중에서 가장 위이기 때문에 이 비유에 의지해서 정법이라 하는 것이다. 마치 오력五力의 상품上品을 법에 의거해서 세제일법世第一法이라 하듯, 이제 이 오근의 상품을 비유에 의지해서 정법이라 하는 것이다. 비록 직접적인 것과 간접적인 것의 차이가 있기는 하지만 모두 위(上)의 의미를 나타낸다. 『대법론』에서 "그 정법이 전전하며 증진해서 위의 위치에 있기 때문이다."라고 한다. 또 정頂이란 중간에 처한다는 의미이다. 무엇인가? 이전의 난법煖法은 죄가 증대하고 복이 미약해서 수행하기가 쉽지 않은 것이 마치 산을 올라가는 것과 같다. 이후의 인법忍法은 죄가 미약하고 복이 증대해서 수행하기가 어렵지 않은 것이 마치 산을 내려가는 것과 같다. 이 둘의 중간은 죄와 복이 동등해서 마치 산의 정상에 도달했을 때 이미 올라가기는 했지만 아직 내려가지 않은 것과 같다. 이 비유에 의지해서 정법이라 명명한 것이다. 『대지도론』에서 "난법이 증진해서 죄와 복이 동등하기에 정법이라 한다. 마치 어떤 사람이 산을 올라가 정상에 도달했을 때 양쪽의 길과 마을이 모두 평등한 것과 같기 때문이다."라고 한다. 어떤 이는 말하기를, "진보와 퇴보의 시기를 밝힐 때 이와 같은 의미가 있는 것이니 늘상 말하는 방식대로이다. 제諦에 부응하는 인법과 세제일법 또한 늘상 말하는 방식대로이다."라고 한다. 숙고해 보면 알 수 있을 것이다.

初釋名者。煖頂二名從喩爲目。其後二者。當法立名。謂初定心。審觀聖諦。與眞現觀。髣髴相似。如攢火時。初生煖氣。與火熱觸。始有相似。故從此喩。名爲煖法。欲令行者。懃修不息。如攢火者。無蹔息故。如智度說。如是觀諦信。謂涅槃道。心住快樂。似如無漏。是名煖法。如人攢火。得有煖氣。必聖[1]得火故。言頂法者。是寂上義。修習五根。至最上品。如人首頂。身中寂上。故從此喩。名爲頂法。如彼五力上品。就法名世第一。今此五根上品。從喩名爲頂法。雖有親疎。齊顯上義。如對法說。由彼頂法。展轉增進。居上位故。又復頂者。是處中義。何者煖法以前。罪增福微。脩行不易。如似上山。忍法以後。罪微福增。修行不難。如從山下。此二中間。罪福亭等。如至山頂。已上未下。故從此喩。名爲頂法。如智度說。煖法增進。罪福亭等。故名頂法。如人上山至頂。兩邊道里俱等故。或有說者。明進退際。如是等義知常說也。順諦忍法。世第一法。亦如是²⁾常說。尋之可知。

1) ㉘ '聖'은 '望'인 듯하다. 2) ㉘ '是'는 잉자인 듯하다.

둘째, 본체를 제시한다. 앞의 두 선근은 오근을 본체로 하고, 뒤의 두 선근은 오력을 본체로 한다. 가장 현저한 것을 취한다면 정定과 혜慧를 본체로 하는 것이다. 그 동반자를 논한다면 다른 심법心法에 통한다. 『대법론』에서 "난법煖法이란 각각 안에서 증득하는 것이니 제諦에 대해 분명하게 얻은 삼마지三摩地,³² 바라야鉢羅若,³³ 그리고 그것과 상응하는 법 등을 말한다. 내지 세제일법世第一法이란 각각 안에서 증득하는 것이니 제諦에 대해 찰나의 간격이 없는 마음(心)의 삼마지, 바라야, 그리고 그것과 상응하는 법 등을 말한다. 이것으로부터 찰나의 간격이 없이 반드시 최초의 출세간의 도道가 일어나기 때문이다."라고 한다.

第二出體者。前二善根。五根爲體。後二善根。五力爲體。若取寂勝定慧爲體。論其助伴。通餘心法。如對法說。煖法者。謂各別內證。於諸諦中。明得三摩地鉢羅若。及彼相應等法。乃至世第一法者。謂各別內證。於諸諦中。無間心三摩地鉢羅若。及彼相應等法。從此無間。必起寂初出世道故。

셋째, 상相을 밝힌다. 불을 지피는 비유에 의거해서 상들의 차이를 밝

---

32 삼마지三摩地 : Ⓢ samādhi의 음역어. 의역은 정定 또는 등지等持.
33 바라야鉢羅若 : Ⓢ prajñā의 음역어. 의역은 혜慧 또는 지혜智慧.

• 105

히는 것이다.『유가사지론』에서 "어떤 사람이 그 불로써 불이 해야 할 일을 할 때, 불을 구하기 위해 아래에 나무들을 쌓아 놓고 위에서 부싯돌로 불을 지펴 부지런히 힘써 용맹스럽게 불을 구한다. 아래의 나무들에서 최초에 따뜻함이 생겨난다. 다음에 따뜻함이 증가해서 열기가 위로 솟아오른다. 다음에 배로 증가하면 그 연기가 피어난다. 다음에 불꽃이 없는 불이 홀연 흘러나온다. 불이 흘러나오자마자 맹렬한 불꽃이 일어난다. 맹렬한 불꽃이 생겨나면 불이 해야 할 일을 한다. 아래의 나무들에서 최초에 생겨난 따뜻함과 같이 그 난煖의 선근 또한 그러하다는 것을 알아야 한다. 번뇌들을 태우는 무루법이 불이 생겨나기 전의 상이기 때문이다. 따뜻함이 증가해서 열기가 위로 솟아오르는 것과 같이 그 정頂의 선근 또한 그러하다는 것을 알아야 한다. 다음에 연기가 피어나는 것과 같이 제諦에 부응하는 인忍 또한 그러하다는 것을 알아야 한다. 불꽃이 없는 불이 홀연 흘러나오는 것과 같이 세제일법 또한 그러하다는 것을 알아야 한다. 불이 흘러나오자마자 맹렬한 불꽃이 일어나는 것과 같이 세제일법에 속한 오력五力에 곧바로 발생하는 출세간出世間의 무루無漏의 성법聖法 또한 그러하다는 것을 알아야 한다."라고 하기 때문이다.

第三辨相者。依攢火喩。辨相若[1]別。如瑜伽說。譬如有人。欲以其火作火所作。爲求火故。下安乾木。上施攢燧。精勤策勵。勇猛攢求。於下木上。㝡初生爐。次爐增長。熱氣上衝。次倍增盛。其烟逾發。次無焰火。欻然流出。火出無間。發生猛焰。猛焰生已。便能造作火所作事。如下木上。初所生爐。其爐善根。當知亦爾。燒諸煩惱。無漏法火。生前相故。如爐增長。熱氣上衝。其頂善根。當知亦爾。如次烟發。其順諦忍。當知亦爾。如無烟火。欻然流出。世第一法當知亦爾。如火無間發生猛焰。世第一法。所攝五力。無間所生。出世無漏聖法。當知亦爾故。

---

1) ㉲ '若'은 '差'인 듯하다.

넷째, 계위를 밝힌다. 도道를 다루는 대목에서 이미 자세하게 분별했기 때문에 여기서는 다시 제시하지 않겠다. 사선근四善根의 의미를 간략하게 설명하면 이와 같다.

> 第四明階位者。如一道章。已廣分別。故今此中不重出也。四善根義略說
> 如是。

주석은 둘로 되어 있다. 앞은 있는 대로 송문을 풀이하는 것이고, 뒤는 다시 분별하는 것이다. 다시 분별하는 것은 두 구절로 되어 있다. 앞의 구절은 긍정적으로 가정해서 밝히는 것이고, 뒤의 구절은 부정적으로 가정해서 밝히는 것이다. 만약 어떤 사람이 이미 해탈분의 종자를 심었다면 다음의 4위位는 결택분을 얻는다. 만약 어떤 사람이 아직 해탈분을 심지 않았다면 이것[34]은 결택분과 같지 않다. 이것은 긍정적으로 가정해서 밝힌 것이고, 부정적으로 가정해서 밝힌 것이다.

> 釋中有二。初正釋文。後重分別。重分別中卽有二句。初句順明。後句反顯。
> 若人已下解脫分種。則次四位得決擇分。若人未下解脫分種。是則不如此
> 決擇力。是謂順明反顯意也。

(5) 칠각지

> **논** 역力 다음에 각분覺分을 설명한다. 이것은 어떻게 안립하는가?

---

34 이것 : 다음의 4위位인 난煖, 정頂, 인忍, 세제일법世第一法.

力次說覺分。此云何安立。

의지처의 분지, 자체의 분지
제3의 것인 출리의 분지 〈8cd〉
제4의 것인 공덕의 분지
3종의 혹惑을 멸함의 분지이네 〈9ab〉

依分自體分 第三出離分
第四功德分 三種滅惑分

견도의 위位에 각분을 세운다는 것을 나타낸다. 각覺이란 무슨 의미인가? 분별이 없는 여여如如의 지智를 각覺이라 한다. 분분이란 무슨 의미인가? 사事와 법法을 같이해서 동반자가 되는 것을 분분의 의미라 한다. 이 7법 중 각覺의 의지처의 분지를 염각분念覺分이라 한다. 자체의 분지를 택법각분擇法覺分이라 한다. 출리의 분지를 정근각분正勤覺分이라 한다. 공덕의 분지를 희각분喜覺分이라 한다. 염오가 없고 장애가 없는 분지인 3종의 법을 의각분猗覺分, 정각분定覺分, 사각분捨覺分이라 한다.

見道位中顯立覺分。覺者何義。無分別如如智。是名覺。分者何義。同事法朋。是名分義。此七法中。覺依止分者。是名念覺。自性分者。是名擇法覺。出離分者。名正勤覺。功德分者。名喜覺。無染無障分三法。謂猗定捨。

"역力 다음에 각분을 설명한다." 이하는 칠각분七覺分을 밝히는 것이다. 또한 우선 아래의 본문을 일으킨다. 송의 6구는 5종의 의미에 의거해서 설한 것이다. "의지처의 분지"란 최초의 염각분이다. 각覺의 의지처이기 때문이다. "자체의 분지"란 택법각분이다. 각覺의 본체이기 때문이다. "출리出離의 분지"란 정진각분精進覺分이다. 타파하는 것인 각覺의 혜慧는 장애로부터 벗어나게 하기 때문이다. "공덕의 분지"란 희각분이다. 실상 實相을 깨달으면 환희가 생기기 때문이다. "3종의 혹惑을 멸함의 분지이네"란 의猗, 정定, 사捨를 말한다. 혹惑의 장애를 멸해서 각覺의 성취를 돕기 때문이다. 마지막의 2구는 세 부류(의猗·정定·사捨)를 나타낸다. 『대법론』에서 "염念이란 의지처의 분지이다. 염念을 잡아 두어 선법들을 망실하지 않게 하기 때문이다. 택법擇法이란 자체의 분지이다. 각覺의 본체이기 때문이다. 정진精進이란 출리의 분지이다. 이 세력에 의해 도달해야 할 곳에 도달할 수 있기 때문이다. 희喜란 이익의 분지이다. 이 세력에 의해 몸이 쾌적하게 되기 때문이다. 경안輕安, 정定, 사捨는 불염오不染汚의 분지이다. 이 불염오로부터 이 불염오에 의해서 각覺 자체가 불염오가 되기 때문이다. 그 순서대로 경안에 의해 불염오가 된다. 이것에 의해 추중의 과실이 제멸되기 때문이다. 정定에 의해 불염오가 된다. 정定에 의해 '의지처인 몸이 전환(轉依)'하기 때문이다. 사捨는 불염오의 본체이다. 탐貪, 우憂 같은 불염오의 위位를 제멸하는 것을 본성으로 하기 때문이다."라고 한다.

次說以下明七覺分。亦先發起。頌中六句。約五義說。言依分者。初念覺分。覺所依故。自體分者。擇法覺分。覺自性故。出離分者。精進覺分。能摧覺慧。令出障故。功德分者。是喜覺分。由覺實相。生歡喜故。三種滅惑[1])分者。謂猗定捨。由滅惑*障。助成覺故。後之二句顯三差別。對法論云。念者是所依支。由繫念故。令諸善法皆不忘失。擇法者是自體支。是覺自相故。精進者。是出離支。由此勢力。能到所到故。喜者是利益支。由此勢力。身調適故。安定捨者。是不染汚支。由此不染汚故。依此不染汚故。體是不染汚故。如其次第。由安故不染汚。由此能徐麤重過故。依定故不染汚。依止於定得轉依故。捨是不染汚體。永除貪憂。不染汚位。爲自性故。

1) ㉮ '或'은 '惑'과 통한다. 아래(*)도 동일하다.

주석은 넷으로 되어 있다. 첫째는 각_覺의 계위를 밝히는 것이고, 둘째는 이름을 풀이하는 것이고, 셋째는 송문을 있는 대로 풀이하는 것이고, 넷째는 물음을 제기하는 것이다. 첫째, 계위를 밝힌다. 견도의 위_位에서 최초로 도리_{道理}를 깨닫기 때문에 각_覺의 분지를 세운다. 둘째, 이름을 풀이하는 구절에서 먼저 각_覺의 이름을 풀이한다. "분별이 없는 여여_{如如}의 지_智를 각_覺이라 한다."란, 이승_{二乘}에 의거한다면 사전도_{四顚倒}의 분별이 없는 여여의 지이고, 보살에 의거한다면 일체의 분별이 없는 여여의 지이다. 다음에 분_分의 이름을 풀이한다. "사_事와 법_法을 같이해서 동반자가 되는 것을 분_分의 의미라 한다."란, 범부의 사_事가 전환해서 성자의 법_法이 될 때 같이 하나의 취지가 되어 서로 도와 성취하기 때문이다. "이 7법 중" 이하는 송문을 그대로 끌어들여 풀이하는 것이다.

釋中有四。初明覺位。次釋名義。三正釋文。四問發起。初明位者。見道位中。始覺道理故。立覺分也。第二之中。先釋覺名。無分別如如智是名覺者。若約二乘。無四倒分別之如如智。就菩薩無。一切分別之如如智。次釋分義。同事法明是名分義者。於轉凡事成聖法中。同爲一趣。相助而成故。此七以下正釋本文。

> **논** 왜 이 3법을 염오가 없고 장애가 없는 분지라고 말하는가?
>
> 云何說三法爲無染障分。

> 원인이기에, 의지처이기에
> 자체이기에 설하네 〈9cd〉
>
> 因緣依處故 自性故言說
>
> 장애가 없고 염오가 없음의 원인이 의猗이다. 혹惑의 장애는 추중한 행行의 원인이기 때문이고, 이 의猗는 추중한 원인에 대해 대치가 되기 때문이다. 의지처는 선정禪定이다. 자체는 사각분捨覺分이다.
>
> 無障無染因者猗。惑障爲重行作因故。此猗與麤重因對治故。依止者是禪定。自性者不捨覺分。

"왜 이 3법을 염오가 없고 장애가 없는 분지라고 말하는가?" 이하는 물음을 제기하는 것이다. 송의 2구는 세 부류를 밝히고 있다. "원인"이란 혹惑을 멸하는 원인이다. 이것은 의각분猗覺分으로 곧 경안이다. 추중의 원인과 정반대되는 것이기 때문이다. "의지처"란 혹惑을 제멸함의 의지처이다. 무염오의 이 각분은 선정禪定에 의지해서 '의지처인 몸의 전환(轉依)'을 얻기 때문이다. "자체"란 사각분이다. 사捨는 혹惑의 장애를 제멸함의 본체이기 때문이다. "⋯⋯이기에 설하네"란 이 세 종류에 의해 혹惑을 제멸하는 의미가 성립하기 때문에 세 종류를 혹惑을 제멸함의 분지라고 설한 것이다.

云何以下徵問發起。頌中二句明三差別。言因緣者。滅或[1]因緣。此猗覺分。即是輕安。與麤重因。正相反故。言依處者。滅或*依處。是之覺分依於理定得轉依故。自性故者。是捨覺分。捨離或*障之自性故。故言說者。由此三種滅惑*義成。故說三種爲滅惑*分也。

1) ㉮ '或'은 '惑'과 통한다. 아래(*)도 동일하다.

주석은 순서대로 이 세 종류의 의미를 풀이하고 있다. 첫째 의猗를 풀이하는 구절의 "혹惑의 장애는 추중한 행의 원인이 된다.(惑障爲重行作因)"란, 반대가 되는 것(所對)³⁵의 원인을 나타낸 것이다. 종자의 추중을 혹惑의 장애라 한다. 그래서 "혹의 장애는 추중(惑障重)"이라 말한 것이다. 이 추중은 현행現行의 혹惑에 대해 원인이 되기 때문에 "행의 원인이 된다.(爲行作因)"라고 말한 것이다. 이 경우 "위爲" 자는 "중重" 아래에 놓여야 한다.³⁶ "이 의猗는 추중한 원인에 대해 대치가 되기 때문이다."란, 의猗는 경안이다. 추중에 반대되는 것이다. 그러므로 능히 혹惑의 원인을 제멸할 수 있다. 다른 문장들은 알 수 있을 것이다.

釋中次第釋此三義。釋初中。言或¹⁾障爲重行住²⁾因者。顯所對因。種子麤重名爲或*鄣。故言或*鄣重。卽此麤重爲現行或*而作因緣。故言爲行住*因。此中爲字應在重下也。言此猗與麤重因對治故者。猗是輕安。反對麤重。是故能爲滅或*因也。餘文可知。

1) ㉮ '或'은 '惑'과 통한다. 아래(*)도 동일하다.   2) ㉯ '住'는 『中邊分別論』(T31, 459a12)에 따르면 '作'이 되어야 한다. 아래(*)도 동일하다.

---

35 반대가 되는 것(所對) : '대치되어야 할 것'으로 번역될 수도 있다.
36 『中邊分別論』 원문의 "惑障爲重行作因"에서 '爲'와 '重' 자가 바뀌어야 한다는 말이다.

(6) 팔정도

논 다음에 도분道分을 설명한다. 이 법은 어떻게 안립하는가?

次說道分。此法云何安立。

분한을 판별함, 또 도달하게 함
타인에게 믿게 함인 3종
(도를) 돕지 않는 법을 대치함이니
도도에 8종의 분지가 있다고 설하네 〈10〉

分決及令至 令他信三種
對治不助法 說道有八分

수습도修習道의 계위에 도분을 안립한다는 것을 나타낸다. 견도見道의 분한을 판별함이 정견이다. 이 견見은 세간의 정견이다. 출세간의 정견 '이후에 얻는 것(後得)'이다. 이 지智에 의해 자기가 얻을 도도와 결과를 판별한다(決定分別). 타인을 도달하게 함의 분지란 정사유와 정언正言이다. 발기發起가 있는 말(語言)에 의해 타인에게 알게 하고 얻게 한다. 타인에게 믿게 함의 분지는 3종이 있다. 정언, 정업, 정명이다.

修習道位中顯立道分。見道分決分是正見。此見世間正見。出世正見後得。因此智。自所得道及果決定分別。令他至分者。正思惟及正言。因有發起語言。能令他知及得。令他信分者。三種。正言正業正命。

"다음에 도분道分을 설명한다." 이하는 팔정도를 밝히는 것이다. 또한 우선 아래의 본문을 일으킨다. 송은 둘로 되어 있다. 앞의 1송은 4종의 의미에 의거해서 8종의 의미를 세우는 것을 바로 밝히는 것이다. 그다음 1송은 뒤의 2종의 의미에 의거해서 6종의 구분을 밝히는 것이다. 첫째 "분한分限을 판별해서 앎"이란 정견正見이다. 이를테면 후득지後得智는 얻은 분한에 대해 판별해서 알기 때문이다. 또 이전에 증득한 것을 분명하게 판별하기 때문이다. "또 도달하게 함"이란 정사正思와 정어正語이다. 사思는 의업意業이고 어語는 구업口業이다. 이 2종의 정업正業에 의해 타인을 정도正道에 도달하게 하기 때문이다. "타인에게 믿게 함인 3종"이란 정어, 정업 그리고 정명正命이다. "정업"이란 신업身業이다. 이 신업과 구업은 크게 나누면 둘이 된다. 만약 무진無瞋과 무치無癡에 의지해서 일어나면 정어와 정업으로 세운다. 만약 무탐無貪의 선근善根에 의지해서 일어나면 별도로 정명이라 한다. 사명邪命에 반대되는 것이기 때문이다.『대지도론』에서 "5종의 사명을 여의기에 정명이라 한다. 무엇을 5종이라 하는가? 첫째, 수행을 하는 어떤 사람이 명리와 명예를 위해 괴이한 일을 속여 보여 준다. 둘째, 명리와 명예를 위해 스스로 공덕을 말한다. 셋째, 명리와 명예를 위해 길흉의 상을 점쳐 사람들에게 말해 준다. 넷째, 명리와 명예를 위해 목소리를 높여 권위를 보여 주어 사람들로 하여금 겁을 먹고 놀라게 한다. 다섯째, 명리와 명예를 위해 얻은 공양을 칭찬해서 말해 사람들의 마음을 동요하게 한다. 바르지 못한 인연에 의해 생활을 유지하기 때문에 사명이라 한다."라고 한다. "도를 돕지 않는 법을 대치함"이란 정근正勤, 정념正念, 정정正定이다. 이 3종은 3종의 장애(障)를 대치하기 때문이다. 이 4종의 의미에 의지해서 8도분道分을 세우기 때문에 "도道에 8종의 분지가 있다"고 설한 것이다. 이 8종 중 정어 1종은 두 능력[37]이 모두 있다. 그

---

[37] 두 능력 : 타인을 정도正道에 도달하게 하는 능력과 타인을 믿게 하는 능력.

래서 어떤 곳에서는 설하고 다른 곳에서는 설하지 않는다. 그래서 둘 중의 하나를 설하는 것이다.

次說以下。明八正道。亦先發起。頌中有二。前之一頌正約四義明立八意。其次一頌約後二義顯六差別。初中言分決者。卽是正見。謂後得智於所得分決了知故。又復分明決了先所證故。及令至者。正思正語。思是意業。語是口業。由此二種正業。令他至正道故。令他信三種者。亦是正語。及與正業正命。言正業者。卽是身業。此身口業。大分有二。若從無瞋無痴而起。立爲正語。及與正業。若依無貪善根所起。別名正命。反耶¹⁾命故。如智度說。離五耶*命。故名正命。何等爲五。一者若行者爲利養故。詐現奇特。二者爲利養故。自說功德。三者爲利養故。占相吉凶。而爲人說。四者爲利養故。高聲現威。令人畏驚。五者爲利養故。稱說所得供養。以動人心。耶*因緣活命故。名爲耶*命也。對治不助法者。卽是正懃正念正定。以此三種治三部故。由此四義立八道分。故言說道有八分也。此八種中正語一種。通有二能。故爾處說。其餘不爾。故隨一也。

---
1) 囲 '耶'는 '邪'와 통한다. 아래(*)도 동일하다.

주석은 둘로 되어 있다. 우선 계위의 대지를 밝힌다. "수습도修習道의 계위에 도분을 안립한다는 것을 나타낸다."란, 수도修道의 계위에 후득지가 있다는 것이다. 세간의 정견이 분한을 판별한다는 의미이기 때문이다. 송문을 그대로 끌어와서 풀이하는 부분에서 앞의 3종의 의미를 풀이한다. 최초의 의미를 풀이하는 부분에 네 구절이 있다. 첫째 구절의 "견도見道의 분한을 판별함이 정견이다."란, 송을 다시 거론하며 출세간의 후득後得인 정견을 배속하는 것이다. 자체의 견도를 연하여 판별(決定分別)해서 그 분한을 알기에 "견도의 분한을 판별함"이라 말한 것이다. 둘째 구절 "이 견見은 세간의 정견이다."란 본체를 바로 제시하는 것이다. 셋째 구절 "출세간의 정견 이후에 얻는 것이다."란 원인에 배대해서 분별하는 것이다. "이 지智에 의해" 이하는 넷째 구절인데 "분한을 판별함"을 풀이하는 것이다. "자기가 얻을 도道"란 알아야 할 견도를 다시 거론한 것이다. 그리고 "결과"란 견혹見惑[38]을 끊어 얻은 무위無爲이다. 이 도道와 결과에 대해서 얻은 바의 분한에 따라 판별하기 때문에 정견을 "분한을 판별함"이라고 한 것이다. "타인을 도달하게 함" 이하는 송의 "도달하게 함"의 의미를 풀이한 것이다. "타인에게 알게 하고 얻게 한다."란, 안의 정사正思에 의지해서 정어正語를 발하기 때문에 타인에게 그 도가 있다는 것을 알게 하고 타인을 행行에 따라서 도를 얻게 한다는 것이다. 그래서 이 둘을 "도달하게 한다."라고 말한 것이다. "타인에게 믿게 함" 이하는 셋째 의미를 풀이한 것이다. 수를 들어 이름을 나열하면서 아래의 본문을 일으킨다.

> 釋中有二。先明位地。修道位中顯立道分者。於修道中。有後得智。世間正見分決義故。正釋文中。釋前三義。釋初義中卽有四句。初言見道分決分是正見者。牒偈屬當。後得正見。緣自見道決定分別。知其分齊。故言見道分決分也。第二句言此見世間正見者。正出體相。第三句言出世正見後得者。對因分別。因此以下是第四句釋分決義。自所得道者。是牒所知見道。言及果者。謂見或[1]斷所得無爲。於此道果隨所得分決了分別。故說正見爲分決也。令他以下釋令至義。能令他知及得者。依內正思發起正語。故能令他知其有道。及能令他隨行得道。故說此二爲令至也。令他信下釋第三義。舉數列名。發起下文。

1) ㉠ '或'은 '惑'과 통한다.

---

38 견혹見惑 : 견도見道에서 끊게 될 번뇌.

논 이 3법은 순서대로,

此三法次第。

봄(見), 계戒, 만족할 줄 아는 것이
타인에게 믿게 함이라는 것을 알아야 하네 〈11ab〉

見戒及知足 應知令他信

타인에게 믿게 함의 분지는 세 경우이다. 정언正言에 의해, 곧 말을 해 주고, 서로 논쟁하며 바른 주장을 펴고, 서로 논리를 펴서 주장하여 이 사람에게는 지智가 있다는 것을 타인에게 믿게 한다고 한 것이다. 정입正業에 의지해서 타인에게 계戒를 지킨다는 것을 믿게 한다. 교법에 맞지 않는 일을 하지 않기 때문이다. 정명正命에 의해 타인에게 재물을 가볍게 여기고 만족할 줄 안다는 것을 믿게 한다. 교법에 맞게, 분량에 맞게 의복 등 4종의 생활에 필요한 것을 보며 행동하기 때문이다. 그래서 타인에게 만족할 줄 알고 재물을 가볍게 여긴다는 것을 믿게 한다고 한 것이다. 번뇌를 대치함의 분지란 3종이니 정근, 정념, 정정이다.

令他信分者。三處。依正言。說言語。共相難正義。共思擇義時他得信是人有智。是故。令他信智。依正業。他得信持戒。不作不如法事故。依正命者。他得信輕財知足。如法。如量。行見衣服等四命緣故。是故。令他信知足輕財知足。[1] 煩惱對治分者。三種。正勤正念正定。

---
1) ⓔ '知足'은 중복으로 보여 번역에 반영하지 않았다.

송은 2구로 되어 있다. 세 부류를 밝히고 있다. "봄(見)"이란 올바르게 말하기 때문이다. 안의 올바른 봄(正見)을 표현하기 때문에 표현되는 것에 의거해서 "봄(見)"이라고 한 것이다. "계戒"란 정업正業이다. "만족할 줄 아는 것(知足)"이란 정명正命이다. 이 3종의 행行에 의해 타인에게 믿음을 일으키기 때문에 "타인에게 믿게 함이라는 것을 알아야 하네"라고 말한 것이다.『대법론』에서 "정어正語, 정업, 정명은 타인에게 믿게 하는 분지이다. 그 순서대로, 이理를 증득한 사람에게는 봄(見), 계戒, 정명의 청정함이 있다는 것을 확고하게 믿게 하는 것이기 때문이다. 어떻게 해서 그러한가? 정어에 의해 자기가 증득한 대로 잘 문답하고 논하고 논의하고 논증한다. 이로부터 봄(見)의 청정함이 있다는 것을 안다. 정업에 의해 감과 옴, 나아감과 멈춤에 올바른 행동을 갖춘다. 이로부터 계의 청정함이 있다는 것을 안다. 정명에 의해 교법에 맞게 붓다가 허락한 옷과 발우 같은 생활필수품을 구걸한다. 이로부터 생활(命)의 청정함이 있다는 것을 안다."라고 한다.

> 頌中二句。顯三差別見者。由正說故。表內正見。故從所表名爲見也。或者正業知之正命。由此三行。令他起信。故言應知令他信也。對法論說。正語正業正命。是令他信支。如其次第。令他於證理者。決定信者。見於正命清淨性故。所以者何。由正語故。隨自所證。菩¹⁾能問答。論議決擇。由此了知有見清淨。由正業故。往來進止。正行具足。由此了知有戒清淨。由正命故。如法乞求佛所聽許。衣鉢資具。由此了知有命清淨也。
> 1) ㉯ '菩'는 '若'인 듯하다.

주석은 둘로 되어 있다. "타인에게 믿게 함의 분지는 세 경우이다."란 아래의 구를 풀이하는 것이다. "정언正言에 의해" 이하는 위의 3종의 의미를 풀이하는 것이다. "지智가 있다."란 송에 표현된 "봄(見)"을 바로 풀이한 것이다. "정업正業에 의지해서" 이하는 다음의 "계戒"의 의미를 풀이한 것이다. "정명正命에 의해" 이하는 송의 "만족할 줄 아는 것(知足)"의 의미를 풀이한 것이다. 이것은 세 구절로 되어 있다. 첫째 구절 "타인에게 재물을 가볍게 여기고 만족할 줄 안다는 것을 믿게 한다."란 구句를 간략하게 표현한 것이다. 교법에 맞지 않는 물건은 삼가 중하게 여기는 마음이 없기 때문에 "재물을 가볍게 여긴다."라고 말한 것이다. 교법에 맞는 물건은 분량을 지나치게 취하지 않기 때문에 "만족할 줄 안다."라고 말한 것이다. 둘째 구절은 위의 의미를 반복해서 나타낸 것이다. "교법에 맞게 의복 등 4종의 생활에 필요한 것을 보며 행동한다."란 "재물을 가볍게 여긴다."라는 것을 풀이한 것이다. "분량에 맞게 의복 등 4종의 생활에 필요한 것을 보며 행동한다."란 "만족할 줄 안다."라는 것을 풀이한 것이다. 4종의 두 행동[39]의 "생활(命)에 필요한 것(緣)"이란 의복, 음식, 침구, 의약이다. "그래서 타인에게……믿게 한다." 이하는 셋째 매듭짓는 구절이다. "번뇌를 대치함의 분지란" 이하는 넷째 의미를 밝히는 것이다. 수를 들어 이름을 나열하고 아래의 본문을 일으킨다.

> 釋中有二。初言令他信分者三處者。是釋下句。依正以下釋上三義。初中言有智者。正釋頌中所表見也。正依業下釋。次戒義。依正命下釋知足義。此中三句。初言他得信輕財知足者。是略表句。於非法物。無知[1]重心。故言輕財。於如法物。不過量取。故名知足。第二句者重顯上義。如法行見衣服等四。是釋輕財。如量行見衣服等四。是釋知足。四二命緣者。衣服飮食臥具醫藥也。故令以下。第三結句。煩惱以下明第四義。擧數列名。發起下文。
>
> 1) ㉤ '知'는 '殷'인 듯하다.

---

39 두 행동 : 교법에 맞는 행동과 분량에 맞는 행동.

논 이 3법은 순서대로,

此三法如次第。

대혹, 또 소혹
자재장을 대치하네 〈11cd〉

大惑及小惑 自在障對治

도道를 돕지 않는 번뇌에 3종이 있다. 첫째, 수습도에서 끊게 되는 번뇌이다. 이를 대혹大惑이라 한다. 둘째, 마음의 침몰沈沒과 도기掉起의 번뇌이다. 이를 소혹小惑이라 한다. 셋째, 자재장自在障인데, 월등한 품류의 공덕이 발현하는 것을 장애하는 것이다. 제1의 번뇌는 정근正勤이 그것을 대치한다. 왜 이와 같은가? 정근의 수습에 의해 도가 성취되기 때문이다. 제2의 번뇌는 정념正念이 그것을 대치한다. 적정寂靜의 상에 거처한다. 만약 정념이 적정의 상에 바르게 거처한다면 침몰과 도기가 소멸하기 때문이다. 제3의 번뇌는 정정正定이 그것을 대치한다. 선정에 의지해서 육신통의 공덕을 발현하기 때문이다.

非助道煩惱有三。一修習道所斷煩惱。是名大惑。二心沈沒掉起煩惱。是名小惑。三自在障者。能障礙顯出勝品功德。第一煩惱者。正勤是其對治。云何如此。因正勤修。道得成故。若道得成。思惟煩惱滅。第二煩惱者。正念是其對治。寂靜相處。若正念正寂靜相處。沈沒及掉起滅故。第三煩惱者。正定是其對治。依止禪定故。能顯出六神通功德故。

송은 2구로 되어 있다. 세 부류를 밝힌다. "대혹大惑"이란 근본번뇌이니 정근正勤에 의해 대치된다. "또 소혹小惑"이란 수번뇌이니 정념正念에 의해 대치된다. "자재장自在障"이란 육신통六神通에 대한 장애이니 정정正定에 의해 대치된다. 아래의 "대치하네"란 위의 3종의 장애(障)를 대치하는 것이니 3종의 대치를 모두 나타낸다. 『대법론』에서 "정정진正精進이란 번뇌의 장애를 청정하게 하는 분지이다. 이것에 의해 일체의 결結을 영원히 끊기 때문이다. 정념正念이란 수번뇌의 장애를 청정하게 하는 분지이다. 이것에 의해 올바른 멈춤(止), 들어 올림(擧)의 상 등을 망실하지 않아 혼침惛沈과 도거掉擧 등의 수번뇌를 영원히 수용하지 않기 때문이다. 정정正定이란 가장 월등한 공덕에 대한 장애를 청정하게 하는 분지이다. 이로부터 신통神通 등 무량한 공덕을 끌어와 일어나게 하기 때문이다."라고 한다.

頌中二句顯三差別。言大或¹⁾者。根本煩惱。正勤所治。及小惑者。是隨煩惱。正念所治。自在部者。是六通部。正定所治。下言對治者。對上三部。總顯三治。對法說云。正精進者。是淨煩惱部支。由此永斷一切結故。正念者是淨隨煩惱部支。由此不忘失。正止擧相等。永不容受汎²⁾掉等隨煩惱故。正定者能淨最勝功德部支。由此引發神通等無量勝功德故。

1) ㉑ '或'은 '惑'과 통한다. 2) ㉑ '汎'은 '沈'인 듯하다.

주석은 두 부분으로 되어 있다. 앞부분은 3종의 장애를 풀이하는 것이고, 뒷부분인 "첫째" 이하는 장애에 배대해서 대치를 밝히는 것이다. 앞부분의 "도道를 돕지 않는 번뇌에 3종이 있다."란 이 3종이 각각 번뇌의 장애와 육신통 등에 대한 장애라는 것을 밝힌다. 『아비달마대비바사론』에 세 논사의 학설이 있다. 어떤 논사는 "무지無知"를 말하고, 어떤 논사는 "정을 얻지 못함"을 말하고, 어떤 논사는 "정定에 대해 자재롭지 못함"을 말한다. 이와 같은 세 학설은 모두 이치가 있다. 지금 이 논에서는 첫째 학설을 말한다. 무지이기에 번뇌라 하는 것이다. "수습도에서 끊게 되는 번뇌를 대혹大惑이라 한다."란, 견도見道에서 끊게 되는 번뇌도 대혹이기는 하지만 지금은 도분道分에 의해 대치되는 것을 말하기 때문에 단지 수도修道에서 끊게 되는 번뇌인 탐貪, 진瞋 등을 말했을 뿐이다. 둘째, 셋째 구절이 나타내는 것은 알 수 있을 것이다. "제1의 번뇌는" 이하는 뒷부분인데 장애에 배대해서 대치를 밝히는 것이다. 순서대로 셋을 말한다. 문장의 의미를 알 수 있을 것이다.

釋中有二。初釋三部。第一以下對部明治。第一中言非助煩惱有三種者。明此三種皆是煩惱六通等障。婆沙論中有三師說。有說無知。有說不得。有說於定不得自在。如是三說。皆有道理。今此論中。且說初義。是無知故。說名煩惱。修斷煩惱名大惑者。見道所斷亦是大惑。今說道分所對治故。但說脩斷貪瞋等耳。第二第三文顯可知。第一煩惱以下第二對部明治。次第說三。文相可見。

2) 대치를 합해서 말함

논 이 대치를 수습함을 만약 간략하게 말하면 3종이 있다는 것을 알아야 한다.

此修習對治若略說。有三種。應知。

전도되지 않음을 따르지만 전도됨이 있는 것
전도됨을 따르지만 전도됨이 없는 것
전도됨이 없고 전도됨을 따르지 않는 것이

대치를 수습함의 3종이네 〈12〉

隨不倒有倒　隨顚倒不倒
無倒無隨倒　修對治三種

대치를 수습함에는 3종이 있다. 무엇이 3종인가? 첫째는 전도되지 않은 법을 따르지만 전도됨과 뒤섞여 있는 것, 둘째는 전도됨을 따르지만 전도됨이 없는 것, 셋째는 전도됨이 없고 전도되지 않은 법을 따르는 것이다. 순서대로 범부의 계위, 유학성자의 계위, 무학성자의 계위에 있다.

修習對治有三。何者三。一者。隨應無倒法。與倒相雜。二者。顚倒所隨逐。無見[1]倒。三者。無顚倒。無倒法隨逐。如次。第凡夫位中。有學聖位中。無學聖位中。

---
1) ㉯ '見'은 '顚'인 듯하다.

이 품品(「대치수습품對治修習品」) 안에는 두 단락이 있는데, 대치를 하나하나 밝히는 것은 앞에서 끝났다. 이하는 둘째 대치를 합해서 말하는 것이다. 이것은 둘로 되어 있는데, 앞의 1송은 계위에 의거해서 분별하는 것이고, 그 후의 2구는 사람의 유형에 배대해서 분별하는 것이다. 첫째 부분의 "이 대치를 수습함을" 이하는 아래의 본문을 일으키는 것이다.

於此品內。有二段中。別明對治。竟在於前。此下第二總說對治。於中有二。前之一頌。約位分別。其後二句。對人分別。就第一中。此脩習下。發起下文。

송은 둘로 되어 있다. 앞의 3구는 3종의 계위를 나누어서 밝히는 것이고, 아래의 1구는 수를 들면서 합해서 매듭짓는 것이다. 제1구 "전도되지 않음을 따르지만 전도됨이 있는 것"이란 범부의 계위를 말한다. 만약 이승二乘에 의거한다면 정심관停心觀에서 세제일법에 이르기까지이고, 만약 보살에 의거한다면 십신十信 이상 십회향十廻向이 다할 때까지이다. 견도見道를 따르기에 "전도되지 않음을 따르는 것"이다. 아직 견혹見惑을 여의지 않았기에 "전도됨이 있는 것"이라고 말한 것이다. 제2구 "전도됨을 따르지만 전도됨이 없는 것"은 유학有學의 계위를 말한다. 만약 이승에 의거한다면 고인苦忍 이후 금강金剛에 이르기까지이고, 만약 보살에 의거한다면 최초의 대지(初地) 이상 내지 등각等覺까지를 말한다. 혹惑의 종자를 아직 끊지 않았기 때문에 "전도됨을 따르는 것"이다. 무분별을 얻기 때문에 "전도됨이 없는 것"이라 말한 것이다. 제3구 "전도됨이 없고 전도됨을 따르지 않는 것"이란 아라한과 여래의 대지를 말한다. 견혹을 이미 여의었기 때문에 "전도됨이 없는 것"이라 말한다. 수혹修惑(수도修道에서 끊게 되는 번뇌)을 영원히 끊었기 때문에 "전도됨을 따르지 않는 것"이라고 말한다. 마지막의 구는 합해서 매듭짓는 것이다. 문장의 의미를 알 수 있을 것이다.

頌中有二。初之三句別顯三位。下之一句舉數總結。初中言隨不倒有倒者。謂凡夫位。若約二乘。從亭¹⁾心觀。至世第一法。若就菩薩。十信以上盡十廻向。隨順見道。故隨不倒。未離見或。²⁾ 故言有倒。隨顚倒不倒者。謂有學位。若約二乘。苦忍以去。乃至金剛。若就菩薩。初地以上。乃至等覺。或[*]種未盡。故隨顚倒。得無分別。故言不倒。無倒無隨倒者。謂阿羅漢及如來地。見或[*]已離。故言無倒倂或[*]永盡。故無隨倒。下句總結。文相可知。

1) ㉠ '亭'은 '停'인 듯하다. 2) ㉠ '或'은 '惑'과 통한다. 아래(*)도 동일하다.

주석은 둘로 되어 있다. 먼저 송의 마지막 구를 풀이한다. "무엇이 3종인가?" 이하는 앞의 3구를 풀이한다. 순서대로 아래에서 3종의 계위를 배속한다. 문장대로 알 수 있을 것이다.

釋中有二。先釋下句。何者以下。釋上三句。知次第下屬當三位。隨文可知。

논 보살이 대치를 수습하는 것은 (이승과) 차이가 있다. 무엇인가?

菩薩修對治者有別異。何者。

경계, 또 사유함
얻음에 차이가 있네 〈13ab〉

境界及思惟　至得有差別

성문과 벽지불이라면 자상속의 몸 등에 대한 염처念處의 법들이 그 경계이다. 만약 보살이라면 자상속과 타상속의 몸 등에 대한 염처의 법들이 그 경계이다. 성문과 벽지불은 무상 등의 상들에 의해 몸 등의 법들을 사유한다. 만약 보살들이라면 무생無生에 의해 도리道理를 얻고자 사유하고 관찰한다. 만약 성문과 연각이 사념처 등의 법들을 수습한다면 몸 등의 법들을 여의기 위해서이다. 만약 보살이 이와 같은 법들을 수습한다면 (몸 등의 법들을) 여의기 위해서 수습하는 것도 아니고, 여의지 않기 위해서 수습하는 것도 아니다. 단지 무주처열반을 얻기 위해서 수습할 뿐이다.

聲聞及辟支自相續身等念處諸法。是其境界。若菩薩。自他相續身等念處

> 諸法。是其境界。聲聞及辟支。由無常等諸相。思惟身等諸法。若諸菩薩。無生得道理故。思惟觀察。若聲聞及緣覺修習四念。處等諸法。爲滅離身等諸法。若菩薩修習此等法。不爲滅離故修習諸法。非不爲滅離故修習諸法。但爲至得無住處涅槃。

"보살이" 이하는 사람의 유형에 배대해서 분별한다. 또한 우선 아래의 본문을 일으킨다. 송의 2구는 3종의 차이를 밝힌 것이다. "경계"란 소연경을 말한다. "또 사유함"이란 수행해야 하는 것을 말한다. "얻음"이란 얻는 결과를 말한다. 이 3종에 있어서 대승과 소승이 같지 않기에 "차이가 있네"라고 말한다.

> 菩薩以下對人分別。亦先發起。頌中二句。明三差別。言境界者。謂所緣境。及思惟者。謂所修行。言至得者。謂所得果。於此三中。大小不同。故言有差別也。

주석은 셋으로 되어 있다. 첫째 "자상속의 몸 등에 대한 염처念處의 법들이 그 경계이다."란, 실제를 논한다면 일승一乘 또한 밖의 몸 및 안과 밖의 몸을 여읜다. 그러나 그들은 단지 자기 세계의 안을 연할 뿐 타방 세계는 두루 연하지 않는다. 그들이 좁다는 것을 나타내고자 "자상속의 몸 등"이라고 말한 것이다. 둘째 "보살들이라면 무생無生에 의해 도리道理를 얻고자"란, 그들은 생멸 등의 상을 취하지 않기 때문에 이理의 근원을 얻는다. 그래서 "도리를 얻고자"라고 말한 것이다. 셋째 "몸 등의 법들을 여의기 위해서"란, 몸 등을 멸해서 '적정寂靜에 거처함'을 얻는 것이다. 이것은 이승二乘이 오직 자기의 몸을 위해 적정에 머무는 것을 얻는다는 것을 밝힌 것이다. "보살은 여의기 위해서 수습하는 것도 아니고"란 이승과 구분하기 위해서이다. 항상 생사에 있으면서 중생을 구제하기 때문이다. "여의지 않기 위해서 수습하는 것도 아니다."란 범부와 구분하기 위해서 이다. 안의 마음의 장애들을 여의기 때문이다. "단지 무주처열반을 얻기 위해서"란 범부의 집착을 여의어 유전流轉에 머물지 않고, 이승의 집착과 달리 적정에 머물지 않기에 이를 무주처열반이라 한다.

釋中卽三。初中言自相續身等念處是其境界者。實論一乘。亦離外身。及內外身。然其但緣自世界內。不能普緣他方世界。爲顯其狹。故說自身等也。第二中言菩薩無生得道理者。以其不取生滅等相。得理原故。名得道理。第三中言爲滅離身諸法者。爲滅身等。得寂靜處。是明二乘。唯爲自身。住於寂靜。以爲至得。菩薩不爲滅離故脩者。簡異二乘。常在生死。度群生故。非不爲滅離者。簡異凡夫。於內心中。離諸鄣故。但爲至得無住處涅槃者。離凡夫執。不住流轉。異二乘著。不住寂靜。是名無住處涅槃也。

제2편 「수주품修住品」

논 대치를 수습함에 대해 말했다. 수습함의 계위란 무엇인가?

修習對治已說。修住者何者。

다섯째, 수습의 거주처에 관한 품

修住品第五。

수습의 거주처에 4종이 있네
원인, 들어감, 행行, 얻음
지음이 있음, 지음이 없음, 뜻
위가 있음, 또 위가 없음 〈1〉

修住有四種 因入行至得
有作不作意 有上亦無上

원함의 계위, 들어감의 계위
출리出離의 계위, 수기受記의 계위
설하는 자의 계위, 관정灌頂의 계위

도달함의 계위, 공덕의 계위 〈2〉

願樂位入位 出位受記位
說者位灌位 至位功德位

해야 할 일의 계위가 설해졌네 〈3a〉

作事位已說

수습의 거주처에는 18종의 계위가 있다. 무엇이 18종의 계위인가? 첫째는 원인의 계위인 수습의 거주처로, 어떤 사람이 이미 자성自性에 머물고 있을 때이다. 둘째는 들어감의 계위인 수습의 거주처로, 이미 발심發心했을 때이다. 셋째는 행行의 계위인 수습의 거주처로, 발심에서 아직 결과를 얻지 않았을 때까지이다. 넷째는 결과의 계위인 수습의 거주처로, 이미 얻었을 때이다. 다섯째는 공용功用이 있는 계위인 수습의 거주처로, 유학성인이다. 여섯째는 공용이 없는 계위인 수습의 거주처로, 무학성인이다. 일곱째는 월등한 공덕의 계위인 수습의 거주처로, 행行을 구해서 육신통을 얻은 사람이다. 여덟째는 위가 있음의 계위인 수습의 거주처로, 성문 등의 계위를 넘어섰지만 아직 최초의 대지로 들어가지 않은 보살이다. 아홉째는 위가 없음의 계위인 수습의 거주처로, 모든 부처여래이다. 이 계위 후에 다시 다른 계위가 없기 때문이다. 열째는 원함(願樂)의 계위인 수습의 거주처로, 모든 보살인이 일체의 원함을 행하는 계위에 있어서이다. 열한째는 들어감의 계위인 수습의 거주처로, 최초의 보살의 대지이다. 열두째는 출리出離의 계위인 수습의 거주처로, 최초의 대지 이후의 6종의 대지이다. 열셋째는 수기受記의 계위인 수습의 거주처로, 제8의 대지이다. 열넷째는 설함에 능한 스승의 계위인 수습의 거주처로, 제9의 대지이다. 열다섯째는 관정灌頂의 계위인 수습의 거주처로, 제10의 대지이다. 열여섯째는 얻음의 계위인 수습의 거주처로, 모든 부처의 법신이다. 열일곱째는 공덕의 계위인 수습의 거주처로, 모든 부처의 응신應身이다. 열여덟째는 해야 할 일의 계위인 수습의 거주처로, 모든 부처의 화신化身이다. 모든 거주처는 무량하다는 것을 알아야 한다.

修住位有十八。何者十八。一因位修住。若人已住自性中。二入位修住。已發心。三行位修住。從發心後未至果。四果位修住。已得時。五有功用位修住。有學聖人。六無功用位修住。無學聖人。七勝德位修住。求行得六神通人。八有上位修住。過聲聞等位。未入初地菩薩人。九無上位修住。諸佛如來。此位後無別位故。十願樂位修住。諸菩薩人一切願樂行位中。十一入位修住者。初菩薩地。十二出離位修住。初地後六地。十三受記位修住。第八地。十四能說師位修住。第九地。十五灌頂位修住。第十地。十六至得位修住。諸佛法身。十七功德位修住。諸佛應身。十八作事位修住。諸佛化身。一切諸住無量應知。

"대치를 수습함에 대해 말했다." 이하는 앞을 매듭짓고 뒤를 일으키는 것이다. "수습의 거주처에 관한 품(修住品)"이란, "수습修習"은 앞에서 말한 도품道品의 수행修行이다. "거주처"란 수행에 의해 건립되는 계위(位)이다. 수행하는 사람이 거주하는 곳이기에 "거주처(住)"라 한다. 여기서 수습에 의지해서 거주처를 건립하는 것을 바로 나타내기에 "수습의 거주처에 관한 품"이라 한다. 이 품에는 3송 반이 있다. 이것은 둘로 되어 있다. 앞의 3송은 계위의 상을 하나하나 밝히는 것이고, 뒤의 2구는 사람의 유형에 의거하여 합해서 매듭짓는 것이다.

脩習以下結前起後也。脩住品者。脩是前說。道品之行。住是依行建立之位。行人所住。故名目住。此中正顯依脩立住。是故名爲脩住品也。此品之中。有三頌半。於中有二。前之三頌。別明位相。後¹⁾二句。約人總結。

1) ㉲ '後' 뒤에 '之'가 탈락한 것으로 보인다.

제1장 계위의 상을 하나하나 밝힘

앞은 또한 둘로 되어 있다. 앞의 2송과 1구는 수행修行에 의지해서 4종의 계위의 차이를 세우는 것이고, 뒤의 3구는 법계法界에 의거해서 3종의 계위가 같지 않다는 것을 밝히는 것이다.

初中亦二。二頌一句。依脩行立四位差別。後之三句。約法界明三位不同。

1. 수행에 의지해서 4종의 계위의 차이를 세움

앞은 셋으로 되어 있다. 처음의 1구는 수數를 들어 합해서 표방하는 것이고, 다음의 7구와 석 자⁴⁰는 4종의 계위를 나누어서 보여 주는 것이고, 마지막의 두 자⁴¹는 합해서 매듭짓는 것이다.

처음 합해서 표방하는 부분의 "수습의 거주처에 4종이 있네"란 아래에서 말하는 "18종의 계위가 있다."이다. 안립安立하는 의미에 오직 4종이

---

40 세 번째 송의 "作事位(해야 할 일의 계위)"를 말한다.
41 세 번째 송의 "已說(설해졌네)"을 말한다.

있을 뿐이기 때문에 "4종이 있네"라고 말한 것이다. 무엇을 4종이라 하는가? 첫째 앞의 7종[42]은 공통되는 계위를 안립한다. 삼승三乘에 공통되기 때문이다. 다음에 있는 2종[43]은 공통되지 않는 계위를 안립한다. 2종의 승乘의 거처[44]가 공통되지 않기 때문이다. 그다음의 6종[45]은 전후의 계위를 안립한다. 전후에 6종을 안립하기 때문이다. 최후의 3종[46]은 동시의 계위를 안립한다. 동시에 3종을 설하기 때문이다. 도품道品의 수행에 공통되는 것과 공통되지 않는 것이 있다는 것을 나타내기 위해 앞의 둘을 안립한다. 원인의 수행과 결과의 공덕에 점漸이 있고 돈頓이 있다는 것을 나타내기 위해 뒤의 둘을 안립한다. 이것이 4종의 계위를 안립하는 의미이다.

初中有三。在前一句舉數總標。次七句三字別顯四位。最後二字是總結也。初總標言脩住有四種。謂下所說有十八位。安立之意。唯有四種。故言有四。何等爲四。一者前之七種。立共通位。共通三乘故。次有二種。立不共位。不共二處故。其次六種立前後位。前後立六故。最後三種。立同時位。同時說三故。爲顯道品脩行有共不共。故立前二。爲顯因行果德有漸有頓。故立後二。是謂安立四種位意。

본문은 넷으로 되어 있다. 처음의 3구[47]는 공통되는 계위를 안립하고, 다음의 1구[48]는 공통되지 않는 계위를 안립하고, 그다음의 3구[49]는 전후의

---

42 앞의 7종 : 원인, 들어감, 행行, 얻음, 지음이 있음, 지음이 없음, 뜻.
43 다음에 있는 2종 : 위가 있음, 또 위가 없음.
44 2종의 승乘의 거처 : 소승과 대승의 거처.
45 그다음의 6종 : 원함, 들어감, 출리出離, 수기受記, 설하는 자, 관정灌頂.
46 최후의 3종 : 도달함, 공덕, 해야 할 일.
47 처음의 3구 : ⓐ 수습의 거주처에 4종이 있네. ⓑ 원인, 들어감, 행行, 얻음, ⓒ 지음이 있음, 지음이 없음, 뜻.
48 다음의 1구 : ⓓ 위가 있음, 또 위가 없음.
49 그다음의 3구 : ⓐ 원함의 계위, 들어감의 계위, ⓑ 출리出離의 계위, 수기受記의 계

계위를 안립하고, 마지막의 1구와 남은 1구[50]는 동시의 계위를 안립한다.

> 文中卽四。初之二句立共通位。次有一句立不共位。其次三句立。前後位。
> 後一句餘。立同時位。

첫째 단락의 공통되는 계위 중에 7종의 계위를 안립한다. "원인"이란 첫째 원인의 계위인 수습의 거주처이다. 삼승三乘의 종성種性을 말한다. 앞으로는 무시無始를 취하고 뒤로는 초발심初發心을 제외한다. 그 중간에 오직 원인인 것이 있을 뿐이다. 아직 수행의 결과를 얻지 못했기 때문에 원인의 계위라 한다. "들어감"이란 둘째 들어감의 계위인 수습의 거주처이다. 삼승의 사람들이 그 종성에 따라서 이미 초발심에 들어갔기 때문이다. "행行"이란 셋째 행의 계위인 수습의 거주처이다. 삼승의 사람들이 초발심 이후 세제일법에 이르기까지 다시 그 방편에 의지해서 여실한 행을 수습하기 때문이다. "얻음"이란 넷째 결과의 계위인 수습의 거주처이다. 삼승의 사람들이 견도위見道位에 들어가 이에 최초로 출세간의 결과를 얻기 때문이다. "지음이 있음"이란 다섯째이니, 삼승의 사람들이 수도위修道位에 있으면서 아직 바라는 바에 도달하지 못해 공용功用을 짓기 때문이다. "지음이 없음"이란 여섯째이니, 삼승의 사람들이 무학위無學位에 도달해 이미 결과를 얻어 작용作用이 그쳤기 때문이다. "뜻(意)"이란 일곱째 월등한 공덕의 계위인 수습의 거주처이다. 육도六道를 얻어 뜻대로 전전하기 때문이다. 이 계위는 앞의 유학과 무학에 통한다.

> 初共位中。卽立七位因者。第一因位脩住。謂三乘種性。前取無始。後除發

위, ⓒ 설하는 자의 계위, 관정灌頂의 계위.
50 마지막의 1구와 남은 1구 : ⓓ 도달함의 계위, 공덕의 계위, ⓐ 해야 할 일의 계위가 설해졌네.

• 133

心。於其中間。唯有因性。未得行果。故名因位入者。第二入位脩住。謂三乘人隨其種性。已能趣入初發心故。行者第三行位脩住。謂三乘人發心以後。及乃¹⁾至世。第一法以還。隨其方便。脩如行故。至得者。第四果位脩住。謂三乘人入見道位。方始至得出世果故。有住第五。謂三乘人在脩道位。未至所望。作功用故。無作第六。謂三乘人至無學位。已果所得。息作用故。意者。第七勝德位脩。住得六道隨意轉故。此位通前學無學也。

1) ㉑ '乃'는 잉자인 듯하다.

둘째 단락에서 간략하게 2종의 계위를 안립한다. "위가 있음"이란, '대지에 들어가기 이전의 보살(地前菩薩)'은 공통되지 않는 수행에 의지해서 이미 이승二乘의 모든 계위에 나아갔고, 그 이승과 비교할 때 증상增上된 공덕이 있다. 이 보살에게 증상된 수행이 있다는 것을 나타내기 위해 "위가 있음"이라 한 것이다. 그러나 이 증상된 수행은 아직 궁극의 것이 아니다. 그 월등한 수행은 위(上)에 수습해야 할 것이 있기 때문에 "위가 있음"이라 한 것이다. 이 두 의미에 의해서 "위가 있음"의 계위를 안립한다. 무엇 때문에 단지 '대지에 들어가기 이전(地前)'의 계위만을 안립하는가? 보살이 범부의 계위에 있을 때 이미 이승의 성자의 결과의 계위를 넘어섰다는 것을 나타내기 위해서이다. "위가 없음"이란 여래의 대지이다. 보살과 비교한 것이다. 보살은 비록 이승을 넘어서기는 했으나 아직 궁극이 아니기에 위(上)에 수습해야 할 것이 있다. 그래서 여래의 대지를 "위가 없음"의 계위로 안립한 것이다. 궁극적으로 원만해서 다시 위(上)가 없기 때문이다. 또 이 불과佛果는 가장 높은 계위이다. 아만我慢의 습기를 영원히 끊었기에 위(上)의 상相이 전연 있지 않다. 그래서 이를 "위가 없음"의 계위라 한 것이다. 어떤 경의 송에서 "위(上)의 상相이 있지 않기에 '위가 없음'이라 부르네"라고 한다. 이 두 의미에 의지해서 "위가 없음"의 계위라 한다. "위가 있음"을 안립하는 것은 이승과 구분하기 위해서이다. "위가 없음"을 안립하는 것은 보살과 구분하기 위해서이다. 이 두 의미에 의지해서 공통되지 않은 계위를 안립한다.

> 第二段中略立二位。言有上者。地前菩薩依不共行。已趣二乘。一切位地。對彼二乘。無增上德。顯此菩薩有增上行。故名有上。然此上行未是究竟。其勝行有上可僧。故名有上。依此二義。立有上位。何故但立地前位者。爲顯菩薩在凡位時已超二乘聖果位故。言無上者。是如來地。對諸菩薩。雖過二乘。而未究竟。有上可僧。故立如來。爲無上位。究竟圓滿。更無上故。又此佛果最極上位。能於我慢習氣永盡。故於上相。都無所在。以之故名爲無上位。如經頌曰。上相無所有故。號爲無上。依此二義。名無上位。立有上者。爲異二乘。立無上者。爲簡菩薩。由此二義。立不共位也。

셋째 단락에서 6종의 계위를 안립한다. "원함(願樂)의 계위"란 '대지에 들어가기 이전(地前)'의 40심心의 계위이다. 1도道를 증득하는 업業을 원해서 만행萬行을 수습하기 때문이다. "들어감의 계위"란 최초의 대지이다. 보살이 이미 견도에 들어가 불가佛家에 태어났기 때문이다. "출리出離의 계위"란 다음의 6종의 대지이다. 도道를 점점 더 수습해서 장애들에서 벗어나기 때문이다. "수기受記의 계위"란 제8의 대지이다. 결정코 퇴보하는 일이 없어서 부처의 기별記別을 받기 때문이다. "설하는 자의 계위"란 제9의 대지이다. 걸림 없는 변설辨說의 능력을 얻어 법을 잘 설하기 때문이다. "관정灌頂의 계위"란 제10의 대지이다. 보살의 수행이 원만해서 부처의 계위를 받기 때문이다. 기별을 준 시방의 부처들이 쏟아 내는 광명이 보살의 정수리로 들어가 부처의 계위를 주는 일이 마치 왕이 왕위를 받을 때 사방의 바다의 물을 취해 그 정수리에 뿌리는 것과 같기 때문이다. 이 6종의 계위는 계위의 오르고 내림에 전후가 있다는 것을 나타낸다.

第三段中。安立六位願樂位者。謂在地前四十心位。願證一道。業脩萬行故。言入位者。初地菩薩已入見道。生佛家故。言出位者。謂次六地漸增脩道。出諸鄣故。受記位者。謂第八地決定無退。受佛記故。說者位者是第九地。得無礙辨。善說法故。灌頂位者。是第十地。菩薩行滿。受佛位故。記十方佛所放光明。入菩薩頂。以授佛位。事同於王受位之時。取四海水。灌其頂故。此六位者。顯位階降有前後也。

넷째 단락에서 3종의 계위를 안립한다. "도달함의 계위"란 결과의 대지인 법신法身이다. 스스로 왕래하여 지극한 얻음에 도달하기 때문이다. "공덕의 계위"란 수용신受用身이다. 만행萬行의 공공에 의해 만덕萬德을 받기 때문이다. "해야 할 일의 계위"란 변화신變化身이다. 시방의 세계에 편만遍滿하며 8종의 상相을 화현하기 때문이다. 이 3종의 계위는 결과를 구분한 것이어서 전후가 없다는 것을 나타낸다. "설해졌네"란 셋째 합해서 매듭 짓는 것이다.

第四段中安立三位。言至位者。果地法身。從自往來。到至得故。功德位者。是受用身。依萬行功受萬德故。住事位者。是變化身。遍十方界。化八相故。此三住者。顯果差別。無前後也。言已說者。第三總結也。

주석은 셋으로 되어 있다. 첫째는 수를 들어 합해서 표방하는 것이고, 둘째는 수를 다시 들며 하나하나 풀이하는 것이다. 여기서 순서대로 18종의 계위를 풀이한다. 제7의 "월등한 공덕의 계위"란 송의 "뜻(意)"을 풀이한 것이다. 월등한 공덕이 있을 때 "뜻대로 함(如意)"을 얻기 때문이다. 제8의 "성문 등의 계위를 넘어섰지만"은 증상된 수행이 있다는 의미에 의거해서 "위가 있음"이란 말을 풀이한 것이다. "아직 최초의 대지에 들어가지 않은 보살인"이란 위로 전진할 수 있다는 의미에 의거해서 "위가 있음"이란 말을 풀이한 것이다. 제9의 "위가 없음"을 풀이할 때는 오직 한 의미에 의거해서 "위가 없음"을 풀이한 것이다. 다른 주석문은 앞에 준해서 이해하면 된다. "모든 거주처는" 이하는 셋째 합해서 매듭짓는 것이다. 이는 송의 "설해졌네"라는 문장을 풀이한 것이다.

釋中有三。一者舉數總標。二者牒數別解。於中次第釋十八位。第七中言勝德位者。是釋頌中意字。由有勝德。得如意故。第八中言過聲聞等位者。是約有增上行之義。釋有上名。未入初地菩薩有[1]約有其上可進之義。釋有上名也。釋無上中。唯約一義。釋無上也。此餘釋文。准前可解。一切以下第三總結。即釋頌中已說文也。

---
1) ㉑ '有'는 잉자인 듯하다.

2. 법계에 의거해서 3종의 계위가 같지 않음을 밝힘

논 이제 단지 축약해서 말하면,

今但略說。

법계에 다시 3종이 있네
청정하지 않음, 청정하지 않음과 청정함
청정함이 순서대로이네 〈3bcd〉

法界復有三
不淨不淨淨 淸淨如次第

만약 이 계위들을 축약해서 말하면 셋이 있다. 첫째는 청정하지 않음의 계위인 거주처로, 원인의 계위에서 행行의 계위까지이다. 둘째는 청정하지 않음과 청정함의 계위인 거주처로, 유학성인의 계위이다. 셋째는 청정함의 계위인 거주처로, 무학성인의 계위이다.

若略說此位有三。一不淨位住者。從因位乃至行住。二不淨淨位住者。有學聖人。三淸淨位住。無學聖人。

이하는 둘째 법계法界의 계위를 밝힌 것이다. 앞은 합해서 표방하는 것이고 뒤는 나누어서 보여 주는 것이다. 진여법계眞如法界의 본체는 잡염雜染이 없으나 단지 객진客塵에 의해서 3종의 계위를 나타내기 때문에 "법계에 다시 3종이 있네"라고 말한 것이다. "청정하지 않음"이란 범부의 계위에 있어서이다. 혹惑의 종자가 끊어지지 않았기 때문이다. "청정하지 않음과 청정함"이란 유학성자의 계위에 있어서이다. 수혹修惑은 아직 끊어지지 않았으나 견혹見惑은 이미 끊어졌기 때문이다. "청정함"이란 무학의 계위에 있어서이다. 견혹과 수혹 두 혹惑이 궁극적으로 끊어졌기 때문이다. "순서대로이네"란 합해서 매듭짓는 것이다.

此下第二明法界位。初句總標。下卽別顯。眞如法界。自性無染。但依客塵。以顯三位。故言法界復有三也。言不淨者。在凡夫位。於諸或[1]種。無所斷故。不淨淨者。有覺聖位。修或*未盡。見或*盡故。言淸淨者。在無覺位。見修二或*究竟滅故。如次第者。是總結也。

1) ㉮ '或'은 '惑'인 듯하다. 아래(*)도 동일하다.

주석은 둘로 되어 있다. 처음은 제1구를 풀이하는 것이고, "첫째는 청정하지 않음" 이하는 다음의 2구를 풀이하는 것이다. 앞의 4종의 계위 중 첫째인 공통되는 계위에 의거해서 셋을 구별하여 풀이하는 것이다. 법계는 삼승三乘에 두루 통한다는 것을 나타내기 위한 것이기에 다른 문門에 의거해서는 설명하지 않는다.

釋中卽二。先釋初句。不淨以下釋次二句。前四位中。約初共位。釋三差別。爲顯法界普通三乘。是故不就餘門說也。

제2장 사람의 유형에 의거해서 합해서 매듭지음

이것에 사람을 안립한다는 것을
이치대로 알아야 하네 〈4ab〉

此中安立人 應知如道理

이 계위의 차이에 의해 이치대로 범부와 성인의 차이가 안립된다는 것을 알아야 한다. "이 사람은 자성의 계위에 있다.", "이 사람은 이미 들어감의 계위에 있다." 이와 같은 것들이다.

因此住別異故。如道理。應知諸凡聖別異安立。此人者自性中住。此人已入位。如是等。

이 품 안의 두 단락 중에서 계위의 상을 하나하나 밝히는 것은 이전까지 다 마쳤다. 이하 반의 송은 사람의 유형에 의거해서 합해서 매듭짓는 것이다. "이것에 사람을 안립한다"란 이 계위의 구별에 따라서 다른 유형의 사람을 안립하는 것이다. "이치대로 알아야 하네"란 이치에 부합하게 사람의 유형을 안립한다는 것을 알아야 한다고 권하는 것이다.

於此品內。有二段中。別明位相。竟在於前。此下半頌。約人總結。此中安立人者。隨此位別。安立別人。應知如道理者。勸知順理安立人也。

주석은 둘로 되어 있다. 앞은 합해서 풀이하는 것이고, "이 사람은" 이하는 상을 하나하나 안립하는 것을 나타낸다. "이 사람은 자성의 계위에 있다."란 제1의 계위에 의거해서 최초의 사람의 유형을 나타낸다. "이 사람은 이미 들어감의 계위에 있다."란 제2의 계위에 의거해서 사람을 안립하는 것을 나타낸다. "이와 같은 것들이다."란 예를 들어 후의 계위인 다른 유형의 사람들을 나타낸다.

釋中有二。先卽總釋。此中以下別顯立相。言自性中住者。依第一位以顯初人。此人已入住者。是顯第二位中立人。如是等者。例顯後位諸餘人也。

제3편 「득과품得果品」

논 이제까지 수습함의 계위에 대해 말했다. 무엇이 결과를 얻음인가?

修住已說。何者得果。

여섯째, 결과를 얻음에 관한 품

得果品第六。

기器인 결과, 또 보報인 결과
이것은 증상增上인 결과이네
욕구(愛樂), 또 증장增長
청정清淨인 결과가 순서대로이네 〈1〉

器果及報果　此是增上果
愛樂及增長　清淨果次第

기器인 결과란 과보果報인데, 선근에 상응하는 것이다. 보報인 결과란 기器인 결과의 증상 때문에 선근이 최상품이다. 욕구(愛樂)인 결과란 숙세에 자주 수습했기 때문에 선법을 욕구한다. 증장增長인 결과란 현세에 자주 공덕의 선근을 수습하기 때문에 선근이 원만하게 되는 것이다. 청정淸淨인 결과란 장애를 끊는 것이다. 이 계위의 결과는 순서대로 5종이 있다는 것을 알아야 한다. 첫째, 보과報果, 둘째, 증상과增上果, 셋째, 수류과隨流果, 넷째, 공용과功用果, 다섯째, 상리과相離果이다.

器果者。果報與善根相應。報果者。器果增上故。善根最上品。愛樂果者。宿世數習故。愛樂善法。增長果者。現世數習功德善根故。善根圓滿。淸淨果者。滅離諸障。此位果有五種次第。應知。一者報果。二者增上果。三者隨流果。四功用果。五相離果。

"이제까지 수습의 계위에 대해 말했다. 무엇이 결과를 얻음인가?"란 앞의 것을 매듭짓고 뒤의 것을 일으키는 것이다. "결과를 얻음에 관한 품(得果品)"이란, 앞의 수습의 거주처에 의거해서 결과를 얻음의 상相을 보여 주기 위해 "결과를 얻음에 관한 품"이라 한 것이다. 이 품에 2송 반이 있는데, 두 단락으로 나눌 수 있다. 2송과 1구는 결과의 상을 나누어서 보여 주는 것이고, 마지막의 1구는 설명이 끝난 뒤 합해서 매듭짓는 것이다. 첫째 단락 또한 둘로 되어 있다. 앞의 1송은 원인에 배대해서 5종의 결과가 같지 않다는 것을 밝히고, 뒤의 1송과 1구는 계위에 의거해서 10종의 결과가 구별된다는 것을 보여 준다. 이 중 앞의 것에 대해서 간략하게 그 의미를 밝힌다. 5종의 결과의 의미를 3종의 구句로 분별한다. 첫째 이름을 나열하고, 둘째 본체의 상을 밝히고, 셋째 원인에 배대해서 분별한다.

脩位已說。何者得果者。結前生後也。得果品者。依前脩住。顯得果相。是故名爲得果品也。於此品內。有二頌半。分作二段。二頌一句別顯果相。最後一句說已總結。初中亦二。前之一頌。對因以明五果不同。後一頌一句約位以顯十果差別。此中在前略明其義。五果之義三句分別。初列名字。次明體相。其第三者。對因分別。

첫째, 이름을 나열한다. 『유가사지론』의 설에 의거하면 첫째 이숙과異熟果, 둘째 등류과等流果, 셋째 이계과離繫果, 넷째 사용과士用果, 다섯째 증상과增上果이다. 이것은 총체적인 문에 의거해서 잡염과 청정을 섞어 말한 것이다. 지금 이 『중변분별론』의 설에 의거하면 첫째는 보과報果이니, 이는 이숙과이다. 둘째는 증상과이니, 그 논의 명칭과 다르지 않다, 셋째는 수류과隨流果이니, 이는 등류과이다. 넷째는 공용과功用果이니, 이는 사용과이다. 다섯째는 상리과相離果이니, 이는 이계과이다. 이는 개별적인 문에 의거해서 오직 선善의 결과를 말할 뿐이기 때문에 선에 따라서 순서를 일으켜 말한 것이다. 무엇인가? 숙세의 선업에 의해 초감된 보과는 선법의 기器이기 때문에 최초에 말한 것이다. 이 보과의 증상력에 의지해서 선근善根을 발하는데 이것이 증상과이다. 최초에 발한 이후 선세先世에 수습했기 때문에 월등한 선을 욕구하게 되는데 이것이 등류과이다. 이 현재세의 욕구와 공용功用의 세력에 의해 선근이 원만하게 되는데 이것이 공용과이다. 원만하게 수습하기 때문에 장애(障)에서 벗어나게 된다. 그래서 다섯째 상리과를 건립한다.

列名字者。依瑜伽說。一異熟果。二等流果。三離繫果。四士用果。五增上果。此就通門。染淨雜說。今此論說。一名報果是異熟果。二增上果不異彼名。三隨流果是等流果。四功用果是士用果。五相離果是離繫果。此約別門。唯說善果。故隨善起。次第而說。何者。宿世善業所感報果。作善法器。故在初說依此報果增上力故。得發善根。是增上果始起以後。由先世習愛樂勝善。是等流果。由此現在愛樂功力。善根圓滿是功用果。圓滿脩故。能離諸部。是故第五立相離果。

둘째, 본체의 상을 제시한다. 가령 『유가사지론』 「보살지 역종성품力種性品」에서 "불선법은 악취惡趣에서 이숙과를 받고 선의 유루법은 선취善趣에서 이숙과를 받는다. 이를 이숙과라 한다. 불선법을 수습했기 때문에 불선법에 즐겁게 머물고 불선법이 증장한다. 선법을 수습했기 때문에 선법에 즐겁게 머물고 선법이 증장한다. 혹은 선세의 업과 유사하게 후세의 결과가 이에 따라 전기轉起한다. 이를 등류과라 한다. 팔분지의 성도聖道로써 번뇌들을 끊는다. 이를 이계과라 한다. 만약 이생異生이라면 세속의 도道로써 번뇌들을 끊지만, 궁극의 것이 아니기 때문에 이계과라 하지 않는다. 어떤 부류는 현세의 법에 있어서 전문적인 일 중 하나에 의지해서 사람의 작용을 일으킨다. 이를테면 농업이나 상업의 일, 서화나 산수나 점복 등의 일이다. 이것에 의해 농사 등 재리財利 등의 결과를 성취하기에 이것을 사용과라 한다. 안식 등은 안근의 증상과이다. 내지 의식 등은 의근意根의 증상과이다. 중생의 몸이 흩어지지 않고 없어지지 않는 것은 명근命根의 증상과이다. 이십이근은 각각 자기의 증상과를 일으킬 수 있다. 일체가 증상과라는 것을 알아야 한다."라고 한다.

이 중 "선세의 업과 유사하게 후세의 결과가 이에 따라 전기한다."란, 가령 살생이 원인이 되어 악취의 이숙과를 받고 후에 인취人趣에 태어났을 때 단명短命의 결과를 받는다. 또 가령 물건을 훔친 것이 원인이 되어 악취에 떨어지고 후에 인취에 태어났을 때 빈궁의 결과를 받는다. 이와 같은 것들이 등류과에 속한다. 다른 문장들은 분명하니 잘 살펴보면 알 수 있을 것이다. 오과五果의 본체의 상을 간략하게 설명하면 이와 같다.

第二出體相者。如菩薩地力種性品說云。諸不善法。於諸惡趣受異熟果。善有漏法。於諸善趣受異熟果。是名異熟果。習不善。故樂住不善法。不善法增修習善。故樂住善法。善法增長。或似先業。後果隨轉。是名等流果。八支聖道滅諸煩惱。名離繫果。若諸異生以世間道滅諸煩惱。不究竟故。非離繫果。諸有一類。於現法中。依正隨一工巧業處。起士夫用。所謂農作。商賈事工。出書算數占卜等事。由此成辦諸稼穡等財利等果。是名士用果。若眼識等是眼根等增上果。衆生等果。是名士用果。若眼識等。是眼根身分不壞不散。是命根增上果。二十二根各各能起自增上果。當知一切名增上果。此中言或似先業後果隨轉者。如因煞生。受於惡趣異熟果已。後生人趣。受短命果。由盜物故。墮惡趣已。後生人中。受貧窮果。諸如是等。等流果攝。餘文分明。尋之可知。五果體相。略明如是。

셋째, 원인에 배대해서 분별한다. 이는 10종의 원인에 배대해서 그 구별을 보여 주는 것을 말한다. 이숙과는 인발인引發因에 배대한다. 증상과는 심과 심소법이 대상을 같이하는 원인에 대해서이다. 선과 불선을 얻는 것은 인발인이다. 등류과를 얻는 것은 생기인生起因이다. 사용과를 얻는 것은 인발인이다. 이계과를 얻는 것은 인발인이다. 이것 이외의 다른 원인들이 얻는 결과는 대개는 증상과에 속한다. 『유가사지론』「섭결택분攝決擇分 사소성지思所成地」에서 "또 선세에 지은 업과 번뇌는 삼계三界의 이숙과를 성숙하게 한다. 이 이숙과는 업과 번뇌의 인발인이 원인이기에 원인을 갖는 법이다. 또 육식신六識身은 안眼과 색色, 내지 의意와 법法이 증상연이 되어 대상을 같이하는 원인이기에 원인을 갖는 법이다. 또 불선법은 나쁜 친구와 가깝게 지내고, 옳지 않은 법을 듣고, 바르게 사유하지 않는 것이 인발인이기 때문에 원인을 갖는 법이다. 이것과 상반되는 3종의 인발인이 일체의 선법을 생기게 하니 또한 그러하다는 것을 알아야 한다. 이 원인들은 모두 각각의 증상과이기 때문에 결과를 갖는 법이다. 선과 불선과 무기無記의 법들의 종자는 해를 입지 않는다. 그 일체의 법들은 모두 생기인을 발생하게 하기 때문에 원인을 갖는 법이다. 이 생기인은 모두 각각의 등류과이기 때문에 결과를 갖는 법이다. 또 염오染汚의 지속은 그릇된 정진을 발생하게 하고 결과가 없게 수고해서 우憂와 고苦의 거주처를 발생하게 한다. 불염오不染汚의 지속은 바른 정진을 발생하게 하고 결과가 있게 수고해서 희喜와 낙樂의 지속을 발생하게 한다. 인발인이기 때문에 원인이 있는 법이다. 그 원인의 법은 모두 각각의 사용과이기 때문에 결과가 있는 법이다. 또 세간의 도道는 이욕離欲과 출세간의 성도聖道에 속한 것에 나아가서 열반을 증득한다. 그것은 인발인이기 때문에 원인을 갖는 법이다. 출세간의 도는 이계離繫의 증상과이기 때문에 결과를 갖는 법이다. 궁극의 이계과이기 때문이다. 만약 세간의 도라면 궁극의 이계과가 아니기 때문이다."라고 한다. 여기에 인용하는 문장들은 의미에 따라 취한 것이기에 하나하나가 반드시 그 순서대로인 것은 아니다. 다섯째 결과의 상을 간략하게 설명하면 이와 같다.

第三封[1]因分別者。謂對十因。顯其差別。異熟果是引發因。增上果中望心心法。是同事因。得善不善是引發因。得等流果。是生起因。得士用果是引發因。得離繫果是引發因。此餘諸因所得之果。多分入於增上果攝。如瑜伽論。思所成決擇中說。又先所住諸業煩惱。於三界中異熟果熟。此異熟果因業煩惱。引發因故。名有因法。又六識身以從眼色。乃至意法爲增上緣。同事因故。名有因法。又不善法。由近惡友。聞非正法。不正思惟。引發因故。名有因法。與此相違三種引發因。起一切善法。當知亦爾。即此諸因。皆由各別增上果故。名有果法。若善不善無記法所有種子。未被損害。彼一切法皆是能生生起因故。名有因法。此生起因皆由各別等流果故。名有果法。又染汚住生耶[2]精進。無果勤勞。生憂苦住。不染汚住生正精進。有果勤勞。生喜樂住。彼由引發因故。名有因法。即彼因法皆由各別士用果故。名有果法。又世間道。趣於離欲及出世法。聖道所攝。能證涅槃。彼由引發因故。名有因法。即出世道。由離繫增上果故。名有果法。謂由究竟離繫果故。若

世間道非由究竟離繫果故。此所引文隨義類取。未必一一如彼次第。五果
之相略說如是。

1) ㉋ '封'은 '對'인 듯하다.　2) ㉋ '耶'는 '邪'와 통한다.

다음으로 본문을 따라가며 있는 대로 풀이한다. 최초에 "기器인 결과"
란 과보의 결과이다. 숙세에 수습한 선근善根이 얻는 바의 과보이다. 선
행善行을 수습한 것에 수순해서 도道의 기器를 받기 때문에 "기인 결과"라
하는 것이다. 이 과보의 결과는 선도善道와 악도惡道 모두이다. 지금은 수
순하는 결과를 밝히는 것이기에 선도를 취한다. "보報인 결과"란 증상과
이다. 월등한 선근을 말한다. 기器인 보報의 세력의 증상增上에 의해 발생
한 것이기에 원인을 따라 이름을 세워 "보인 결과"라 한 것이다. 다음의
"이것은 증상增上인 결과이네"란 최초의 결과와 혼동할까 염려해서 본래
의 것에 의지하여 별도로 이름을 건립한 것이다. 이 증상과는 일체의 법
일 수 있으나 지금은 선법에 의거해서 이 결과를 건립하는 깃이기에 오
직 기器인 보報의 증상에 의해 발생한 것을 취한다. "욕구(愛樂)"란 수류과
이다. 그 선세先世에 오랫동안 수습한 선근에 의해 후세後世에 그 흐름을
따라 선법을 욕구하기 때문이다. 이 수류과는 삼성三性(선·불선·무기) 모두
일 수 있으나 지금은 수습의 결과를 밝히는 것이기에 오직 선법만을 취
한 것이다. "증장增長"이란 공용과이다. 현재세에 근면한 공용功用의 세력
에 의해 선근이 증장하고 원만하게 되기 때문이다. "청정淸淨인 결과"란
상리과이다. 수행이 원만해서 장애(障)에서 벗어나기 때문이다. "순서대
로이네"란 이 기器 등 5종의 결과의 전후를 보과報果 등 5종의 결과의 순
서에 의해 건립한다는 것이다. 이것은 서로 의지해서 발생하는 순서이기
때문이다.

次正消文。初中言器果者。是果報果宿習善根所得果報。順脩善行。爲受

道器。故名器果。此果報果通善惡道。今明順果。故取善道。言報果者。是
增上果。謂勝善根。由器報力。增上所起。從因立名。名爲報果。次言此是
增上果者。恐濫初果。依本名別。此增上果通一切法。今就善法立此果故。
唯取器報增上所起也。言愛果者。是隨流果。由其先世。長習善根。後隨彼
流。愛樂善法故。此隨流果。普通三性。今明侑果。唯取善法也。言增長者。
是功用果。由現在世懃功用力。善根增長。得圓滿故。清淨果者。是相離果。
由行圓滿。出離部故。言次第者。立此器等五果前後。依報果等。五果次第。
由是相依。生起次第也。

주석은 둘로 되어 있다. 처음은 5종의 결과를 풀이하는 것이고 "이 계
위의 결과는" 이하는 순서를 풀이하는 것이다. 기과器果를 풀이하는 부분
에서 "과보果報"란 기器의 본체를 제시한 것이다. "선근에 상응하는 것"이
란 기器의 의미를 풀이한 것이다. 둘째 부분에서 "기器인 결과의 증상 때
문에"란, 발생하게 하는 연緣을 든다면 이것은 "보報"이다. "선근이 최상
품이다."란 기과에 의해 발생한 선善을 나타낸 것이다. 결과의 본체를 바
로 제시한 것이다. 셋째 부분에서 "숙세에 자주 수습했기 때문에"란 앞의
원인을 든 것이다. "선법을 욕구한다."란 결과의 본체를 바로 제시한 것이
다. 넷째와 다섯째는 문장이 표현하는 대로 알 수 있을 것이다. "이 계위
의 결과는" 이하는 송의 "순서대로이네"를 풀이해서 말한 것이다. 이 또
한 알 수 있을 것이다.

釋中有二。初釋五果。此立以下釋次第也。器果中。言果報者。是出器體。
與善相應者。是釋器義。第二中言器果增上故者。擧能起緣。卽是報也。善
根最上品者。顯一[1)]所起善。正出果體也。第三中言宿世數習故者。是擧前
因。愛樂善法者。正出果體也。第四第五。文顯可知。此立以下釋次第言。
亦可知也。

1) ㉮ '一'은 잉자이거나 혹은 빠진 문장이 있는 듯하다.

논

상상上上, 또 최초의 결과
자주 수습함, 궁극의 결과
수순함, 또 대치함
벗어남, 또 월등한 계위 〈2〉

上上及初果　數習究竟果
隨順及對治　相離及勝位

위가 있음, 위가 없음이기에
축약해서 결과를 말하면 이와 같네 〈3ab〉

有上無上故　略說果如是

만약 축약해서 결과를 말하면 10종이 있다. ① 첫째 상상上上의 결과란 자성으로부터 발심, 수행에 이르기까지 후후後後의 순서라는 것을 알아야 한다. ② 둘째 최초의 결과란 최초로 출세간의 법들을 얻는 것이다. ③ 셋째 자주 수습함의 결과란 최초의 결과 이후 유학의 계위에 있어서이다. ④ 궁극의 결과란 무학의 법들이다. ⑤ 수순함의 결과란, 원인이 되기 때문에 상상上上의 결과라는 것을 알아야 한다. ⑥ 대치함의 결과란 끊음의 도道이니, 이것에 의지해서 최초의 결과를 얻는다. 이 중 최초의 도를 대치함의 결과라 한다. ⑦ 벗어남(相離)의 결과라 한다. 자주 수습함의 결과와 원만함의 결과이다. 혹惑의 장애에서 벗어났기 때문이다. 순서대로 유학과 무학의 성인의 결과이다. ⑧ 월등한 계위의 결과란 신통 등 공덕들이다. ⑨ 위가 있음의 결과란 보살의 대지이다. 다른 승乘보다 월등하기 때문이다. ⑩ 위가 없음의 결과란 여래의 대지이다. 이와 같은 4종의 결과는 원만함의 결과를 분별한 것이기 때문이다. 축약해서 말하면 이만큼 많지만, 만약 상세히 말한다면 무한하다.

> 若略說果有十種。一者上上果。從自性發心乃至修行。應知後後次第。二初果者。初得出世諸法。數習果者。從初果後有學位中。究竟果者。無學諸法。隨順果者。爲因緣故。應知上上果。對治果者。是滅道。因此。得初果。此中。初道名對治果。相離果。數習果圓滿果。爲遠離惑障故。如次第有學無學諸聖人果。勝位果者。神通等諸功德。有上果者。菩薩地爲勝餘乘故。無上果者。諸如來地。如是四種果。爲分別圓滿果故。爲略說如是多。若廣說。則無量。

이하는 둘째 계위에 의거해서 10종의 결과를 보여 주는 것이다. 이 중 앞의 4종은 간략하게 결과를 말하는 것이고, 뒤의 6종은 상세하게 결과를 말하는 것이다. 앞의 4종의 결과를 열어 6종의 결과로 구분하는 것이기 때문이다. 또 앞의 4종의 결과는 상상上上의 결과이다. 하하下下의 원인에 상대해서 상상의 결과를 건립하기 때문이다. 그 후의 6종의 결과는 수순隨順의 결과이다. 둘과 둘이 서로 수순해서 세 쌍을 건립하기 때문이다. 최초에 "상상上上의 결과"란 제1의 결과이다. 실제로는 전체를 지칭하는 이름이나 단지 최초의 것에다 전체를 지칭하는 이름을 건립했을 뿐이다. 그 후의 셋에 다시 개별적인 것을 지칭하는 이름을 건립한다. 이 제1의 결과는 들어감과 수행함의 계위에 있다. 들어감의 계위는 원인의 계위의 위(上)이고, 수행함의 계위는 들어감의 계위의 위(上)이다. 아래의 계위에 상대해서 결과가 되기에 "상상上上의 결과"라 이름하는 것이다. 수습의 계위 중 하나인 원인의 계위는 오직 종성種性일 뿐 아직 수행을 발기하지 않았기 때문에 결과를 건립하지 않는다. "최초의 결과(初果)"란 제2의 결과이다. 얻음(至得)의 계위에 있다. 최초로 출세간의 법을 얻기 때문에 최초의 결과라 하는 것이다. "자주 수습함의 결과"란 제3의 결과이다. 유학有學의 계위에 있다. 수행을 가해서 힘을 들여 앞으로 나아가며 수습하기에 "자주 수습함의 결과(數習果)"라 하는 것이다. "궁극의 결과"란 제4의 결과이다. 무학無學의 계위에 있다. 무학과無學果이기 때문에 "궁극"이라 한 것이다. 이하 3구는 뒤의 6종의 결과를 밝히는 것이다. "수순함의 결과"란 앞의 넷 중 최초의 "상상上上의 결과"이다. 이 결과는 바로 견도의 방편이다. 그것에 수순하기 때문에 "수순함의 결과"라 한 것이다. 이 중 세 쌍은 모두 수순함의 결과이다. 단지 최초의 것이기에 이 전체를 지칭하는 이름을 받았을 뿐이다. "대치함의 결과"란 앞의 넷 중 제2의 "최초의 결과(初果)"이다. 전의 방편에 수순해서 최초로 견도를 얻는다. 앞의 시기에 잠복해 있는 혹惑의 종자를 영원히 끊기 때문에 "대치함의 결과(對治果)"라 한 것이다. "상을 벗어남의 결과(相離果)"란 앞의 넷 중 뒤의 두 결과이다. 유학과 무학의 도道는 장애(障)의 상을 여의고 반드시 월등한 덕을 발기하기 때문에 "상을 벗어남(相離)"이라 한 것이다. "월등한 덕의 결과"란 그 계위 중 육신통 등이다. 그 장애를 여읨에 수순해서 이 월등한 덕을 성취한다. 그래서 이 둘[51]을 또한 "수순함의 결과"라 한다. 이제까지의 결과들은 공통되는 계위에 의거한 것이고 이하의 두 결과는 공통되지 않은 계위에 의거한 것이다. "위가 있음의 결과"란 보살의 대지에 있다. 이것은 제3의 전후의 계위에 의거해서 말한 것이다. "위가 없음의 결과"란 여래의 대지를 말한다. 이것은 제4의 동시의 계위에 의거해서 말한 것이다. 위가 있음과

---

51 이 둘 : 상을 벗어남의 결과(相離果)와 월등한 덕의 결과(勝位果).

위가 없음 또한 서로 수순하기 때문에 이 세 쌍을 "수순함의 결과"라 한다. 이하의 1구는 둘째 합해서 매듭짓는 것이다.

> 此下第二約位顯十。於中前四是略說果。其後六者。是廣說果。開前四果。分別六故。又前四果是上上果。望下下因立上上果故。其後六果。是隨順果。二二相順。立三雙故。初中言上上果者。是第一果。實是通名。但從最初。以立通名。其後三中更立別目。此第一果在入行位。入爲因上。行爲入上。望下爲果。名上上果。因位脩住唯是種性。未發脩行。故不立果。言初果者。是第二果。在至得位。始得出世。故名初果。言數習者。是第三果。在有作位。加行功進脩。名數習果。究竟果者。是第四果。在無住位。是無學果。故名究竟。此下三句明後六果。言隨順者。是前四中。初上上果。此果正是見道方便。隨順彼故。名隨順果。此中三雙。皆是隨順。但從最初受此通名也。言對治者。是前四中第二初果。順前方便。始得見道。永斷前時所伏¹⁾種。是故名爲對治果也。言相離者。前四之中。後之二果。學無學道相離諸部。須發勝德。故名相離。言勝德者。即彼位中六神通等。順脩彼離部。成此勝德。是故此二亦隨順也。上來諸果約共位立。此下二果在不共位。言有上者。在菩薩地。是約第三前後位說。言無上者。謂如來地。是約第四同時位說。有上無上亦相隨順故。此三雙名隨順果也。此下一句第二總結。

---
1) ㉮ '或'은 '惑'과 통한다.

주석은 둘로 되어 있다. 첫째 부분은 본문을 있는 대로 풀이하는 것이고, 둘째 부분은 요약해서 구분하는 것이다. 첫째 부분은 다시 둘로 되어 있다. 앞은 합해서 표방하는 것이고, 뒤는 본문을 따라가며 풀이하는 것이다. 뒤는 다시 둘로 되어 있다. 앞은 10종의 결과를 풀이하는 것이고, 뒤는 송의 매듭짓는 구를 풀이하는 것이다. 앞은 다시 둘로 되어 있다. 앞은 본문을 있는 대로 풀이하는 것이고, 뒤는 의미를 분별하는 것이다. 주석문에 "자성으로부터 발심"이란 아래의 자성自性으로부터 위의 발심發心을 얻는다는 것을 의미한다. "수행에 이르기까지"란 아래의 발심으로부터 그 위의 수행修行에 이르기까지를 의미한다. 이것은 '상상上上의 결과'의 상을 나타내는 것이다. "후후後後의 순서라는 것을 알아야 한다."란 '후후後後'로 '상상上上'의 의미를 풀이한 것이다. 이를테면 발심의 계위는 자성의 후後이고 그 수행의 계위는 발심의 후後이다. 이 후후後後에 의거해서 '상상上上의 결과'를 건립한 것이다. 자성은 후가 아니기 때문에 결과를 건립하지 않는다.

다음의 3종의 결과를 풀이하는 문장의 의미는 알 수 있을 것이다. 수순함의 결과를 풀이하는 부분 중 "원인이 되기 때문에"란 수순함의 의미를 풀이한 것이다. 즉 제1의 결과는 제2의 결과에 대해 원인이 되기 때문에 수순함이라 한다. "상상上上의 결과라는 것을 알아야 한다."란 본체를 제시한 것이다. 대치함의 결과를 풀이하는 부분에 "끊음의 도道이니"란 그 본체를 제시한 것이다. 끊어서 제멸하는 도이기에 끊음의 도라고 한다. "이것에 의지해서 최초의 결과를 얻는다."란 이 수순함에 의지해서 견도의 결과를 얻는다는 것이다. 이것은 앞의 결과에 상대해서 수순함의 의미를 나타낸 것이다. "이 중 최초의 도를 대치함의 결과라 한다."란 결과 자체를 들어서 그 이름을 건립한 것이다. 상리과相離果를 풀이하는 중에 "벗어남(相離)의 결과"란 그 이름을 다시 거론하는 것이다. "자주 수습함의 결과와 원만함의 결과"란 그것의 본체를 제시한 것이다. 이를테면 앞의 넷 중 뒤의 둘을 본체로 한다. 원만함이란 궁극을 의미하기 때문이다. "혹惑의 장애에서 벗어났기 때문이다."란 "벗어남"의 의미를 풀이한 것이다. "순서대로 유학과 무학의 성인의 결과"란 사람의 유형에 의거해서 그 결과의 계위를 나타낸 것이다.

다음의 3종의 결과를 풀이하는 문장의 의미는 알 수 있을 것이다. "이와 같은" 이하는 거듭 의미를 분별한 것이다. "이와 같은 4종의 결과"란

• 153

첫째는 제4의 결과로 궁극의 결과이고, 둘째는 제7의 결과로 벗어남의 결과이고, 셋째는 제8의 결과로 월등한 계위의 결과이고, 넷째는 제10의 결과로 위가 없음의 결과이다. 이 4종의 결과는 모두 원만함의 결과의 계위를 구분한 것이기 때문에 "원만함의 결과를 분별한 것이기 때문이다."라고 말한 것이다. 이것에 준해서 그 다른 6종의 결과를 논하여 원인을 구분할 수 있는데, 이를 언급하지 않은 것은 같게 하지 않기 위해서이다. 같게 하지 않기 위해서란 4종의 결과 등은 동일한 계위의 결과라는 것을 나타내고, 6종의 결과는 이에 따라 계위의 원인을 구분하는 것을 나타내기 때문이다. "축약해서 말하면" 이하는 그 송의 매듭짓는 구를 풀이하는 것이다. "축약해서 말하면 이만큼 많지만"이란 송문을 있는 대로 풀이한 것이다. 혹은 5종이고 혹은 10종이기 때문에 많다고 말한 것이다. "만약 상세히 말한다면 무한하다."란 매듭짓는 구의 의미를 나타낸 것이다. 이를테면 매듭짓는 구의 "축약해서 결과를 말하면"이란 상세하게 말하면 무한한 수의 결과가 있다는 것을 나타낸다.

釋中有二。一者正釋本文。二者總集分別。初中亦二。先卽總標。後隨文釋。此中亦二。先釋十果。後釋結句。初中亦二。先正釋文。次分別義。釋文中。言從自性發心者。從下自性。得上發心也。乃至脩行者。從下發心乃至其上脩行。此顯上上果體相也。應知後後次第者。此以後後釋上上義。謂發心位是自性後。其脩行位是發心後。約此後後立上上果。自性非後。故不立果也。釋次三果。文相可知。釋隨順中。言爲因緣故者。是釋隨順義。卽第一果與第二果。作因緣故。名爲隨順。言應知上果者。是出體也。釋對治中。言是滅道者。出其體相。斷滅之道。故名滅道。言因此得初果者。因此隨順。得見道果。是對前果。顯隨順義。言此中初道名對治果者。是擧果體。以當[1])其名也。釋相離中言相離果者。是牒其名。言數習果圓滿果者。是出其體。謂前四中。後二爲體。圓滿卽是究竟義故。言爲遠離或[2])鄣故者。釋相離義。言如次第有學無學諸聖人果者。此是約人顯其果位也。釋次三果。文相可知。如是以下重分別義。言如是四果者。一者第四名究竟果。二者第七名相離果。三者第八名勝位果。四者第十名無上果。此四種果皆顯圓滿。果位差別。故言爲分別圓滿果故也。准此而論其餘六果。爲分別因。而不說者。非令同故。非令同者。四果等顯一位之果。六果隨顯別位因故。爲略說下釋其結句。言爲略說如是多者。是正釋文。或五或十。故言多也。言若廣說則無量者。是顯結意。謂結句言略說意者。爲顯廣說有無量果也。

1) ㉔ '富'는 '當'인 듯하다. 2) ㉔ '或'은 '惑'과 통한다.

논 이 중 대치를 수습함의 의미를 요약한다. 식별함(覺悟)의 수습, 희박하게 하는 수습, 대치를 성숙하게 하는 수습, 위의 것의 수습, 밀접하게 합하는 수습은 지智가 경계에 도달해 한집이 되기 때문이다. 고급한 품류의 수습, 월등한 품류를 얻는 수습, 최초에 일어나는 수습, 중간을 행하는 수습, 최후의 수습, 위가 있음의 수습, 위가 없음의 수습은 경계에 더할 바가 없고, 사량思量에 집집이 없고, 얻음에 더할 바가 없기 때문이다.

此中修習對治。合集衆義。覺悟修習。令薄修習。熟治修習。上事修習。密合修習。智到境一家故。上品修。勝品得修。初發修。中行修。最後修。有上修。無上修者。境界無勝。思量無集。至得無勝故。

이제까지 첫째 본문을 있는 대로 풀이하는 것을 마쳤다. 이하는 둘째 요약해서 구별하는 것이다. 이것은 둘로 되어 있다. 앞은 바로 요약하는 것이고, 뒤는 완전하게 매듭짓는 것이다. 앞은 셋으로 되어 있다. 첫째 대치를 요약하는 것이고, 둘째 수습의 계위를 요약하는 것이고, 셋째 결과를 얻음을 요약하는 것이다. 첫째는 다시 둘로 되어 있다. 앞은 합해서 표방하는 것이고, 뒤는 나누어서 요약하는 것이다. 나누어서 요약하는 부분 중 「대치에 관한 품」에 대해서 말하는 부분에서는 12종의 수습을 열거한다. "식별함(覺悟)의 수습"이란 사념처이다. 본체는 지혜이다. 무명無明을 여의기 때문이다. 『섭대승론』에서 이것을 "현시함의 수습"이라 설하고 있다. 무명의 어둠을 제멸해서 경계의 인식을 현현하게 하기 때문이다. "희박하게 하는 수습"이란 사정근이다. 2종의 선善을 근면하게 수습해서 2종의 악惡을 희박하게 하기 때문이다. 그 논에서는 "깎아 내는 수습"이라 하고 있다. "대치를 성숙하게 하는 수습"이란 사여의족이다. 본체는 정려靜慮이다. 대치의 도를 성취하기(成就治道) 때문이다. 그 논에서는 "대치를 성취하게 하는 수습(治成修)"이라 하고 있다. "위의 것의 수습"이란 오근五根이다. 위의 계위를 일으켜서 오력五力의 것을 가능하게 하기 때문이다. 그 논에서는 "뒤의 것을 행하는 수습"이라 하고 있다. "밀접하게 합하는 수습"이란 오력이다. 수행과 진리가 합해서 번뇌를 제압하기 때문이다. "지智가 경계에 도달해 한집이 되기 때문이다."란 "밀접하게 합함"의 의미를 풀이한 것이다. 그 논에서는 "상응하는 수습"이라 하고 있다. "고급한 품류의 수습"이란 칠각지이다. 최초로 출세간에 들어갔기에 세간보다 위에 있기 때문이다. 그 논에서 "월등한 지智의 수습"이라 하고 있다. "월등한 품류를 얻는 수습"이란 팔성도이다. 수도修道에 진입했기에 고급한 품류보다 월등하기 때문이다. 그 논에서는 "상상上上의 수습"이라 하고 있다. "최초에 일어나는 수습"이란 범부의 계위이다. 앞의 송에서 "전도되지 않음을 따르지만 전도됨이 있다"고 말한 것과 같기 때문이다. 그 논에서는 "최초 시기의 수습"이라 하고 있다. "중간을 행하는 수습"이란 유학有學의 성스러운 계위를 말한다. 앞에서 "전도됨을 따르지만 전도됨이 없다."고 말한 것과 같기 때문이다. 논에서는 "중간 시기의 수습"이라 하고 있다. "최후의 수습"이란 무학無學의 성스러운 계위이다. 앞의 송에서 "전도됨이 없고 전도됨을 따르는 것이 없다."고 말한 것과 같기 때문이다. 그 논에서는 "최후 시기의 수습"이라 하고 있다. "위가 있음의 수습"이란 이승二乘의 수습이다. "위가 없음의 수습"이란 보살의 수습이다. 앞의 송에서 "경계와 사유思惟와 얻음에 차이가 있다."고 말한 것과 같기 때문이다. "경계에 더할 바가 없고" 이하는 그 3종의 의미를 들어 "위가 없음"을 풀이한 것이다. "사량思量에 집集이 없다."란 보살의 사유는 상相을 파척했기에 행行에 얻음이 없다. 그래서 "집集이 없다."고 말한 것이다. 이승이 집취集取, 고苦, 무상無相 등의 상相을 사유하는 것에 상대한 것이다.

上來第一正釋文竟。此下第二總集分別。於中有二。初正集義。後結究竟。初中有三。先集對治。次集脩位。後集得果。初中亦二。總標。別集。[1] 別集[*]之中。對上品說。列十二脩。覺悟脩者。是四念處。體是智慧。離無明故。攝論說此名顯示脩。除無明闇。顯了境故。令薄脩者。是四正勤。勤脩二善。薄二惡故。彼論名爲損減[2]脩也。熟治脩者。四如意足。體是靜慮。成就治道故。彼論名爲治成脩也。上事者脩。卽是五根。爲起上位。五力事能故。彼論名爲後行脩也。密合脩者。卽是五力。行與理合。能勝煩惱故。言智到境一家故者。釋密合義。彼論名爲相應脩也。上品脩者。是七覺分。始入出世上於世間故。彼論名爲勝智脩也。勝品脩者。是八聖道。進入脩道。勝於上品故。彼論名爲上上脩也。初發脩者。是凡夫位。如前頌言。隨不倒有倒故。彼論名爲初際脩也。中行脩者。有學聖位。如前頌言。隨顚倒不倒故。彼論名爲中際脩也。最後脩者。無學聖位。如前頌言。無倒無隨倒故。彼論名爲後際脩也。有上脩者。是二乘脩。無上脩者。是菩薩脩。知前頌言。境界及思惟至得有差別故。境界無勝以下。擧彼三義。釋無上也。言無集者。菩薩思惟。破折諸相行無所得。故言無集。對二乘思集取苦無常等相也。

---
1) ㉑ '集'은 '釋'인 듯하다. 아래(*)도 동일하다.　2) ㉑ '滅'은 '減'인 듯하다.

> 논 수습의 거주처의 의미를 요약한다. 수습의 거주처를 성취할 것이다. 거주처란 ① 이 유형의 사람은 자성自性에 거주한다. ② 일을 시작함의 수습의 거주처란, 초발심에서 수행의 계위까지이다. ③ 가장 청정한 거주처라 이름하기에 가장 청정한 계위의 거주처, ④ 장엄이 있는 계위의 거주처는 10종의 대지에 편만하기 때문이다. ⑤ 위가 없음의 계위인 거주처.
>
> 修住。合集衆義。應成修住。住者。此人住自性中。作事修住者。從發心乃至修行位。名最淨住最淨位住。有莊嚴位住。遍滿十地故。無上位住。

이하 둘째 수습의 거주처의 의미를 요약한다. 이것은 다시 둘로 되어 있다. 앞은 합해서 표방하는 것이고, 뒤는 나누어서 밝히는 것이다. 간략하게 5종의 계위를 들어 수습의 거주처를 요약한다.

此下第二集脩住義。於中亦二。總標別明。略擧五位。集諸脩住。

첫째 중 "수습의 거주처를 성취할 것이다."란 그 이름을 다시 거론한 것이다. "이 유형의 사람은 자성自性에 거주한다."란 사람의 유형을 들어 계위를 배속한 것이다. 앞에서 명명한 "원인의 계위인 수습의 거주처"이다. 아직 성취하지 않았을지라도 성취할 수 있는 것이기 때문에 "성취할 것이다."라고 한 것이다.

第一中言應。成脩住者。是牒其名。此人住自性中者。擧人屬位。卽是前名。因住脩住。雖未成就。有應成性故。名應成也。

둘째 중 "일을 시작함의 수습의 거주처"란 그 이름을 다시 거론한 것이다. "발심에서 수행까지이다."란 그 계위를 배당한 것이다. 앞에서 "들어감의 계위", "수행의 계위"라 한 것이다.

> 第二中言作事脩住者。是牒其名。後發心乃至脩行者。屬當其位。卽是前名入位行位也。

셋째 중 "가장 청정한 계위라 이름하기에"란 먼저 앞의 계위를 다시 거론한 것이다. 이를테면 앞의 제4를 얻음의 계위라 한다. "얻음"이란 이름이 법신法身의 계위와 같기 때문에 "가장 청정한 계위"라 한 것이다. 다음에 "가장 청정한 계위의 거주처"란 그 이름을 건립한 것이다. 이 계위는 본체가 가장 청정한 것은 아니기 때문에, 단지 이름을 가장 청정한 것이라 했을 뿐이기에 "가장 청정한 계위의 거주처"라 한 것이다.

> 第三中言名最淨位者。先牒前位。謂前第四名至得位。至得之名。同法身位。是故名爲最淨位。次言最淨位者。是立其名。欲顯此位。非體最淨。但名最淨故。名爲最淨住也。

넷째 중 "장엄이 있는 계위의 거주처"란 그 이름을 건립한 것이다. "10종의 대지에 편만하기 때문에"란 장엄의 의미를 풀이한 것이다. 10종의 대지에 10종의 법계와 10종의 도度 등 유위와 무위의 공덕이 편만하기 때문에 "장엄이 있는 계위의 수습의 거주처"라 한 것이다.

> 第四中言有莊嚴位住者。是立其名。遍滿十地故者。釋莊嚴義。於十他[1]中。十種法界。及十度等。有爲無爲。功德遍滿。是故名爲有莊嚴位脩住。

―――――――
1) ㉯ '他'는 '地'인 듯하다.

다섯째 중 "위가 없음의 계위인 거주처"란 그 이름을 건립한 것이다. 이미 앞에서 보여 주었기 때문에 다시 설명하지 않겠다. 이 5종의 계위에 의해 앞에서 말한 18종의 계위와, 이어서 말한 법계의 3종의 계위를 모두 포섭한다. 각 경우에 따라 서로 포섭하고 포섭된다는 것을 알아야 한다.

第五中言無上位住者。是立其名。義已顯前。故不更說。以此五位。總攝上說。十八種位。及次所說法界三位。隨其所應。相攝應知。

논 결과의 의미를 요약한다. 첫째 포괄하는 결과, 둘째 가장 월등한 결과, 셋째 숙세에 수습함의 결과, 넷째 상상上上을 인출引出하는 결과, 다섯째 간략한 결과, 여섯째 상세한 결과이다. 이 중 포괄하는 결과란 5종의 결과이다. 다른 결과들은 이 5종의 결과를 구분한 것이다. 숙세에 집적했기 때문에 과보의 결과라 한다. 상상上上을 인출하기 때문에 4종의 다른 결과가 있다. 만약 간략하게 말한다면 상상上上의 결과에 4종이 있다. 만약 상세하게 말한다면 수순함의 결과에 6종이 있다. 이 4종의 결과에 대해 구별해서 상세하게 말하기 때문에 『중변분별론』 중 이 장(處)은 네 번째이다. 세 품이 있는데 첫째 대치에 관한 품, 둘째 수습의 거주처에 관한 품, 셋째 결과를 얻음에 관한 품이다. 이제까지 자세하게 설명하던 것을 마친다.

果合集衆義。一攝持果。二最勝果。三宿習果。四上上引出果。五略果。六廣果。此中。攝持果者。五種果。餘果是五種果別異。宿世所集故。名果報果。上上引出故。有四種餘果。若略說上上果。有四種。若廣說隨順果。有六。是四種果分別廣說故。中邊分別論中。此處有四。三品。一對治品。二修住品。三得果品。已廣說究竟。

이하 셋째 그 결과의 의미를 요약한다. 이것은 다시 둘로 되어 있다. 앞은 합해서 표방하는 것이고, 뒤는 나누어서 요약하는 것이다. 나누어서 요약하는 부분에서 6종의 결과를 밝힌다. 앞은 그 이름을 열거하는 것이고, 뒤는 그 특징을 밝히는 것이다. 첫째 "포괄하는 결과"란 앞의 5종의 결과를 요약한 것이다. 그 '보과報果' 등 5종의 결과에 모든 결과가 포섭되어 다하지 않음이 없기 때문이다. 또 '기과器果' 등 5종의 결과 안에 이어서 말한 10종의 결과가 남김없이 포섭되기 때문이다. 이 두 의미 때문에 "포괄하는 결과"라 말한 것이다. 둘째 "가장 월등한 결과"란 그 10종의 결과를 요약한 것이다. 그 5종의 결과를 두루 포섭하는 것 중에서 가장 월등한 것을 간추려 이 10종의 결과를 건립한 것이기에 "가장 월등한 결과"라 한다. 그다음의 2종의 결과는 5종의 결과를 다시 나타내고, 후의 2종의 결과는 10종의 결과를 다시 나타낸 것이다. 셋째 "숙세에 수습함의 결과"란 5종의 결과 중 초과初果, 보과는 숙세에 선근을 수습해서 얻은 과보이기 때문이다. 넷째 "상상上上을 인출引出하는 결과"란 5종의 결과 중 후의 4종의 결과이다. 보과에서 증상과를 인출하고, 내지 공용과에서 상리과를 인출하기 때문이다. 다섯째 "간략한 결과"란 10종의 결과 중 앞의 4종의 결과에 있다.

此下第三集[1]其果義。於中亦二。總標。別集。* 別集*之中。明六種果。先列其名。後辨其相。一攝持果者集*前五果。彼報果等五果之中。攝一切果。無不盡故。又器果等五果之內盡攝。次說十種果故。以是二義。名攝持果。二最勝果者集*彼十果。就彼普攝五果之內。簡取最勝。立此十果。是故名爲最勝果也。其次二果重顯五果。後之二果重顯十果。三數習果者。顯五果中初果報果。數習善根。所得報故。四上上引出果者。顯五果內後之四果。於報果上。出增上果。乃至功用果上引出相離果故。五略果者。顯十果內在前四果。

1) ㉠ '集'은 '釋'인 듯하다. 아래(*)도 동일하다.

여섯째 "상세한 결과"란 10종의 결과 중 후의 6종의 결과이다. 간략함과 상세함의 의미에 대해서는 앞에서 이미 설명한 바 있다. "이 중" 이하는 순서대로 특징을 보여 주는 것이다. "포괄하는 결과란 5종의 결과이다."란 "최초의 결과(初果)"를 나타내는 것이다. 의미는 앞에서 설명한 바와 같다. "다른 결과들은 이 5종의 결과를 구분한 것이다."란 "가장 월등한 결과"를 나타낸 것이다. 후에 말한 10종의 결과를 "다른 결과들"이라 한 것이다. 5종의 결과 중 가장 그것이 월등하기 때문에 "5종의 결과를 구분한 것이다."라고 말한 것이다. "숙세에 (수습을) 집적했기 때문에 과보의 결과라 한다."란 "숙세에 수습함의 결과(是顯數習果)"이다. 5종의 결과 중 최초의 것이다. "상상上上을 인출하기 때문에 4종의 다른 결과가 있다."란 상상을 인출하는 결과는 5종의 결과 중 뒤의 4종이다. "만약 간략하게 말한다면 상상上上의 결과에 4종이 있다."란 간략한 결과를 나타낸 것이다. 10종의 결과 중 앞의 4종의 결과에 있다. 통괄의 의미에 의거해서 "상상上上의 결과에 4종이 있다."라고 말한 것이다. "만약 상세하게 말한다면 수순함의 결과에 6종이 있다."란 상세한 결과를 나타낸 것이다. 10종의 결과 중 뒤의 6종의 결과이다. 이 또한 통괄의 의미에 의거해서 "수순함의 결과에 6종이 있다."라고 말한 것이다. "이 4종의 결과에 대해 구별해서 상세하게 말하기 때문에"란 상세한 결과의 이름을 풀이한 것이다. 앞의 4종의 결과에 의거하여 6종의 결과를 구별해서 설명하기 때문에 뒤의 6종을 "상세한 결과"라 한 것이다.

六廣果者顯十果中後之六果。略廣之義。如前已說。此中以下次第顯相。言攝持果者是五種果者。是顯初果。義如前說。言餘果是五種果別異者。顯最勝果。後說十果。名爲餘果。五果之中。最其殊勝故。言是五果之別果也。

言宿世所集故名果報果者。是顯數習果。五果之初也。言上上引出故有四種果者。是上上引出果。卽是五中後四也。言若略說上上果有四種者。是顯略果。卽是十中在前四果。約通義故。說上上果有四種。言若廣說隨順果有六者。是顯廣果。卽是十中後六種果。亦就通義。故言隨順果有六也。是四種果分別廣說故者。釋廣果名。就前四果。分別說六。故後六種名廣果也。

"『중변분별론』" 이하는 총합해서 완전하게 매듭짓는 것이다. "이 장(處)은 네 번째에 있다."란 총체적인 상을 들어 말한 것이다. 대치함, 수습의 거주처, 결과를 얻음 이 세 품을 합해서 한 장이 된다. 수행에 의지해서 계위를 건립하고, 계위에 의지해서 결과를 건립한다. 문장의 형세가 서로를 타서 단절이 없기 때문이다. 그래서 석론釋論의 논주(세친)는 이 세 품을 합해서 한 장에 의미를 집결해 놓았다. 이 의미 때문에 이 장에 다다르면 네 장이 된다. 첫째 상相, 둘째 장애, 셋째 진실, 넷째 수행과 거주처와 결과이다. 이 때문에 "이 장은 네 번째에 있다."라고 말한 것이다. 네 번째의 장 안에서 구분하면 3종의 의미가 있다. 구분한 대로 품을 건립하기 때문에 "세 품品"이라 말한 것이다.

中邊以下。總結究竟。言此處有四者。總相而言。對治脩住得果三品。合爲一處。以依行立位。就位立果。文勢相乘。無隔絶故。故釋論主合此三品。一處集義。由是義故。至於此處。則有四處。一相。二部。三眞實。其第四者。謂行住果。以之故言。此處有四。第四處內別有三義。隨別立品。故言三品也。

『중변분별론소』 권3
中邊疏 卷第三

찾아보기

가행加行 / 27, 56
각분覺分 / 33
간택簡擇 / 30
감능堪能 / 30
거주처 / 130
견도見道 / 39
견혹見惑 / 116
경안輕安 / 36, 56
경안각지輕安覺支 / 22
계속繼屬 / 56
공성空性 / 61
공용功用 / 147
관삼마지觀三摩地 / 21
관삼마지단행성취신족觀三摩地斷行成就神足 / 84
관정灌頂 / 130
구업口業 / 95
극한의 적정寂靜 / 81
근근勤 / 20
근삼마지勤三摩地 / 21
근주近住 / 81
금강金剛 / 124
기器 / 141
기별記別 / 135
기쁨(喜) / 65

난煖 / 103
난법煖法 / 38, 104
내주內住 / 81

다문多聞 / 95
단단斷斷 / 27
단행斷行 / 21
『대법론對法論』 / 46
대지大地 / 35
『대지도론大智度論』 / 24
대치對治 / 25, 56
대혹大惑 / 120
도거掉擧 / 53
도제道諦 / 50
들어 올림(擧) / 53
등류과等流果 / 143
등주等住 / 81
등지等持 / 81

마음을 한 경계에 놓음(心一境性) / 61
머리카락 / 57
멈춤(止) / 53

무가행無加行 / 81
무공용無功用 / 81, 93
무루無漏 / 106
무명無明 / 74
무상無相 / 61
무생無生 / 125
무아無我 / 47
무원無願 / 61
무주처열반無住處涅槃 / 125
무진無瞋 / 93
무치無癡 / 93
무탐無貪 / 92
무학성자 / 123
「문소성지聞所成地」/ 24
문혜聞慧 / 26
믿음(信) / 32

바라야鉢羅若 / 105
방일放逸 / 27
방호단防護斷 / 27
버림(捨) / 53
법공法空 / 63
법념주法念住 / 20
법성法性 / 44
벽지불辟支佛 / 125
변견邊見 / 87
변행遍行 / 64, 92
보報 / 141
보리분법菩提分法 / 20
보시布施 / 95
부싯돌 / 106

부정不淨 / 47
불꽃 / 106
불상응행不相應行 / 45
불생불멸不生不滅 / 61
불염오不染汚 / 146
비바사사毘婆沙師 / 39
비안립제非安立諦 / 63
비유비무非有非無 / 66
비유정수非有情數 / 44

사思 / 35
사捨 / 36
사각지捨覺支 / 22
사념주四念住 / 20
사념처四念處 / 72
사념처관四念處觀 / 38
사마타(止) / 29
사성제四聖諦 / 68
사신족四神足 / 20
사용과士用果 / 143
사전도四顚倒 / 46
사정단四正斷 / 20
사혜思慧 / 27
산동散動 / 29
산심散心 / 45
삼십칠보리분법三十七菩提分法 / 37
상리과相離果 / 153
상박相縛 / 48
상사相似 / 23
상응념주相應念住 / 24
상응법相應法 / 24

찾아보기 • 165

생기인生起因 / 145
생활(命) / 118
「섭결택분攝決擇分」 / 24
『섭대승론攝大乘論』 / 156
섭수攝受 / 56
성문聲聞 / 125
성제聖諦 / 103
세제일법世第一法 / 38, 104
세친世親(바수반두) / 74
소혹小惑 / 120
수기受記 / 135
수념주受念住 / 20
수단修斷 / 27
수도修道 / 39
수도위修道位 / 68
수류隨流 / 40
수면睡眠 / 56
수면隨眠(번뇌) / 83
수신관隨身觀 / 23
수혜修慧 / 26
순결택분順決擇分 / 97
순신관循身觀 / 23
순해탈분順解脫分 / 97
순환循環 / 24
슬픔(愛) / 65
신神 / 30
신근信根 / 21
신념주身念住 / 20
신력信力 / 22
신업身業 / 95
실제實際 / 42
심념주心念住 / 20
심삼마지心三摩地 / 21
십신十信 / 124

십회향十廻向 / 124

『아비달마대비바사론阿毘達磨大毘婆沙論』 / 95
아집我執 / 73
악불선법惡不善法 / 20
안립제安立諦 / 63
안위安危 / 50
안주安住 / 81
여소유성如所有性 / 68
여실성如實性 / 68
여의족如意足 / 30
역류逆流 / 40
염念 / 23
염각지念覺支 / 22
염근念根 / 21
염오染汚 / 24, 43
영상影像 / 23
영수領受의 박縛 / 50
오근五根 / 20
오력五力 / 20
오식五識 / 45
요별了別의 박縛 / 50
욕欲 / 39
욕삼마지단행성취신족欲三摩地斷行成就神足 / 84
움츠러듦(跋踖) / 56
위가 없음의 수습 / 157
위가 있음의 수습 / 157
위파사나(觀) / 29
『유가사지론瑜伽師地論』 / 24

유근신有根身 / 43
유정수有情數 / 44
유학有學 / 40
유학성자 / 123
율의律儀 / 24, 27
율의단律儀斷 / 27
의식意識 / 45
의업意業 / 95
의욕(欲) / 56, 89
의향(意樂) / 27
이계離繫 / 42
이계과離繫果 / 50, 143
이공二空 / 63
이숙과異熟果 / 143
인공人空 / 63
인발인引發因 / 145
인법忍法 / 104
일취一趣에 전념하는 것 / 81

자상속自相續 / 126
자재장自在障 / 120
작의作意 / 92
작증作證 / 23
잡염雜染 / 39, 93, 143
장애(障) / 42
적정寂靜 / 81
전도顚倒 / 48
정定 / 31
정頂 / 103
정각지定覺支 / 22
정견正見 / 22

정근定勤 / 21
정념正念 / 22, 56
정단正斷 / 20, 27
정명正命 / 22
정사유正思惟 / 22
정심관停心觀 / 96
정어正語 / 22
정업正業 / 22
정정正定 / 22
정정진正精進 / 22
정진精進 / 20
정진각지精進覺支 / 22
정진근精進根 / 21
제除 / 66
조순調順 / 81
종자種子 / 73
중도中道 / 47
증상增上 / 32
증상과增上果 / 143
증상된 의향(增上意樂) / 27
지계持戒 / 95
지심持心 / 20
진瞋 / 51
진소유성盡所有性 / 68
진여眞如 / 24
집수執受의 박박縛 / 50
집지執持 / 73
집착執着의 박縛 / 50

책려策勵 / 20
책심策心 / 20

찾아보기 • 167

청어靑瘀 / 44
청정淸淨 / 143
초발심初發心 / 133
총별념처總別念處 / 96
최후의 수습 / 156
추대한 전纏 / 25
추중麤重 / 42
출리出離 / 129
출세간出世間 / 32
칠각지七覺支 / 20
침몰沈沒 / 53

탐貪 / 51
택법擇法 / 63
택법각지擇法覺支 / 22
통달분通達分 / 95

팔분지(八支) / 20

평등성平等性 / 93

해탈解脫 / 42
해탈분解脫分 / 38, 95
해태懈怠 / 86
행고行苦 / 72, 74
현관現觀 / 103
혜근慧根 / 21
혜력慧力 / 22
혹惑 / 51, 108
혼침惛沈 / 56
후득後得 / 115
흑법黑法과 백법白法 / 101
흑품黑品 / 27
흩어짐(散) / 56
희喜 / 63
희각지喜覺支 / 22
희론戱論 / 66

판비량론
| 判比量論* |

석원효 지음 釋元曉 述**
김성철 옮김

---

* ㉮ 저본은 간다 기이치로(神田喜一郞) 소장所藏의 고사본古寫本이다. ㉯ 이 저본과 일본에서 발견된 몇 가지 단편들을 함께 정리하여 번역하였다. 교정과 번역, 주석 대부분은 김성철의 저서『원효의 판비량론 기초 연구』(지식산업사, 2003)와 논문「오치아이 소장『판비량론』필사본의 교정과 분석」(『불교학보』제74호, 동국대학교 불교문화연구원, 2016),「『판비량론』신출 필사본의 해독과 유식비량 관련 단편의 의미 분석」(『한국불교학』제84집, 한국불교학회, 2017)에 근거한다.

** ㉮ 찬술자의 이름을 보충해 넣었다.

판비량론判比量論 해제*

김 성 철
동국대학교 경주캠퍼스 불교학부 교수

1. 개요

원효元曉(617~686)는 총 80여 부 200여 권의 방대한 저술을 남긴 것으로 알려져 있으며, 그 범위도 반야·삼론·유식·인명·여래장·화엄·열반·법화·정토·계율 등 불교의 거의 모든 분야를 망라한다. 이러한 원효의 저술 가운데『판비량론』은 독특한 성격을 갖는다.『대승기신론소大乘起信論疏』나『금강삼매경론金剛三昧經論』같은 불전 주석서도 아니고,『무량수경종요無量壽經宗要』나『열반종요涅槃宗要』와 같이 불전의 핵심을 요약한 저술도 아니다. 현장玄奘(602~664)이 번역하여 처음 소개한『인명입정리론因明入正理論』과『인명정리문론因明正理門論』의 인명학因明學 이론을 익힌 후 이를 응용하여 그 원류인 현장의 학문을 재단하고 비판하는 '논쟁의 책'

---

* 본 해제는 김성철의 저서『원효의 판비량론 기초 연구』(지식산업사, 2003)와 논문「오치아이 소장『판비량론』필사본의 교정과 분석」(불교학보 제74호, 2016),「『판비량론』신출 필사본의 해독과 유식비량 관련 단편의 의미 분석」(『한국불교학』제84집, 2017)에 근거한다.

이다. '판비량론判比量論'이라는 제목이 의미하듯이 '현장의 학문과 관계된 갖가지 비량比量의 타당성을 비판적批判的으로 검토하는 독창적인 논문집 論文集'이다.

인명학이란 '불교적 인식론과 논리학', 또는 '불교인식논리학'이라고 풀이할 수 있으며 이는 진나陳那(Dignāga, 480~540년경)에 이르러 집대성되었다. 진나는 6세기 초 인도 사상계에 유포되어 있던 불교 내외의 인식논리학 이론들을 수집한 후, 이를 '연기緣起'와 '공' 그리고 '무아'라는 불교적 세계관에 입각하여 재조직함으로써 '불교적 인식논리학', 즉 인명학을 창출해 내었다. 예부터 이 시기를 기점으로 삼아 진나 이전의 인식논리학을 고인명古因明, 진나를 포함하여 그 이후의 인식논리학을 신인명新因明이라고 부른다.

『서유기』의 주인공이기도 한 삼장법사 현장이 인도 유학을 마치고 돌아와 번역 소개한 이러한 신인명 이론은 곧이어 신라의 원효에게 전해진다. 이는 『인명입정리론』이나 『인명정리문론』 등의 번역서를 통해서였다. 현존하지는 않지만 원효의 저술 중 인명학과 관계된 것으로 『인명입정리론기因明入正理論記』와 『인명론소因明論疏』가 있었다고 하는데 이 두 논서는 그 제목으로 보아 『인명입정리론』에 대한 주석서였던 것으로 추측된다. 그런데 『판비량론』은 이들과 성격을 달리한다. 『판비량론』에서는 『인명입정리론』에 대해 해설하는 것이 아니라 그 논리학에서 말하는 오류 이론에 근거하여, 현장이 번역한 신역 불전에 실린 유식唯識·인명·아비달마 등과 관계된 다양한 추론식推論式들을 비판적으로 검토한다. 『판비량론』은 주석서가 아니라 논쟁서이며, 불교 교학을 해설한 책이 아니라 응용하는 책이다. 그 제목이 말하듯이 치열한 논쟁을 통해 갖가지 '비량'들을 '비판'하는 '논서'인 것이다.

당나라 유학길에 올랐다가 대오大悟하여 유심게唯心偈를 읊으며 발길을 돌렸던 원효는 독학을 통해 난삽한 인명학 문헌들을 모두 소화해 낸

후 함형咸亨 2년(671) 55세가 되던 해 행명사行明寺에서『판비량론』을 탈고한다. 여기서 원효는 현장이 직접 고안하거나 역출했던 논서에 실린 여러 논증식의 타당성을 비판하는데, 이런 논의 중 13가지 정도가 동아시아 학승들의 저술에 인용된 모습으로, 또는 필사본 단편으로 현존한다.

현장이 직접 고안한 추론식 중 원효가 비판하는 것은 두 가지인데, 하나는 '만법유식萬法唯識을 증명하는 추론식(唯識比量)'이고, 다른 하나는 '대승불설大乘佛說을 증명하는 추론식(勝軍比量)'이다. 이 모두 현장이 인도 유학 시절 고안한 것으로, 전자는 계일戒日(Śīlāditya)왕이 개최한 무차대회無遮大會에서 공표했던 추론식이고, 후자는 자신에게 인명학을 가르쳤던 스승 승군勝軍(Jayasena)의 '대승불설 논증'을 비판하며 개작한 추론식이다. 삼장법사 현장은 이런 두 가지 추론식을 고안해 냄으로써 인도 유학 중 그 명성을 날리게 되는데, 변방 신라에서 현장이 역출한 논서들을 보며 인명학을 독학한 원효는 그 당시 인도나 중국에서 아무도 비판하지 못했던 그 두 가지 추론식에서 논리적 오류를 지적하였던 것이다. 이런 두 논의 가운데 일부가 동아시아 학승들의 저술 여러 곳에 인용되어 있다. 당唐은 혜소惠沼(650~714)의『성유식론요의등成唯識論了義燈』, 신라는 태현太賢(8세기)의『성유식론학기成唯識論學記』, 일본인의 저술로는 선주善珠(723~797)의『인명론소명등초因明論疏明燈抄』와『유식분량결唯識分量決』, 장준藏俊(1104~1180)의『인명대소초因明大疏抄』등에『판비량론』이 인용된다.

과거 다른 저술에 인용된『판비량론』의 산일문과 1967년 이후 2017년까지 발견된 필사본 단편에 실린 논의의 종류는 총 17가지인데, 각각에서 원효가 말하고자 하는 바를 간략히 정리하면 다음과 같다.

* 다른 저술에 인용된 부분

① 유식비량唯識比量과 관계된 단편들로, 원효는 상위결정相違決定의 추론식을 이용하여 현장의 유식비량을 비판한다.

② 승군비량勝軍比量과 관계된 단편으로, 원효는 승군비량과 이에 대한 현장의 비판을 모두 비판한 후 대승불설을 증명하는 새로운 추론식을 고안하여 제시한다.

(그 밖에 한 줄 내외의 문장들이 일본의 선주나 신라의 태현 등의 저술들에 흩어져 있지만, 이에 대한 설명은 본 해제의 '3. 내용과 성격'으로 미룬다.)

* 간다 기이치로 소장본

③ 제7절의 후반 일부로, 정토淨土는 드러나지 않는다는 조망(懸)에 대해 논파하는 듯하다.

④ 제8절로 호법護法의 '식식의 사분설四分說'에 대해 비판한다.

⑤ 제9절로 유식학에서 제시하는 제8식의 존재에 대해 증명한다.

⑥ 제10절로 아뢰야식은 공존하는(俱有) 소의所依, 또는 소의근所依根을 갖는다는 호법의 주장에 대해 논파한다.

⑦ 제11절로 진나의 구구인九句因 가운데 제5구(同品無·異品無)의 인因이 부정인不定因임을 논증한다.

⑧ 제12절로 상위결정 추론식의 두 가지 인因이 부정인임을 논증한다.

⑨ 제13절로 '오성각별설五性各別說 비판'에 대해 원효가 다시 비판한다.

⑩ 제14절의 전반 일부로 아집我執, 법집法執에 대한 논파와 관계된 논의이다.

* 사카이 우키치 소장본

⑪ 총 11행 분량의 단편으로, 『구사론俱舍論』과 『순정리론順正理論』의 '쌍근雙根의 경우 유類는 같으나 상相은 다르다'는 이론에 대해 비판한다.

* 오치아이 히로시 소장본 : 두 조각을 이어 붙인 것

⑫ 앞부분은 제6절 전반 일부로 총 5행 분량인데, 불교 인명학에서 인정하는 인식 수단의 종류에 대해 논의한다.

⑬ 뒷부분은 총 4행 분량의 단편으로, 설일체유부의 삼세실유설三世實有說과 관계된 논의가 실려 있다.

* 〈회향게廻向偈〉가 실린 필사본
⑭ 〈회향게〉와 원효의 지어識語가 실려 있다.

* 고토(五島)미술관 소장본 : 두 조각을 이어 붙인 것
앞의 ①에 속하는 내용. 앞부분은 총 5행 분량으로, 유식비량을 상위결정의 오류에 빠뜨리는 원효의 추론식에 대한 논적의 비판과 그런 비판에 대한 원효의 반박으로 이루어져 있다.

앞의 ③에 속하는 내용. 뒷부분은 총 2행 분량으로, 정토의 드러남 여부에 대해 논의하는 간다 기이치로 소장 필사본 서두로 이어지는 제7절의 단편이다.

* 바이케이(梅溪) 구장본舊藏本
앞의 ①에 속하는 내용. 총 5행 분량으로, 유식비량에 대한 원효의 비판인 ①의 내용 일부가 그대로 실려 있고, 이에 덧붙여 원효가 고안한 상위결정의 추론식에 대한 문궤文軌의 비판이 소개되어 있다.

* 미쓰이(三井)기념미술관 소장본 : 두 조각을 이어 붙인 것
⑮ 앞부분은 총 10행 분량으로, 비량이 내식內識이나 외경外境의 존재를 입증하지는 못하지만 그 존재를 논파하는 역할을 할 수 있음에 대해 논의한다.

⑯ 뒷부분은 총 5행 분량으로, 삼지작법三支作法의 추론식의 인因에 부가하는 '자파에서 인정하는(自許)' 또는 '타파에서 인정하는(他許)'과 같은 단서에 대해 논의한다.

* 도쿄(東京)국립박물관 소장본

⑰ 총 5행 분량으로, 올바른 위타비량爲他比量의 조건과 개념지의 발생에 대해『인명정리문론』을 인용하면서 논의한다. 이 단편의 3분의 2 정도 분량이『인명정리문론』에서 인용한 문장이다.

2. 필사본의 출현과 서지 사항

1) 필사본의 출현

『판비량론』은 671년 원효에 의해 저술된 후 얼마 지나지 않아 중국과 일본에 전해진다. 중국의 경우 자은 규기慈恩窺基(632~682)의 제자였던 혜소의『성유식론요의등』에 인용되고 있는 것으로 보아 672~714년 사이에 전해졌을 것으로 추측된다. 일본의 경우『판비량론』이 인용된 최초의 문헌은 호키(寶龜) 3년(772)에 저술된 선주의『유식분량결』이지만, 덴표(天平) 12년(740) 7월에 제작된『사경소계寫經所啓』에『판비량론』의 명칭이 기록되어 있어 그 이전에 전래되었음을 알 수 있다. 현존하는『판비량론』의 필사본 단편들은 모두 일본에서 발견된 것들인데 그 전승 과정을 살펴보면 다음과 같이 요약된다.

먼저, 현존하는 필사본은 신라에서 서사書寫되어 일본에 전래된 것이라고 볼 수 있다. 이는 최근 고바야시 요시노리(小林芳規)의 연구에 의해 판명되었다. 각필角筆 연구의 권위자인 고바야시는 오타니(大谷)대학 도서관에 소장되어 있던 『판비량론』 필사본에서 각필 자국을 발견하였는데, 먹물이 마르기 전에 각필 작업이 이루어졌고 필사본에 찍힌 '고묘 황후(光明皇后, 701~760)의 도장(內家私印)' 자국이 각필 작업 이후의 것으로 판단되기에, 현존하는 『판비량론』의 초서체 필사본이 일본에서 서사된 것이 아니라, 신라에서 쓰인 후 일본에 전해진 것으로 추정한 바 있다. 또 도일渡日하여 도다이사(東大寺)에서 화엄종을 개창한 신라 승려 심상審祥이 처음 『화엄경』을 강설한 때가 서력기원 740년이며, 심상의 장서 중에 초서체로 쓰인 원효의 저술들이 있었다는 기록으로 보아, 현존하는 『판비량론』 필사본은 심상이 신라에서 가져와 740년 고묘 황후에게 기증한 것이라고 고바야시는 주장하였다.

고묘 황후는 이렇게 기증된 『판비량론』을 자신이 신설한 행정기관인 '자미중대紫味中臺'의 서고에 보관하였고, 1152년 장준藏俊이 『인명대소초因明大疏抄』를 저술할 때까지 근 400여 년간 『판비량론』은 온전하게 전승되었다. 그 28년 후 지쇼(治承) 4년(1180) 다이라노 기요모리(平淸盛)가 자신의 아들 시게히라(重衡)에게 명하여 나라(奈良)에 진격게 함으로써 도다이사와 고후쿠사(興福寺) 등이 불에 타자 그때까지 남도南都에 전해지고 있던 고문헌들은 대부분 소실되고 만다. 그러나 『판비량론』은 이런 화재와 병란과 도난을 면하고 지금까지 전해지고 있다. 다카하시 마사타카(高橋正隆)는 봉담鳳潭(1657~1738)이 『부상속입총목록扶桑續入總目錄』에서 『판비량론』을 남도에서 열람했던 사실을 기록하고 있기에 에도(江戶) 시대(1603~1867) 초기까지는 『판비량론』의 존재가 확인되었던 것으로 추정한다.

이렇게 근 천 년간 온전하게 보존되던 『판비량론』은 안타깝게도 에도 시대 말기에 호사가들에 의해 조각조각 나뉘어, 홍법弘法 대사의 초서체인 동사절東寺切로 분류되어 소장되거나 족자로 만들어져 산실되고 만다. 이즈음(1810)에 '〈회향게〉가 실린 단편'은 간송처사看松處土라는 사람에 의해 모각되어 보급된 바 있다.

『판비량론』 필사본 중 현존하는 것은 ① 마지막 '〈회향게〉가 실린 단편' 부분과 ② 1967년 간다 기이치로에 의해 영인본으로 출간된 '세 장짜리 단편', ③ 뒤이어 발견된 '11행짜리 단편', ④ 2004년에 공개된 오치아이 소장본, ⑤ 2017년 원효 탄신 1,400주년을 기념하여 개최된 전시회와 학술대회에서 공표된 4종의 단편들이다. 그중에서 『판비량론』의 일문逸文으로 가장 먼저 확인된 것은 ① '〈회향게〉가 실린 단편'이다. 이세야마다(伊世山田)의 미노와 가메야(箕曲龜哉)의 소장품이었다고 전하는 이 단편은 메이지(明治) 45년(1912)에 간행된 『서원書苑』 제7호에 영인되어 소개되었고, 곧이어 간행된 『대일본속장경大日本續藏經』에 수록된다. 그 후 자취를 감추었다가 1978년 11월 재발견되어 간다 기이치로에게 전달된다.

② '세 장짜리 단편'의 발견 경위는 다음과 같다. 간다 기이치로가 소장하고 있는 고문헌 중에 『논초論草』라는 이름이 붙은 '세 장짜리 단편'이 있었는데, 이는 그의 조부인 향엄거사香嚴居士가 메이지 20년경 입수한 것으로, 앞부분과 뒷부분이 망실된 단편이기에 경명을 모른 채 『논초』라는 이름으로 간다 일가의 다른 고사본들과 함께 보관되어 있었다. 다이쇼(大正) 8년(1919) 개최된 향엄거사 추모 다회茶會에서 『논초』가 공개된 적도 있었으나, 그때까지는 그것이 원효의 『판비량론』이라는 것을 아는 사람은 아무도 없었다. 그 후 50년쯤 지나, 간다 기이치로는 『논초』의 서체가 『서원』에 수록된 『판비량론』 단편의 서체와 동일하다는 점, 또 두 곳 모두 고묘 황후의 '내가사인內家私印' 도장이 찍혀 있다는 점에 근거하여 이 두 단편이 관계가 있다고 확신하게 된다. 그리고 '세 장짜리 단편'에 실린 제12절 전문이 『판비량론』이라는 제목으로 장준의 『인명대소초』에 인용되어 있다는 점이 후키하라 쇼신(富貴原章信)에 의해 확인됨으로써 이 단편이 그동안 산실된 저술로 알려졌던 원효의 『판비량론』임이 밝혀진다. 이어서 1967년 간다 기이치로는 '세 장짜리 필사본'과 '〈회향게〉가 실린 단편'의 영인본과 그에 대한 후키하라 쇼신의 연구 논문을 첨부한 100부 한정

판을 만들어 『우발라실총서優鉢羅室叢書』 제1책으로 출간한다. 1984년 4월 10일 간다 기이치로가 사망한 후, 같은 해 10월 유족들은 간다 소유의 장서, 즉 영고서옥佞古書屋의 전적들을 모두 오타니대학에 기증하는데, 『판비량론』 필사본 중 '세 장짜리 단편'과 '〈회향게〉가 실린 단편'이 이 가운데 포함되어 있다.

간다 기이치로의 영인본 출간 직후, 도쿄의 사카이 우키치(酒井宇吉)가 소장하고 있는 수감手鑑 중에 들어 있던 ③ 11행으로 된 한 장의 단편이 『판비량론』의 산일문임이 확인되었고 그 전문이 후키하라 쇼신에 의해 소개되었다.

그 후 『판비량론』에 대한 국내외의 연구는 자료적인 면에서 새로운 것이 없었는데, 2004년 11월에 일본의 국학연구자료관에서 열린 '고필古筆과 화가和歌'라는 주제의 특별전과 함께 개최된 심포지엄의 자료집 「고필절연구古筆切研究의 현재」에 ④ 오치아이 히로시가 소장하고 있던 『판비량론』의 단편이 소개되었고, 이듬해인 2005년 이 자료집이 『古筆への誘い(고필에의 유혹)』이라는 책으로 묶여 출간되었다.

2017년 원효 탄신 1,400주년을 기념하여 동국대학교 불교문화연구원 HK연구단이 가나자와문고(金澤文庫)와 공동으로 일본 요코하마의 가나자와문고에서 '안녕하세요! 원효 법사 — 일본이 바라본 신라와 고려의 불교(アンニョンハセヨ! 元曉法師—日本がみつめた新羅・高麗佛敎—)'라는 제목의 전시회(2017. 6. 23~8. 20)와 학술대회(6. 24)를 개최하면서 『판비량론』 필사본의 새로운 단편 네 가지가 세상에 선을 보였으며, 그 소장자 또는 소장처의 이름을 따서 '고토(五島)미술관 소장본', '바이케이(梅溪) 구장본', '미쓰이(三井)기념미술관 소장본' 그리고 '도쿄국립박물관 소장본'이라 불린다. 이들의 사본 모두 전시회를 위해 가나자와문고에서 발간한 도록에 실려 있다.

2) 필사본의 규격과 분량

후키하라 쇼신의 조사에 따르면, 현존하는 『판비량론』 중 두루마리로 되어 있는 간다 기이치로 소장의 '세 장짜리 필사본'은 다음과 같은 규격의 다비지茶毘紙 세 장을 잇대어 만든 것이다.

제1장 : 가로 55.6cm × 세로 27.4cm
제2장 : 가로 56cm × 세로 27.4cm
제3장 : 가로 56cm × 세로 27.4cm
(두 곳의 이음매 : 가로 0.3cm × 세로 27.4cm)

이 '세 장짜리 필사본'에는 『판비량론』의 제7절~제14절이 실려 있는데, 제7절은 전반부가 결손이고, 제14절은 후반부가 망실되어 있다. 제8절에서 제13절까지 총 6절은 온전히 남아 있는데 각 절의 행수는 다음과 같다.

제7절 : 8행(전반부 망실)   제8절 : 14행
제9절 : 9행   제10절 : 20행
제11절 : 26행   제12절 : 9행
제13절 : 12행   제14절 : 7행(후반부 망실)

여기서 세 장 모두 합하여 105행의 글이 쓰여 있으며 '각 장은 35행'인데, 정창원문서正倉院文書에 『판비량론』의 매수가 총 25장이라고 기록되어 있기에, 전체는 대략 875행(=35행×25장) 정도의 분량이었을 것으로 계산된다. 그런데 온전히 남아 있는 제8절에서 제13절까지의 6절은 총 90행으로 이루어져 있기에 한 절의 길이는 평균 15행(=90행÷6절)으로 계산되며, 이에 근거할 때 『판비량론』 전체의 분량은 원래 58절(875÷15=58.3) 정

도였을 것으로 추정된다.

　오치아이 소장 『판비량론』 필사본은 총 9행으로 이루어진 낱장인데, 구카이(空海, 774~835)의 초서체 글씨인 '동사절東寺切'이라고 잘못 알려져 왔다. 이 필사본의 필적을 감정한 긴장(琴山) 고히츠 료이(古筆了意, 1751~1834)는 감정 증명서에 이 필사본의 제목을 '홍법대사弘法大師 진나보살陳那菩薩'이라 적었고, 이를 확인하는 표시로 '긴장(琴山)'이라는 자신의 별호가 새겨진 도장을 찍어 놓았다. 구카이의 별호인 '홍법대사'와 이 필사본 시작부의 첫 어구語句인 '진나보살'을 제목으로 삼은 것이다. 뒷장에는 고묘 황후의 소유물 표지인 내가사인의 붉은색 도장 자국이 있는데, 전부가 아니라 반 정도만 찍힌 간인間印 자국이다. 또 전체 문장은 총 9행으로 이루어져 있다. 간다 기이치로 소장본과 재질이 같고 종이의 세로 길이(27.1cm) 역시 그와 크게 다르지 않지만, 가로 길이는 21.3cm로 그 절반도 안 된다. 왜냐하면 이 필사본은 서로 다른 필사본 조각 두 장을 이어 붙여서 만들어진 것이기 때문이다. 총 9행 가운데 제5행과 제6행 사이의 종이가 끊어져 있으며, 문맥도 이어지지 않는다. 앞부분의 5행은 "六 陳那菩薩……"로 시작하여 『판비량론』 제6절의 전반부임을 알 수 있고, 뒷부분의 4행은 왼쪽 맨 아래에 "……七量"이라고 적혀 있어 이와 다른 어떤 절의 후반부에 해당한다.

　2017년 새롭게 알려진 필사본들 가운데 바이케이 구장본과 도쿄국립박물관 소장본의 경우 각각 5행 분량의 낱장들이지만, 고토미술관 소장본은 5행짜리와 2행짜리 단편 두 조각을 이어 붙인 것이고, 미쓰이기념미술관 소장본도 10행짜리와 5행짜리 단편 두 조각을 이어 붙인 것이다. 이 네 가지 필사본의 지질紙質과 필체 모두 이전에 발견된 것들과 동일하다.

3. 내용과 성격

1) 각 절의 내용 요약

■ 필사본에 실린 부분

(1) 제7절의 후반부 : 정토는 드러나지 않는다는 조망에 대한 논파

2017년 새롭게 알려진 '고토미술관 소장본' 가운데 정토교와 관련된 두 줄의 문장은 기존의 제7절 단편으로 이어지는 바로 앞부분에 해당한다. 제7절의 서두에는 "정토의 가르침은 올바른 이치를 드러낼 수 없다."라는 주장이 실린 논적의 삼지작법이 제시되어 있었을 것으로 추정되는데, 앞부분이 잘려 나간 '고토미술관 소장본'에서 원효는 이를 상위결정의 부정인에 빠뜨리는 "정토의 가르침은 올바른 이치를 드러낼 수 있다."라는 주장을 담은 추론식을 제시한다. 이어서 원효는 '드러나지 않는 정토'라는 말에서 딜레마를 지적하여 그 말의 타당성을 비판한다. 즉 "정토는 드러나지 않는다."라는 말에서 정토라는 이름이 정토 자체에 대해 거론한 것이라면 자가당착에 빠지게 되고, 정토 그 자체에 대해 거론한 것이 아니라면 다른 학파의 주장을 비판할 수 없다는 것이다.

(2) 제8절 : 호법護法의 '식識의 사분설四分說'에 대한 원효의 비판

인도에서 돌아와 세친世親(Vasubandhu)의 『유식삼십송唯識三十頌』에 대한 10대 논사의 주석들 각각을 모두 번역하려던 현장은, 제자 규기의 건의를 받아들여 호법의 유식학을 중심으로 삼고 다른 논사들의 견해는 부분적으로 소개하는 방식으로 『성유식론成唯識論』을 편역한다. 그런데 유식의

교리 중 각 논사의 견해가 갈리는 것으로 '식의 사분설四分說'이라는 것이 있다. 예부터 '안난진호安難陳護 일이삼사一二三四'라고 암기하는 데서 알 수 있듯이, 안혜安慧는 식識이 자증분自證分 하나로 이루어졌다는 일분설一分說을 주장하였고, 난타難陀는 견분見分과 상분相分의 이분설二分說, 인명논사因明論師이기도 했던 진나는 자증분과 견분과 상분의 삼분설三分說, 그리고 호법護法은 이런 삼분에 증자증분證自證分을 추가한 사분설을 주장하였다. 『판비량론』 제8절에서 원효는 이 중 호법의 사분설을 비판한다. 원효는 『성유식론』에서 '식의 사분설을 증명하는 추론식'을 추출해 낸 후 이것이 '동품유同品有, 이품유異品有'의 공부정인共不定因의 오류에 빠져 있음을 지적한다.

(3) 제9절 : 제8식의 존재 증명

제9절에서 원효는 현장이 번역한 무성無性의 『섭대승론석攝大乘論釋』에서 다음과 같은 두 개의 추론식을 추출해 낸다.

(주장) 팔식八識의 가르침은 성언聖言에 포함된다.
(이유) 무아無我의 가르침과 유사하기 때문에.
(실례) 마치 사아함四阿含과 같이.

(주장) 팔식의 가르침은 도리에 부합된다.
(이유) 성교聖敎이기 때문에.
(실례) 마치 육식의 가르침과 같이.

이 두 추론식은 모두 제8 아뢰야식이 불법임을 논증하고 있는데, 이에 대해 원효가 직접 비판하고 있지는 않지만, 주장명제의 주어인 팔식의 가르침이 소승 측에 의해 인정되지 않기에 이 두 추론식 모두 주장의 오류 (似立宗) 중 하나인 '소별불극성所別不極成의 오류'를 범하고 만다. 그래서 원효는 논리적 오류를 범하지 않으면서 제8식의 존재를 증명하는 추론식을 다음과 같이 고안한다.

(주장) 안이비식眼耳鼻識은 설신의식舌身意識에 포함되지 않는 별도의 식체識體를 필요로 한다.
(이유) 삼육문三六門 중의 삼식三識에 포함되기 때문에.
(실례) 마치 설신의식舌身意識과 같이.

여기서 말하는 삼육문三六門은 '육육법문六六法門' 중 세 번째 법문인 '육식신六識身'을 의미한다. 원효가 고안한 이 추론식은 논리적 오류를 범하지 않으면서 제8식의 존재를 증명하는 듯하다. 이어서 원효는 이 추론식의 인因을 '전식轉識에 포함되기 때문에'나 '식성識性이기 때문에'로 바꾸었을 경우 부정인의 오류를 범한다는 점을 지적하면서 논의를 끝낸다.

(4) 제10절 : 아뢰야식의 구유소의俱有所依와 구유소의근俱有所依根에 대한 원효의 비판

『판비량론』 제10절에서 논의되고 있는 내용은 크게 두 부분으로 나뉜다. 첫째는 아뢰야식이 구유소의(공존하는 의지처)를 갖는다는 『성유식론』의 진술에 대한 원효의 비판과 그를 둘러싸고 벌어질 수 있는 논쟁에 대한 것이고, 둘째는 전6식은 물론이고 제7 말나식과 제8 아뢰야식을 포함한 모든 심心과 심소心所는 구유근(공존하는 의지처로서의 지각기관)을 갖는다는 『성유식론』의 진술에 대한 원효의 비판과 논쟁에 대한 것이다.

(5) 제11절 : 구구인九句因 중 제5구인이 부정인임을 논증함

『인명입정리론』에서는 네 가지 공부정인 이외에 제5구인과 상위결정인 두 가지를 부정인에 포함시킨다. 그러나 진나 이전의 고인명사古因明師들은 네 가지 공부정인만 부정인으로 취급하고 제5구인과 상위결정은 부정인이 아닌 것으로 간주하였다. 『판비량론』 제11절에서는 이 중 제5구인이 부정인인 이유에 대해 논의한다.

(6) 제12절 : 상위결정인相違決定因이 부정인임을 논증함

원효는 『판비량론』 제12절에서 상위결정의 인이 정인도 아니고, 상위인도 아니고 불성인도 아님을 하나하나 논증한 다음에 이를 종합하여 다음과 같은 추론식을 제시함으로써 상위결정의 인이 부정인임을 논증한다.

(주장) 이와 같은 두 가지 인서은 부정인에 포함된다.
(이유) 정인도 아니고 상위인도 아니고 불성인도 아니기에.
(실례) 마치 다른 다섯 가지의 부정인과 같이.

현대 논리학에서는 이와 같은 방식의 추론을 '소거법消去法'이라고 부른다.

(7) 제13절 : 오성각별설五性各別說 비판에 대한 원효의 재비판

유식학에서는 성불의 가능성과 관련하여 인간의 유형을 성문정성聲聞定性, 독각정성獨覺定性, 보살정성菩薩定性, 부정정성不定定性, 무유정성無有定性의 다섯 가지 종성種性으로 구분한다. 『판비량론』 제13절을 통해 원효는 "다섯 종성 모두가 성불 가능하다."는 주장이 담긴 오성평등론자五性平

等論者의 추론식 두 가지를 논파하고 있다. 먼저, "마음이 있는 중생은 모두 성불한다."는 『대반열반경』의 경문에 근거하여 오성평등론자가 추론식을 제시하자 원효는 '마음이 있지만 성불하지 않는 부처'의 실례를 들어 그 추론식에서 공부정인共不定因의 오류를 지적한다. 그러자 오성평등론자는 자신이 제시한 추론식 중의 인因이란 '아직 성불하지 않은 유정 중 마음을 가진 자'를 의미한다고 변명한다. 그러나 원효는 '결정이승決定二乘'의 실례를 들어 이 역시 공부정인의 오류를 범한다고 지적한다. 이어서 오성평등론자는 '아직 성불하지 못한 유정에 속하기 때문에'라는 인을 갖는 새로운 추론식을 제시한다. 그러나 원효는 이 추론식이 상위결정의 부정인의 오류를 범할 뿐만 아니라, 비량상위比量相違의 과실을 갖는다고 지적한다.

(8) 제14절 전반 : 아집과 법집에 대한 논파와 관계된 논의

제14절의 잔존부 대부분은 『성유식론』의 인용구이다. 여기서 원효는 『성유식론』에 기술된 추론식 중 아집을 논파하는 것 두 가지와 법집을 논파하는 것 두 가지를 인용한 후, 이에 토대를 둔 다음과 같은 추론식을 기술한다.

(주장) 제8식을 대상으로 삼는 갖가지 견해들은 아뢰야식의 상분相分을 대상으로 삼은 것이 아니다.
(이유) 대상이 있기 때문이다.
(실례) 마치 다른 것을 대상으로 삼는 마음과 같이.

제14절의 이어지는 논의에서 이 추론식의 타당성이 비판되었을 것 같지만, 논의가 여기에서 그치기에 원효의 의도가 무엇이었는지 알 수가 없다.

(9) 사카이 우키치 소장본(11행) : '쌍근雙根의 경우 유類는 같으나 상相은 다르다'는 이론에 대해 비판

세친의 『아비달마구사론阿毘達磨俱舍論』이나 중현衆賢(5세기경)의 『아비달마순정리론阿毘達磨順正理論』의 논의와 관계가 있는 듯하다. 이 두 논서에는 안근이나 이근이나 비근의 경우 신근이나 설근과 달리 한 쌍으로 이루어져 있기에 각각 두 개의 계界로 계산되어야 할 텐데 그렇지 않은 이유에 대한 설명이 실려 있는데, 이 필사본에서 원효는 이에 대한 중현의 변명을 비판하는 세 가지 추론식을 소개한다. 그리고 이어서 색처色處에 대한 대승 유식학적 조망을 비판하는 소승논사의 추론식을 재비판하면서 논의를 마친다.

(10) 오치아이 히로시 소장본(9행)-두 조각을 이어 붙인 것

전반부(5행) : 불교 인명학에서 인정하는 인식 수단의 종류에 대한 논의.
오치아이 소장본에서 5행으로 이루어진 앞부분은 올바른 인식 수단의 종류에 대한 것이다. 불교논리학의 창시자인 진나는 인식 수단은 오직 현량現量과 비량比量의 두 가지뿐이며 성언량聖言量 등 다른 인식 수단들은 비량에 포함된다고 주장하였다. 원효는 이런 진나의 주장을 비판하기 위해 논적인 외도外道가 고안할 수 있는 추론식 두 가지를 제시한 후, 외도의 추론식에 사용된 '비량'의 범위에 대해 묻는다. 단편은 여기에서 끝나지만, 이어지는 부분에는 원효가 진나를 옹호하면서 외도를 비판하는 내용이 실려 있었을 것으로 짐작된다.
후반부(4행) : 설일체유부의 삼세실유설과 관계된 논의.
4행으로 이루어진 뒷부분의 경우 전반부가 망실되어 그 주제가 무엇이었는지 정확히 알 수는 없지만, '증당실유曾當實有'나 '거래실유去來實有' 등

의 문구가 사용된 것으로 보아 경량부 세친의 『아비달마구사론』에서 설일체유부 중현의 『아비달마순정리론』으로 이어졌던 삼세실유설 논쟁과 관계된 내용으로 짐작되는데, 원효는 이 논쟁에 개입하여 승부를 가른다.

(11) 고토(五島)미술관 소장본(7행)-두 조각을 이어 붙인 것

전반부(5행) : 유식비량과 관계된 단편.
이는 선주의 『인명론소명등초』에 인용된 부분으로, 이에 대한 설명은 아래의 '다른 저술에 인용된 부분' 가운데 '유식비량을 상위결정의 오류에 빠뜨림'으로 미룬다.
후반부(2행) : 정토에 대해 논의하는 제7절로 이어지는 단편.
이에 대해서는 상기한 제7절에서 함께 해설하였다.

(12) 바이케이(梅溪) 구장본(5행)

현장의 유식비량을 상위결정의 오류에 빠뜨리기 위해 원효가 고안했던 추론식에 대한 문궤文軌의 비판이 소개되어 있다. 문궤는 상위결정의 종류를 4종으로 구분하면서, 원효의 추론식이 "부정구不定句로 정구定句를 논파하는" '사이비 논파(似破)'라고 비판한 바 있다. 즉 현장이 고안한 유식비량은 확고한 추론식인데 원효는 확고하지 않은 추론식으로 이를 논파하기에 옳지 않다는 것인데, 바이케이 구장본에는 문궤의 이런 비판에 대한 근거가 소개되어 있다. 『판비량론』에서 이를 인용하는 것으로 보아 문궤의 비판에 대한 원효의 반박이 이어졌을 것으로 짐작되지만, 이 이상의 논의는 전하지 않는다.

(13) 미쓰이(三井)기념미술관 소장본(15행)-두 조각을 이어 붙인 것

전반부(10행) : 내식內識과 외경外境을 비판하는 비량의 역할에 대한 논의. 이 단편은 외경의 실재성에 대한 인명학과 유식학의 교리적 상충을 정리하는 논의 가운데 일부일 것으로 추정된다.『인명정리문론因明正理門論』(T32, 8c)에서는 현량에 대해 정의하면서 "색 등의 대상(境)에 대한 앎이 있는 경우, 온갖 종류의 말(名言)에서 벗어난다(離)."라고 쓰고 있다. 여기서 말하는 '색 등의 대상'은 외경이며, 자상自相으로서 실재한다. 그러나 유식학에 따르면 이런 외경은 식識이 변한 것이며 실재하지 않아야 한다. 본 단편 서두의 '말에서 벗어난 외경(離言外境)'은 현량의 대상인 외경을 의미한다. 원효는 이런 상충을 지적한 후, 외경의 존재를 주장하는 비량이나, '현량에 의한 주장(離言宗)'을 비판하는 비량은 성립할 수 없지만, 내식이든 외경이든 그 존재를 비판(能破)하는 역할을 할 경우 비량은 공능을 갖는다고 설명한다.

후반부(5행) : 추론식의 인因에 부가한 단서에 대한 논의.

『대승광백론석론大乘廣百論釋論』에 실린 추론식을 예로 들면서, 삼지작법의 추론식을 고안할 경우 인因에 '자파에서 인정하는(自許)' 또는 '타파에서 인정하는(他許)'과 같은 단서를 붙이면 자파불성이나 타파불성의 오류에서 벗어날 수 있다고 설명한다.

(14) 도쿄국립박물관 소장본(5행)

극히 일부만 남아 있을 뿐만 아니라, 3분의 2 정도가『인명정리문론』의 인용이기에 이 단편이 속한 절節 전체의 내용이 무엇이었을지 추정하기가 쉽지 않다. '토론하는 양측 모두 인정하며 오류도 없는 추론식'에 대한 설명이 이 단편의 앞에 실려 있었을 것으로 추정된다. 이어서 이 단편에

서 보듯이 '양측 모두 인정하는 것은 아니지만 오류가 없는 추론식'에 대해 설명한 후, 이 두 가지 추론식을 구별하는 기준으로 "무엇을 주장하는 (能立) 추론식이나 남을 비판하는(能破) 추론식이 올바른 것이려면, 토론하는 쌍방이 모두 인정하며 확고한 말로 이루어져 있는 것이어야 한다."라는『인명정리문론』의 설명을 제시한다. 이어서 '타他의 배제'를 통한 '개념지의 발생'을 노래하는『인명정리문론』의 게송을 인용한다.

■ 다른 저술에 인용된 부분

(1) 유식비량을 상위결정의 오류에 빠뜨림

현장이 인도에 머물고 있을 때 계일왕戒日王이 개최했던 무차대회에서 다음과 같이 만법유식의 교리를 입증하는 추론식을 고안하여 공표한 바 있다.

(주장) 승의勝義에 의거할 때, '양측 모두 인정하는(極成)' 색은 안식을 벗어나 있지 않다.
(이유) '우리 측에서 인정하는(自許)' 초삼初三에 포함되면서 안근眼根에는 포함되지 않기 때문에.
(실례) 마치 안식眼識과 같이.

이를 유식비량이라고 부르는데 여기서 '양측'은 논쟁의 당사자인 대승과 소승의 양측을 의미하며, '우리 측'은 '대승 측'을 의미하고, '초삼'은 십팔계 가운데 처음의 세 가지인 '안계, 색계, 안식계'를 의미한다. 추론식이 오류를 범하지 않도록 이런 단서들을 삽입한 것이다. 그런데 당시 인도에서 아무도 이 추론식에서 논리적 오류를 찾지 못하였다고 한다. 이를 접한 원효는 소승불교도의 입장에서 다음과 같이 상반된 주장을 담은 추론식을 작성할 수 있다는 점을 지적함으로써 현장의 유식비량을 논리적 오류에 빠뜨린다.

(주장) 승의에 의거할 때, 양측 모두 인정하는 색은 반드시 안식에서 벗어난 것이다.
(이유) 우리 측에서 인정하는 초삼에 포함되면서 안식에는 포함되지 않기 때문에.
(실례) 마치 안근과 같이.

이 추론식 역시 논리적 오류를 범하지 않지만 그 내용은 유식비량과 상반된다. 진나의 인명학에서는 이런 논리적 오류를 상위결정相違決定이라고 부른다. 상위결정이란 논리적으로는 문제가 없지만(決定) 그 내용이 상반된(相違) 두 가지 추론식을 모두 작성할 수 있을 때 발생하는 이율배반(antinomy)의 오류이다. 원효의 이런 비판이 당에 알려졌을 때는 현장이 사망한 후였기에, 현장의 제자 규기가 원효의 비판을 반박하였고, 이에 대해 다시 원효가 비판하는 방식으로 논쟁이 이어졌으며, 동아시아 학승들의 저술 여러 곳에서 그 단편들이 발견된다.

(2) **승군비량**勝軍比量에 대한 현장의 비판과 원효의 개작改作 : 다른 저술에 인용된 부분

승군비량과 관계된 『판비량론』의 논의는 '대승 불설佛說의 증명'과 관계된다. 인도에서 현장에게 인명학을 가르쳤던 승군은 대승이 불설임을 증명할 수 있는 다음과 같은 교증敎證의 추론식을 고안하였다.

(주장) 대승경전들은 모두 불설이다.
(이유) 양측 모두 인정하는 '부처님 말씀이 아닌 것'에 포함되지 않기 때문에.
(실례) 마치 『증일아함경』 등과 같이.

현장은 이 추론식에서 공부정인共不定因의 오류가 발생한다고 비판하며, 이를 개량한 다음과 같은 추론식을 고안하였다.

(주장) 대승경전들은 모두 불설이다.
(이유) '우리 측에서 인정하는(自許)' '부처님 말씀이 아닌 것'에 포함되지 않기 때문에.
(실례) 마치 『증일아함경』 등과 같이.

원효는 이렇게 현장이 개량한 교증의 추론식은 상위결정의 오류를 범할 뿐만 아니라, 추론식 자체도 부정인의 오류를 범한다고 비판한 후 다음과 같이 대승불설을 증명하는 이증理證의 추론식을 고안한다.

(주장) 대승경전들은 올바른 이치에 부합된다.
(이유) 양측 모두 인정하는 '부처님 말씀이 아닌 것'에 포함되지 않는 가르침(敎)이기 때문에.
(실례) 마치 『증일아함경』 등과 같이.

원효가 보기에 대승의 가치는 부처의 직설直說 여부가 아니라, 그 가르침이 올바른 이치라는 점에 있다고 보았다. 아울러 원효는 『성유식론』에서 대승불설을 증명하는 추론식을 추출한 후 이를 상위결정의 오류에 빠뜨리기도 한다.

(3) 그 밖에 다른 저술에 인용된 한 줄 내외의 문장

"유위법에 실체가 없다."는 점을 논증하는 "『광백론廣百論』에 실린 호법의 비량과 『장진론掌珍論』에 실린 청변淸辯의 비량이 다른 것이 아니다."라고 설명하는 한 줄 분량의 문장, "상위결정의 오류는 다중적多重的이지 않다."는 문장, "진여眞如와 진지眞智는 능能과 소所를 벗어났기에 인식 수단이 미칠 바가 아니다."라는 문장, "보신불은 마치 법신과 같이 온갖 재난에서 벗어났기에 상주한다."는 문장 등이 있다.

2) 성격

현존하는 『판비량론』 단편 가운데 분량이 가장 많은 '간다 소장본'의 경우 제7절에서는 정토를 논의의 소재로 삼았고, 제8, 9, 10절의 소재는 유식학의 교리였으며, 제11절과 제12절에서 인명학의 난제로 소재가 바뀌었다가, 제13, 14절에서는 다시 유식학의 교리에 대해 논의한다. 즉 각 절들이 소재별로 함께 묶여 있지 않았다. 오치아이 소장본의 앞부분인 제6절의 경우 인명학의 문제를 다루기는 하지만 소재가 동일한 제11, 12장에서 멀리 배치되어 있기에 원효가 『판비량론』을 저술하면서 각 절의 순서에 큰 의미를 부여하지 않았다는 점을 알 수 있다. 기존의 『판비량론』 단편들 가운데 '사카이 소장본'에 아비달마교학과 관계된 논의가 실려 있었는데, '오치아이 소장본'의 뒷부분에서도 설일체유부의 삼세실유설을 소재로 삼아 논의를 벌인다는 점에서 유식·인명과 아울러 아비달마의 여러 문제들이 『판비량론』의 큰 주제 가운데 하나였다는 점 역시 확인된다. 2017년 새로 발견된 네 가지 단편들의 경우도 그 주제는 이 범위에서 벗어나지 않는다.

고려 숙종이 내린 대성화쟁국사大聖和諍國師라는 시호에서 볼 수 있듯이

일반적으로 원효를 화쟁의 사상가로 평한다. 그러나 『판비량론』에서 우리는 치열한 논쟁가論爭家로서의 원효를 만난다. 『판비량론』의 원효는 현장이 고안한 추론식이나 현장이 번역한 불전에 실린 추론식에 대해 비판적으로 검토한다. 원효의 『판비량론』은 칸트(Kant)의 『순수이성비판』과 흡사하다. 『판비량론』 도처에서 상위결정의 오류를 활용하여 다양한 추론적 사고의 이율배반적 성격을 지적하고 있기 때문이다. 그러나 제9절에서 '제8식의 존재를 증명하는 추론식'을 원효 스스로 구성한 점, 제11절과 제12절에서 추론식을 사용하여 부정인에 대한 논란을 해결하고 있는 점 등으로 미루어 볼 때, 『판비량론』은 '추론함' 그 자체를 비판하기 위해 저술된 것이 아니라 유식·인명·아비달마 등에서 발견되는 '잘못된 추론'을 비판하고 '올바른 추론'을 제시하기 위해 저술된 것으로 보아야 할 것이다.

4. 가치

『판비량론』은 현장이 번역한 『인명입정리론』의 오류 이론에 근거하여 추론식을 고안하고, 그 타당성을 논의하는 독특한 저술이다. 물론 이런 작업을 처음 시작한 인물은 현장이었다. 현장은 인도 유학 시절 만법유식을 증명하는 유식비량을 고안하고 대승불설을 증명하는 승군비량을 개량하였는데, 이때 사용한 방법은 추론식의 주장명제와 이유명제에 '양측 모두 인정하는(極成)'이라든지 '우리 측이 인정하는(自許)'이라는 단서를 다는 것이었다. 그리고 이렇게 단서를 다는 방식은 인도 중관학中觀學 자립논증파自立論證派의 시조 청변淸辯(490~570년경)의 저술에 기원을 둔다. 원효는 청변에서 현장으로 이어지는 이러한 방식을 일부 수용하면서 자신만의 독특한 방식을 창안하여 불교학의 난제들을 해결하는 절묘한 추론식들을 고안한다. 예를 들어 제12절에서는 현대 논리학에서 말하는 '소거

법'을 사용하여 상위결정의 인因이 부정인임을 논증하는데, 이는 그때까지 인도나 중국의 불교논리학 문헌 어디에서도 거론되지 않던 방법이었다. 또 제9절에서 제8 아뢰야식의 존재를 증명하기 위해 '안이비설신의眼耳鼻舌身意'의 육식六識을 '안이비'의 전前 3식과 '설신의'의 후後 3식으로 구분하는 것 역시 원효의 독특한 고안인데 전자는 객관, 후자는 주관의 관념을 일으키기에 이런 구분은 타당하다. 또 제11절을 보면 우리는 '만인萬人의 적敵'이라는 원효의 별칭을 실감한다. 진나의 구구인九句因 가운데 동품무同品無, 이품무異品無의 추론식이 부정인不定因인 이유에 대해서『인명정리문론』에서 '일향리一向離'이기 때문이라고 설명하는데, 규기를 포함한 현장의 제자 모두 이를 '인因의 삼상三相 가운데 일상一相이 결여되어 있음'이라고 해석하였다. 그러나 원효는 그들의 해석에서 논리적 오류를 지적하면서 '일향리'는 '모두 똑같이 불공임(皆同不共)'이라고 풀이해야 한다고 주장하였고, 현대 불교학의 안목에서 볼 때 원효의 해석이 옳았다. 이렇게『판비량론』에서 우리는 비판적이고 논리적인 원효를 만나게 되며, 일반적으로 '화쟁' 또는 '회통'이라고 평하는 원효의 사상에 대해 더 정확하고 심도 있게 이해하기 위해서『판비량론』은 소중한 저술이 아닐 수 없다.

5. 참고 문헌

김성철,『원효의 판비량론 기초 연구』(서울 : 지식산업사, 2003).
_____,「오치아이 소장『판비량론』필사본의 교정과 분석」,『불교학보』제74집(서울 : 동국대학교 불교문화연구원, 2016).
_____,「『판비량론』신출 필사본의 해독과 유식비량 관련 단편의 의미 분석」,『한국불교학』제84집(서울 : 한국불교학회, 2017).
김영석,「원효『판비량론』의 새로운 발굴 - 고토미술관 및 미츠이기념미술관 소장본을 중심으로」,『한국불교문헌의 정본화와 확장성』, 동국대학교 2017년 추계국제학술대회 자료집(서울 : 동국대학교 불교학술원 ABC사업단 외, 2017).

岡本一平,「新出資料 梅溪 舊藏本·元曉撰『判比量論』斷簡에 대하여」, (학술대회 발제문, 2017).

髙橋正隆,「本朝目錄史考―紫微中台遺品『判比量論』の研究―」,『大谷大學硏究年報』第38号(京都 : 大谷大學校, 1985).

富貴原章信,「判比量論の研究」, 神田喜一朗 編,『判比量論』(京都 : 便利堂, 1967).

長崎法潤,「元曉大師と因明について : 判比量論」,『元曉研究論叢』, 國土統一院調査研究室 編(1987).

차례

판비량론判比量論 해제 / 171
일러두기 / 199

제1편 간다 기이치로(神田喜一郎) 소장본
1. 제7절 : 정토의 체는 드러나지 않는다는 조망에 대한 비판 201
2. 제8절 : 호법의 '식識의 사분설'에 대한 원효의 비판 202
3. 제9절 : 제8식의 존재 증명 205
4. 제10절 : 아뢰야식의 구유소의와 구유소의근에 대한 원효의 비판 207
5. 제11절 : 구구인九句因 중 제5구인이 부정인임을 논증함 210
6. 제12절 : 상위결정인이 부정인임을 논증함 215
7. 제13절 : 오성각별설 비판에 대한 원효의 재비판 217
8. 제14절 : 아집·법집에 대한 논파와 관계된 논의 220

제2편 사카이 우키치(酒井宇吉) 소장본
1. 쌍근雙根은 유類는 같으나 상相은 다르다는 설에 대한 논파 222

제3편 〈회향게廻向偈〉가 실린 필사본
1. 〈회향게〉와 원효의 지어識語 225

제4편 오치아이 히로시(落合博志) 소장본
1. 앞부분 : 진나陳那의 현비이량설現比二量說에 대한 외도의 비판과 관련된 논의 226
2. 뒷부분 : 삼세실유설三世實有說을 둘러싼 설일체유부와 경량부의 논쟁과 관련된 논의
   227

제5편 고토(五島)미술관 소장본
1. 앞부분 : 유식비량唯識比量과 관계된 단편 229
2. 뒷부분 : 정토에 대해 논의하는 기존의 제7장으로 이어지는 단편 229

제6편 바이케이(梅溪) 구장본舊藏本
1. 유식비량을 상위결정의 오류에 빠뜨리는 원효의 추론식과 그에 대한 문궤의 비판
.... 231

제7편 미쓰이(三井)기념미술관 소장본
1. 앞부분 : 비량의 역할에 대한 논의 233
2. 뒷부분 : 추론식의 인因에 부가한 단서에 대한 논의 235

제8편 도쿄(東京)국립박물관 소장본
1. 올바른 위타비량爲他比量의 조건과 개념지의 발생 236

제9편 동아시아 불교 문헌에 인용된 부분
1. 만법유식을 논증하는 유식비량唯識比量과 관계된 단편 238
2. 대승불설을 논증하는 승군비량勝軍比量과 관계된 단편 246
3. 그 밖의 단편들 249

찾아보기 / 252

일러두기

1. '한글본 한국불교전서'는 문화체육관광부의 지원을 받아 동국대학교 불교학술원에서 수행하고 있는 '불교기록문화유산아카이브(ABC)사업'의 결과물을 출간한 것이다.
2. 이 책은 『한국불교전서』(동국대학교출판부 간행) 제1책에 수록된 『판비량론判比量論』를 저본으로 삼고, 일본에서 발견된 이 문헌의 몇 가지 단편들을 함께 정리하여 번역하였다. 각 단편들에 대한 자세한 사항은 해제에서 서술하였다.
3. 번역문에 이어 원문을 병기하고 간단한 표점 부호를 삽입하였다.
4. 원문의 교감 사항은 번역문의 각주와 별도로 원문 아래 부분에 제시하였다.
   ㉮은 『한국불교전서』 편찬자가 교감한 내용이다.
   ㉯은 번역자가 교감한 내용이다.
5. 약물은 다음과 같다.
   『　』: 서명
   「　」: 편명, 산문 작품
   T : 『대정신수대장경』
   X : 『만속장경』

제1편 간다 기이치로(神田喜一郞) 소장본[1]

1. 제7절 : 정토의 체는 드러나지 않는다는 조망에 대한 비판[2]

(……설혹 이 인因에 부)[3]정(인)의 허물이 있(음을 찾아내)어도 능히 그것을 논파할 수 있다. 동등한 비판에 빠지기 때문이다. 또 반드시 다음과 같이 물어야 한다. 그대가 말하는 '드러나지 않는 정토'라는 말에서, 정토라는 이름은 (①) 정토 그 자체에 대해 거론하고 있는가, (②) 거론하고 있지 않은가? (③) 만일 (정토 그 자체에 대해) 거론하고 있는 것이라면, 자기 (학파의) 주장에 위배된다. 정토에 대한 (그대의) 그런 가르침에서는 능히 정토를 '드러내고' 있기 때문이다. (④) 만일 (정토 그 자체에 대해) 거론하는 것이 아니라면, 다른 (학파의) 주장에 위배되지 않는다. '드러나지 않는다'는 말이 정토를 부정하는 것이 아니기 때문이다. 이런 두 가지(①, ②)와 두 가지(③, ④)의 관문關門에 대해 마음으로 판별해 보아 그 뜻이 앞쪽(①, ③)에 있다면, (지금 고찰해 보았듯이) 자어상위自語相違의 오류[4]에 떨어지게 된다. 만일 그런 궁지에서 벗어나기 위해 "정토라는 이런

---

[1] 현재는 일본의 오타니(大谷)대학에서 소장하고 있다.
[2] 2017년 새로 출현한 『判比量論』 필사본 가운데 '고토(五島)미술관 소장본'의 뒷부분에 이어지는 내용이다.
[3] 괄호 속의 문장은 고토미술관 소장본의 마지막 부분에 해당한다.
[4] 자어상위自語相違의 오류 : 불교인식논리학의 오류론 중에서 '잘못 내세운 주장(似立宗)' 가운데 하나로, '자기 말에 모순되는 주장을 내세우는 오류'이다. 예를 들어 "나의 어머니는 그 석녀이다.(我母是其石女)"라고 하는 것과 같다. 『因明入正理論』 권1(T32, 11c).

• 201

이름은 정토 그 자체를 거론하는 것이기는 하지만, 이 이름은 정토의 가르침에 들어가지 않기에 자어상위의 과실이 없다."라고 말한다면, 바로 이런 이름으로 인해 역시 부정不定을 이루고 만다. 이와 같이 나아가든 물러서든 모두 이치에 맞지 않다.【(이상) 두 가지 양량[5]】

(……設求此因。有不)定過。亦能破彼。是等難故。又應定問。汝言非顯淨土言中。淨土之惠[1] 爲擧淨土之體。爲不擧耶。若言擧者。則違自宗。此淨土教。能顯淨土故。若不擧者。不違他宗。非顯之言。不遮淨土故。於此。當當開心[2]辨彼。意在前則。墮自語相違過失。若彼救言。此淨土欠。[3] 擧淨土體問[4]之欠[5]不入淨土之教。故無自語相違過者。則以此惠[6]亦成不定。如是進退皆不應理。【二量】

1) ㉮ '惠'는 '慧'와 통용한다. 이하 동일하다. ㉯ 2017년 새로 출현한 『判比量論』 필사본 가운데 도쿄국립박물관 소장본의 복원문에 근거할 때 이는 '名'으로 복원하는 것이 옳다. 그 근거에 대해서는 김성철(2017), 앞의 논문, p.235 참조. 2) ㉮ '當當開心'은 다시 교감校勘할 필요가 있다. ㉯ '當當開心'은 '兩兩關心'으로 복원하는 것이 옳다. 3) ㉯ '欠'은 '名'으로 복원하는 것이 옳다. 4) ㉯ '間'은 '而'로 복원하는 것이 옳다. 5) ㉯ '欠'은 '名'으로 복원하는 것이 옳다. 6) ㉯ '惠'는 '名'으로 복원하는 것이 옳다.

2. 제8절 : 호법의 '식識의 사분설'에 대한 원효의 비판

(식識의) 사분설四分說을 주장하는 자는 삼분설三分說을 논파하기 위해

---

[5] 현량現量(지각)과 비량比量(추리)이라는 용어에서 보듯이 불교인식논리학(因明學)에서 양量은 '인식 수단'을 의미하는데, 『判比量論』 각 절의 말미에 쓰인 양은 비량(추론식)만을 의미한다. 여기서 말하는 '두 가지 양량' 가운데 한 가지는 '고토미술관 소장본'에 실린 추론식 "(종) ……정토淨土의 가르침은 올바른 이치를 드러낼 수 있다. (인) 양측 모두 인정하는 외도의 이론에 포함되지 않기 때문에. (유) 중토中土의 가르침과 같이."이고, 다른 한 가지는 망실된 앞부분에 제시되었을 것으로 추정되는 추론식으로 "정토의 가르침은 올바른 이치를 드러낼 수 없다."라는 주장을 담은 삼지작법三支作法이 었을 것이다.

(삼지작법三支作法의) 추론식推論式을 작성하여 다음과 같이 말한다.

(종宗) 자증분自證分은 '즉체능증卽體能證'[6]을 필요로 한다.[7]
(인因) 심분心分에 포함되기 때문에.
(유喩) 마치 상분相分과 같이.

(종) 자증분은 결코 심분에 포함되지 않아야 하리라.
(인) '즉체능증'이 필요 없기 때문에.
(유) 마치 토끼 뿔과 같이.

이에 대해 비판적으로 논의해 보겠다. 이상의 두 가지 추론식은 그럴듯하기는 하지만 참이 아니다. (두 가지 추론식) 모두 부정인不定因의 과실에서 벗어나지 못하기 때문이다. (그 이유는) 다음과 같다. 자증분은 상분과 같이 심분에 포함되기 때문에 즉체능증을 필요로 하는가, (아니면) 안식眼識의 생상生相과 같이 심분에 포함되기 때문에 즉체능증을 필요로 하지 않는가? 이와 같이 앞에서 들었던 인因은 부정의 과실을 갖는다. 또 자증분은 토끼 뿔과 같이 즉체능증을 필요로 하지 않기에 심분에 포함되지 않는 것인가, 이식耳識의 상분의 삼상三相(生住滅)과 같이 즉체능증을 필요로 하지 않기에 심분에 포함되는 것인가? 이와 같이 나중에 들었던 인도 부정의 과실을 갖게 된다. 만일 그가 이런 궁지에서 벗어나기 위해, "오식五識의 (상분의) 삼상은 체體에서 벗어난 것이 아니기에, 이는 그것(五識)

---

6 즉체능증卽體能證 : 기체基體가 다르지 않은 능증. 자증분과 별도의 기체를 갖는 것은 아니면서 자증분을 증명하는 것을 말한다.
7 필요로 한다(必有) : '필유必有'를 "반드시 갖는다."로 번역할 수 있겠으나, '갖는다'는 말은 내재적內在的(internal) 소유와 외재적外在的(external) 소유를 모두 의미한다. 여기에 쓰인 '必有'는 '외재적 소유'를 뜻하기에 의미를 명확히 하기 위해 이와 같이 번역하였다.

의 자증분의 대상이다."라고 말해도 이치에 맞지 않다. '(오식의) 상분의 삼상은 상相에서 벗어난 것이 아니기 때문에, 오식의 견분도 대상으로 삼을 수 있기' 때문이다. 만일 (후자인) 이것을 인정하지 않는다면, (전자인) 그것은 어떻게 옳을 수 있겠는가? 설혹 전자인 그것은 인정해도 이것은 결코 인정할 수 없다면, 오식(의 자증분[8])이 법계法界 모두를 대상으로 삼는 꼴이 되어 법상法相이 뒤죽박죽된다. 이치와 가르침에 위배되기 때문이다. 바로 이와 같은 논의들로 인해 '상분의 삼상'은 그 두 가지 인을 모두 부정인으로 만들고 만다.[9] 설혹 그가 궁지에서 벗어나기 위해 "상분의 삼상은 심분에 포함되는 것이 아니다."라고 말한다면 비량상위比量相違의 과실이 있게 된다. 제4분이란 말만 있을 뿐 이치에 맞지 않음을 알아야 한다.【(이상) 두 가지 양량】

八。執四分者。爲破三分。立比量云。自證心[1)]有卽體。能證心分攝故。猶如相分。自證應非心分所攝。以無卽體之能證故。如兎角等。判云。此二比量是似非眞。皆不能離不定過故。謂自證分。爲如相分心分攝故。有卽體能證。爲如眼識生相心分攝故。無卽體能證。如是前因有不定過。又自證分。爲如兎角無卽體能證故。非心分攝。爲如耳識相分三相無卽體能證故。是心分所攝。如是後因亦有不定。若彼救言。五識三相。不離體故。是其自證之所緣境。理亦不然。相分三相不離相故。五識見分亦得緣故。此若不許。彼何得然。設許彼前。此必不許。五識所[2)]緣。法界諸處。法相雜亂。違理敎故。只由如是相分三相。於彼二因。並作不定。設彼救言。相分三相非心分

---

8 자증분自證分 : 자체분自體分이라고도 번역된다. 그래서 여기서 말하는 '오식의 자증분'은 '오식 자체自體'를 의미한다. 후키하라 쇼신(富貴原章信)은 이것이 '오식의 견분'을 의미한다고 말한다.(富貴原章信,『判比量論の硏究』, 1969) 그러나 이를 '오식의 견분'이라고 해석할 경우 논의의 전체 맥락이 흐트러진다.

9 앞의 두 추론식에 사용된 인因이 '안식眼識의 상분相分의 생상生相(안식의 생상)'과 '이식耳識의 상분의 삼상三相'의 존재로 인해 부정인의 오류에 빠진다는 의미이다.

攝。則有比量相違過失。當知。第四分。有言而無義。【二量】

1) ㉭ '心'은 '必'로 복원하는 것이 옳다. 2) ㉭ '所'는 '能'으로 복원하는 것이 옳다.

3. 제9절 : 제8식의 존재 증명

무성無性의 『섭대승론석攝大乘論釋』에서는 제8식의 존재를 증명하기 위해 소승을 상대로 두 가지 추론식을 내세우는데 다음과 같다.

(종) 팔식의 가르침은 성언聖言에 포함된다.
(인) 무아無我의 가르침과 유사하기 때문에.
(유) 마치 네 가지 『아함경』과 같이.

또

(종) 팔식의 가르침은 도리에 부합된다.
(인) 성교聖敎이기 때문에.
(유) 마치 육식六識의 가르침과 같이.

(무성의 『섭대승론석』에서는) 이와 같은 방식으로 논의를 진행시켜 팔식이 존재함을 증명한다. 그런데 이제 여기서는 직접 그 의미(所詮)로 나아가 추론식을 세워 제8식을 증명해 보겠다. 이는 다음과 같다.

(종) '안이비眼耳鼻'식識은 '설신의舌身意'식識에 포함되지 않는 별도의 식체識體를 필요로 한다.
(인) 삼육문三六門[10] 중의 삼식三識에 포함되기 때문에.
(유) 마치 '설신의舌身意'식識과 같이.

여기서 (소승과 대승) 양측 모두 인정하는(極成)[11] 육식은 다른 (학파의) 이품異品에 해당된다. (또 대승유식가大乘唯識家인) 자기 (학파)가 인정하는 팔식은 자기 (학파의) 이품에 해당된다. (그런데) '삼식에 포함된다'는 인因은 (자기 학파의 이품인 팔식 및 다른 학파의 이품인 육식) 양측에 적용되지 않는다. 따라서 ('삼식에 포함되기 때문에'라는) 이 인은 확고하게 성립한다. 만일 '전식轉識에 포함되기 때문에'를 인으로 삼게 되면 (이품변무성異品遍無性을 어기고) 다른 학파(소승)의 이품에 적용되고, 설혹 '식성識性이기 때문에'를 인으로 삼는다고 해도 (이품변무성을 어기고 다른 학파인 소승뿐만 아니라) 자기 (학파, 즉 대승유식)의 이품에도 적용되어, (이런 두 가지 인) 모두 부정의 허물에서 벗어나지 못한다.【(이상) 세 가지 양량】

九。無性攝論。爲成第八。對彼小乘。立二比量。謂八識敎。是聖言攝[1] 以[2]無我故。如四阿含。又。八識敎契當道理。是聖敎故。如六識敎。知是展轉證有八識。今於此中。直就所詮而立比量。證□[3]識。謂眼耳鼻識必有舌身意識。不攝餘別識。非二[4]六門中。三識攝故。猶如舌身意識。此中極成六識。爲他異品。自許八識。爲自異品。三識攝因於彼不轉。是故此因決定能立。若以轉識攝故爲因。則於他異轉。設以是識性故爲因。亦於自異品。皆不能離。不定過也。【三量】

1) ㉻ 필사본과 대조할 때 "爲成第八。對彼小乘。立二比量。謂八識敎。是聖言攝。"이라는 문장이 누락되어 있기에 위와 같이 추가한다. 2) ㉻ '以'는 '似'로 복원하는 것이 옳다. 3) ㉻ □는 '八'로 추정된다. ㉻ '第八'이라는 두 글자의 누락으로 보는 것이 옳다. 4) ㉻ '二'는 '三'으로 복원하는 것이 옳다.

10 삼육문三六門 : '육육법문六六法門' 중의 세 번째 법문인 육식신六識身을 가리키는 것으로 생각된다. "彼引經證。經言。云何六六法門。一六內處。二六外處。三六識身。四六觸身。五六受身。六六愛身。"『阿毗達磨俱舍論』권10(T29, 52b).
11 소승과 대승~모두 인정하는(極成) : 규기窺基는 『唯識二十論述記』권하(T43, 1001c)에서 극성極成에 대해 "저쪽과 이쪽이 함께 인정하는 것을 극성이라고 칭한다.(彼此共許。名爲極成。)"라고 정의하는데, 이에 의거하여 위와 같이 번역한다.

4. 제10절 : 아뢰야식의 구유소의와 구유소의근에 대한 원효의 비판

『성유식론成唯識論』에서는 추론식을 작성하여 다음과 같이 말한다.

(종) 제8 아뢰야식은 반드시 구유소의俱有所依[12]를 가져야 한다.
(인) 식성識性이기 때문에.
(유) 마치 육식 등과 같이.

그러나 여기에 사용된 인因은 부정인不定因이다. 왜냐하면 대등한 비판이 있기 때문이다. 즉 다음과 같은 추론식을 작성할 수가 있다.

(종) 제8 아뢰야식은 결코 구유소의를 갖지 않는다.
(인) 근본적인 것이기 때문에.
(유) 마치 진여眞如와 같이.

만일 "여기에는 유법차별상위有法差別相違의 과실이 있게 된다. 제8식이 무위법無爲法임을 증명하는 꼴이기 때문이다."라고 말한다면, 그렇다면 앞의 인因도 동일한 과실(유법차별상위과)을 갖는다. 제8식이 전식轉識임을 증명하는 꼴이기 때문이다. 만일 (원효의 비판이) 스스로를 해치기에 비판이 되지 못한다고 말한다면, 그것(적대자의 비판)도 스스로에 위배되기에 비판이 되지 못한다. 지금 이 사람은 별도로 다음과 같이 추론식을 작성한다.

---

12 구유소의俱有所依 : ⓢ sahabhū-āśraya의 의역어. '(心·心所와) 공존하는 의지처'를 의미하는데, 전5식과 제6 의식과 제7 말나식과 제8 아뢰야식의 '구유소의'가 무엇이냐에 대해 난타難陀와 안혜安慧, 정월淨月, 호법護法은 각각 의견을 달리하였다. 이에 대해서는 『成唯識論』 권4(T31, 19c~20c) 참조.

(종) 아뢰야식과 마나식에는 결코 구유俱有하는 소의근所依根이 없어야 한다.
(인) 육식성六識性에 속한 것이 아니기 때문에.
(유) 마치 안근眼根 등과 같이.

만일 "여기서 사용된 인因은 상위의 오류를 갖는다. '(종) 제7식과 제8식은 능연성能緣性이 아니다. (유) 마치 안근 등과 같이'라는 점을 입증하게 된다."라고 비판한다면 이것도 옳지 못하다. (이품異品에) 심소법心所法(이 있음)으로 인해 부정不定의 허물을 이루기 때문이다. 앞의 경우도 부정의 과실이 있다. 심소법은 육식성이 아니지만 소의所依를 갖기 때문이다. 이는 부정인이 아니다. 앞에서 추론식을 작성하며 (내가) 말한 것은 (소의가 아니라) 소의근이기 때문이다. 심소의 경우 이는 소의일 뿐 소의근이 아니다. 법처法處에 속한 것들은 근根에 의존하지 않기 때문이다.[13] 그러므로 위와 같이 주장하는 자는 능의能依와 소의의 차이는 알지만 소의와 소의근의 차이는 모른다. 소의에 대해 논한다면, 제8(아뢰야)식에서 심소에 이르기까지 모두가 그에 해당된다. (그러나) 그 소의근은 심소와 제7, 제8식에는 해당되지 않는다. 어떤 사람은 이런 주장을 논파하기 위해 다음과 같이 추론식을 세워 말한다.

---

13 제법諸法은 오온五蘊 또는 십이처十二處 또는 십팔계十八界의 세 가지 방식으로 분류할 수 있으며, 이를 삼과三科라고 한다. 그리고 제법을 더 세분하여 유식에서는 오위백법五位百法, 구사에서는 오위칠십오법五位七十五法으로 분류하기도 한다. 이 중 『구사론俱舍論』의 오위칠십오법을 십이처에 대응시킬 경우, 오위 중 색법에 해당하는 것은 '안처·이처·비처·설처·신처'의 다섯 가지와 '색처·성처·향처·미처·촉처'의 다섯 가지, 그리고 법처에 속하는 무표색의 한 가지이며, 오위 중 심법에 해당하는 것은 의처의 한 가지이고, 오위 중 나머지 3위인 심소법과 심불상응행법과 무위법은 모두 법처에 해당한다. 따라서 원효가 "법처에 속한 것들은 근根에 의존하지 않는다."라고 말한 것은 "심소법과 심불상응행법과 무위법이 근根에 의존하지 않는다."라는 점을 의미한다고 볼 수 있다.

(종) 의식意識의 구유하는 근根은 결코 능연성이 아니다.

(인) 육식의 심과 심소가 소속되어 있지 않기 때문에, 육식과 구유하는 근 중 어느 하나에 소속되어 있기 때문에.

(유) 마치 안근 등과 같이.

그런 주장에서는 거꾸로 법처에 소속된 색법色法을 의意라고 보기에 이런 비판을 하는 것이다. 이런 비판은 대승의 모든 주장을 파괴하게 된다. 그러나 이(렇게 법처소섭색을 의근이라고 볼) 경우 상위결정相違決定의 오류가 발생하게 된다. 이는 다음과 같이 작성된다.

(종) 의근意根은 결코 색성色性이 아니다.

(인) 유분별식有分別識이 함께 의지하지 않기 때문에.

(유) 마치 제6식과 구유하는 '작의作意' 심소와 같이.

이런 식의 동등한 비판으로 인해 그런 인因은 부정인이 되고 만다.【(이상) 네 가지 양量】

十。成唯識論立比量言。第八必有俱有所依。是識性故。如六識等。此因不定。有等難故。謂有立言。第八必無俱有所依。是根本故。猶如眞如。若言此有。有法差別相違過失。能成第八。是無爲故。是則前因亦有是過。能成八是轉識故。若言自害故不成難。彼亦違自故非難也。今者別立賴耶末那必無俱有所依之根。非六識性之所攝故。如眼根等。若難此因有相違過。能成七八非能緣性。如眼根等。此亦不然。由心所法成。不定故。若言望前亦有不定。以心所法非六識性有所依故。此非不定。以前立言所依根故。若望心所。但是所依非所依根。法處所攝。不待根故。是故。彼宗。雖知依與所依差別。未解所依與根有異。若論所依通於八識及與心所。其所依根不通

· 209

心所及於七八。有破此宗。立比量云。意識俱有根。定非能[1)]緣性。六識心
心所之所不攝故。六識俱有根。隨一所攝故。如眼根等。彼宗反以法處所攝
色法爲意故。作是難。此雖[2)]通破大乘諸宗。然有相違決定過生。謂立。意根
必非色性。有分別識不共依故。如第六識俱有作意。由此等難。彼因不定。

【四量】

1) ㉮ '能' 하나는 제거하는 것이 옳다. ㉯ 후키하라 쇼신의 지적과 같이 초서체 원본의 '能' 자 우측에 오기誤記 표시(:)가 되어 있기에 삭제하는 것이 옳다. 2) ㉮ '雖'는 '難'으로 복원하는 것이 옳다.

5. 제11절 : 구구인九句因 중 제5구인이 부정인임을 논증함

예를 들어 성론사聲論師[14]가

(종) 소리는 상주한다.
(인) 귀에 들리기 때문에.

라고 추론식을 세울 경우, 승론사勝論師[15]에 대해서는 상위결정의 추론식이 된다. 불제자佛弟子에 대해서는 불공부정인不共不定因을 갖는 추론식이 되는데, 누구나 인정하는 동품의 법이 존재하지 않기 때문이다. 그런데 '어떤 사람'은 이런 인因을 비판하며 추론식을 세워 다음과 같이 말한다.

---

14 성론사聲論師 : 외도外道 가운데 소리에 대해 성상주론聲常住論(또는 聲顯現論)을 주장하는 자로, "마치 어두운 방 속에 있는 물건들이 등불을 켬과 동시에 나타나듯이, 소리는 허공의 속성으로 허공에 내재하며 상주하다가 조작과 함께 나타나는 것(顯現)"이라고 주장한다.

15 승론사勝論師 : 외도 가운데 승론학파勝論學派([S] Vaiśeṣika)로, 성무상론聲無常論(또는 聲發生論)을 견지하여 "소리는 조작에 의해 새롭게 발생하는 것"이라고 주장한다.

(종) '귀에 들리기 때문에'라는 인은 의인疑因이 아니어야 한다.
(인) 동품에 존재하지 않기 때문에.
(유) 마치 상위인相違因과 같이.

또

(종) 이와 같은 인因은 부정인이 아니다.
(인) 이품異品에 존재하지 않기 때문에.
(유) 마치 정인正因과 같이.

문비文備 법사는 다음과 같이 말한다. "『이문론理門論』에서는 '어느 한편이 벗어나 있기 때문에(一向離故)¹⁶'라고 말하는데¹⁷ 이것이 그런 비판을 해결한다." 이를 추론식으로 작성하면 다음과 같다.

---

16 '일향리一向離'라는 술어術語 중의 '향向'이란 글자의 의미에 대해 규기는 『因明入正理論疏』 권중(T44, 762b)에서 다음과 같이 설명한다. "향向이란 말은 면面이고 변邊이고 상相이다. 따라서 인因의 삼상三相도 삼향三向, 삼면三面, 삼변三邊이라고 부를 수 있다.(向者。面也。邊也。相也。卽因三相。亦名三向三面三邊。)" 여기에서는 이런 규기의 설명에 의거하여 '일향리'를 '어느 한편이 벗어남'으로 번역하였다. 그런데 이어지는 문장에서 원효는 '일향一向'이란 '개동皆同'을 의미하고 '리離'는 '불공不共'을 의미한다고 말한다. 이런 원효의 설명에 의거할 경우 '일향리'란 '양편 모두에 똑같이 없음(皆同不共)'을 의미하게끔 '한결같이 벗어남'이라고 번역되어야 할 것이다.

17 『因明正理門論』에서는 성론사의 추론식을 비판하면서 '어느 한편이 벗어나 있기 때문에'라는 인因을 사용한다. 이는 다음과 같다. "'귀에 들리는 것'은 어째서 부정인不定因인가? 동품과 이품 모두에 없기 때문이다. (종) 불공부정인不共不定因으로 증명되는(所證) 법法의 경우, 증명되는 내용 중에 일체가 다 들어갈 수 있기에 (不共因은) 모두 다 의인疑因이다. 왜냐하면 오직 그것이 갖는 성질(因)만 그것(宗의 주제)에 포함되기 때문이며, 어느 한편이 벗어나 있기 때문이다.(所聞云何。由不共故。以若不共所成立法。所有差別遍攝一切皆是疑因。唯彼有性彼所攝故。一向離故。)" 『因明正理門論本』 권1(T32, 2b).

(종) '귀에 들린다'라는 인因은 부정인에 포함된다.
(인) 어느 한편이 벗어나 있기 때문에(一向離故).
(유) 마치 공부정인共不定因과 같이.

(여기서) '어느 한편이 벗어나 있다'는 말은 (인因의 삼상三相 중) '한 가지 상相이 결여되어 있음'을 의미한다.

(그러면 이상과 같은 논의에 대해) 비판적으로 검토해 보겠다. 그런 인因[18]은 부정不定의 과실을 갖는다. 왜냐하면 '눈에 보이기 때문에'(라는 인因)도 한 가지 상相이 결여되어 있는 인因이지만 부정인이 아니라 불성인不成因이기 때문이다. 이는 다음과 같이 추론식으로 작성된다.

(종) 소리는 무상하다.
(인) 눈에 보이기 때문에.

여기에 사용된 인因의 경우 동품은 존재하지만 이품은 존재하지 않는다. 다만 제1상만 결여되어 있는 것이다. 그러므로 (이런 인因도) 한 가지 상相을 결여하고 있다.

그런데 만일 이러한 '부정의 과실'에서 벗어나기 위해 다시 인을 세워

(인) 나중의 2상相(동품정유성, 이품변무성) 중 하나가 결여되어 있기 때문이다.
(유) 마치 공부정인 등의 네 가지 부정인의 경우와 같이.

---

18 '부정인'이라는 소증所證을 입증하기 위해 사용된, '한 가지 상相이 결여되어 있음(闕一相)'을 의미하는 '어느 한편이 벗어나 있기 때문에(一向離故)'라는 인因이다.

라고 말한다면,

 (종) 이런 인因도 또 다른 부정의 과실을 갖는다. 이를테면,
 (유) 공空을 주장할 때의 '연생緣生하기 때문에'라는 인은
 (인) 비록 나중의 2상 중 하나가 결여되어 있어도 이는 참된 인이며 부정인이 아니기 때문에.

라고 할 수 있듯이. 그러므로 상위결정의 추론식일 수가 없다. 또 앞에서 '이품에 존재하지 않기 때문에 의인疑因이 아니다.'라고 내세운 바 있는데, 역시 부정의 허물을 갖는다. 모든 상위결정인은 비록 이품에 존재하지 않지만 의인이기 때문이다. 그래서 '동품에 존재하지 않기 때문에'라는 인因만 남게 되는데, (적대자는 그런 인을 통해) 부정인에서 벗어남, 즉 의인疑因이 아님을 입증(하려) 한다. 이에 대해서는 '상위(결정)의 추론식'을 내세워야 하는데, 이는 다음과 같다.

 (종) '귀에 들리기 때문에'는 부정인에 포함된다.
 (인) 상반된 주장을 동등하게 내세울 수 있기 때문에.
 (유) 마치 공부정인의 경우와 같이.

『이문론』에서도 이런 인에 대해 다음과 같이 밝히고 있다.[19] 만일 불공不共(부정不定)인因으로 증명되는 (소증所證)법이라면, 증명되는 내용 중에 일체가 다 들어갈 수 있기에 모두 다 의인疑因이다. 왜냐하면 오직 그런 존재만 그것에 포함되기 때문이다.[20] 즉 한결같이 벗어나 있기(一向離)[21]

---

19 『因明正理門論本』 권1(T32, 2b).
20 소리에만 들린다는 성질이 있다는 의미이다.
21 앞에서는 규기의 해석에 의거하여 '일향리一向離'를 '어느 한편이 벗어나 있음'으로 번

때문이다.

(이런 논의에 대해 다음과 같이) 결론지어 말한다. 불공不共(부정不定)인
因으로 증명되는 법이란 예를 들어,

(종) 소리는 상주한다.
(인) 귀에 들리기 때문에.

라고 증명하든지

(종) 소리는 무상하다.
(인) 귀에 들리기 때문에.

라고 증명하는 경우와 같다. 여기서 보듯이 대등하게 성립하지 않는 것이 전혀 없기 때문에 '내용 중에 일체가 다 들어갈 수 있다.'고 말하는 것이다. 이런 이치로 인해 '귀에 들리기 때문에'라는 인因은 그 어떤 것에 대해서건 의인疑因이 된다. '일향리고一向離故'라는 것은 "온갖 주장을 대등하게 성립시킨다."라는 의미이다. 그 어떤 주장에 대해서도 '모두 똑같이 불공(皆同不共)'이기 때문이다. '모두 똑같이(皆同)'라는 것은 '한결같이(一向)'라는 의미이고, '불공'이라는 것은 '벗어나 있다(離)'는 의미이다. '한결같이 벗어나 있기 때문에(一向離故)', 상반된 갖가지 주장들에 대해 대등하게 내세워질 수 있으며 그 때문에 그런 인因은 부정인이다.【(이상) 다섯 가지 양量】

역했지만, 『因明正理門論』에 기술된 '일향리'는 원래 '한결같이 벗어나 있음'을 의미한다고 보는 것이 옳다. 왜냐하면 '동품同品이든 이품異品이든 한결같이(一向) 인因을 충족시키는 실예가 없음(離)'을 의미하는 것이 불공부정不共不定이기 때문이다. 원효 역시 이어지는 설명에서 '일향리'란 '모두 똑같이 불공(皆同不共)'이라고 풀이한다.

十一。如聲論師。立聲爲常。所聞性故。若對勝論。相違決定。對佛第¹⁾子。不共不定。以無共許。同品法故。有難此因。立比量言。所聞性因應非疑因。同品無故。如相違因。又立此因應非不定。異品無故。猶如正因。備法師云。理門論言。一向離故。是通彼難。謂立宗言。所聞性因。是不定攝。一向離故。如共不定。一向離言。闕²⁾一相也。判云。此因有不定過。以所見性。雖闕一相而非不定。是不成故。謂立聲無常。所見性故。此因同有異無。唯闕初相。是故亦是闕一相也。若爲避此不定過故。更立因言。後二相中闕一相故。猶如共等四不定因。此因亦有餘不定過。如於空宗。緣生故。因雖於後二相中。闕一而是眞因。非不定故。故不能作相違決定。又前所立異品無故非疑因者。亦有不定。如諸相違決定之因雖異品無。而是疑因故。唯有同品無故之因。且離。不定立非疑因。此中應立相違比量。謂所聞性不定因攝等立相違宗故。猶如共不定因。如理門論顯此因云。以若不共所成立法。立所有差別遍攝一切。皆是疑因。唯彼有性。彼所攝故。一向離故。案云。不共所成立者。如立聲常。所聞性故。或立無常。所聞性故。如是一切。無不等立故。言所有遍攝一切。由是道理。所聞性因。望彼一切。皆是疑因。一向離故者。轉成等立諸宗之。義以望諸宗。皆同不共。皆同是一向義。不共是其離義。由一向離故。等立於諸宗。諸宗相違故。其因是不定。【五量】

1) ㉮ '第'는 '弟'의 오사이다. 2) ㉯ 『韓國佛教全書』에서는 이 글자를 '門' 자 속에 '報' 자가 들어간 이체자異體字로 복원하는데 '闕' 자로 복원하는 것이 옳다. 이 글자에 한하여 역자가 복원한 글자를 원문에 표기했다. 이하 '闕' 자 모두 마찬가지다.

6. 제12절 : 상위결정인이 부정인임을 논증함

상위결정相違決定의 경우 두 가지 추론식이 작성되는데 문궤文軌 법사가 스스로 문답을 지은 바 있다. "묻는다. 삼상三相을 갖추고 있으니 이는 정인正因이어야 한다. 그런데 어째서 이에 대해 부정인이라고 했을까? 답한다. 이런 의문은 아직 해결되지 않았으며 이를 풀이할 엄두도 내지 못한다. 만일 의미가 소통되게 해석하는 사람이 있다면, 나는 그를 따르며 신하臣下가 되겠다." 이런 물음에 담긴 뜻을 추론식으로 작성하면 다음과 같다.

(종) 상위결정 중의 인은 정인이어야 한다.
(인) 삼상을 갖추고 있기 때문이다.
(유) 마치 다른 진인眞因과 같이.

이제 이 사람이 의미를 소통시키면 다음과 같다.

(종) 상위결정의 인은 정인에 속하지 않는다.
(인) 동등한 비판이 있을 수 있기 때문이다.
(유) 마치 상위인과 같이.

이로 인해 그것에 부정의 허물이 있음이 드러난다.

(종) 이런 두 가지 인은 상위인에 포함되지 않는다.
(인) 동품이 존재하기 때문에.
(유) 마치 정인과 같이.

또

(종) 이런 두 가지 인은 불성인不成因에 포함되지 않는다.
(인) 양측 모두 인정하는 것이기 때문에.
(유) 마치 불공인不共因과 같이.

(종) 이와 같은 두 가지 인은 부정인에 포함된다.
(인) 정인도 아니고 상위인도 아니고 불성인도 아니기에.
(유) 마치 다른 다섯 가지의 부정인과 같이.【(이상) 여섯 가지 양量】

十二。相違決定。立二比量。又[1]軌法師。自作問答。問。其足三相應是正因。何故此中而言不定。答此疑未決。不敢解之。有通釋者。隨而爲臣。[2] 此中問意。立比量云。違決中因。應是正因。具三相故。如餘眞因。今者通曰。違決之因。非正因攝。有等[3]難故。如相違因。由此顯彼有不定過。此二因非相違攝。同品有故。猶如正因。[4] 又此二因。非不成攝。是共許故。如不共由。[5] 如是二因。不定因攝。非正非違。非不成故。如餘五種不定因也。【六量】

1) ㉲ '又'는 '文'으로 복원하는 것이 옳다. 2) ㉮ '臣'은 '注'의 오사인 듯하다. ㉲ 장준장준俊의 『因明大疏抄』 권15(T68, 525c)에 인용된 『元曉和尙緣起』의 "문궤 법사는 다음과 같이 서원하며 말하였다. 진나보살이 아니고서는 이 (유식)비량을 해석할 사람이 없다. 만일 이 비량에서 오류를 지적하는 사람이 있다면, 나는 그를 위해 신하臣 下가 되겠다.(文軌師。誓願言。不陳那菩薩無是量釋。若有足量過人。我爲其作臣也。)"라는 설명에서 보듯이 이는 오사가 아니며 '臣' 자가 옳다. 3) ㉮ '等' 앞에 '此'가 누락된 듯하다. 4) ㉲ 필사본과 대조할 때 "此二因非相違攝。同品有故。猶如正因。"이라는 문장이 누락되어 있기에 위와 같이 추가한다. 5) ㉲ '由'는 '因'으로 복원하는 것이 옳다.

7. 제13절 : 오성각별설 비판에 대한 원효의 재비판

어떤 이들은 오종五種의 성품을 비판하기 위해 다음과 같이 추론식을 세워 말한다.

(종) 무성유정無性有情은 반드시 성불할 것이다.
(인) 마음이 있기 때문이다.
(유) 마치 유성유정有性有情과 같이.

(여기서 사용된) 이 인因은 부정인이기 때문에 비판이 되지 못한다.

(유) 제불諸佛과 같이
(인) 마음이 있기 때문에
(종) 성불하지 않는 것일까?

(유) 보살과 같이
(인) 마음이 있기 때문에
(종) 반드시 성불하는 것일까?

앞에서 별도로 세운 인은 아직 성불하지 못한 유정有情을 염두에 두고 말한 것이기 때문이다. 이런 인因도 다른 학파에 대해 부정의 허물이 있다. 보살종성菩薩種性과 같은지, 결정이승決定二乘과 같은지. 만일 여기서 벗어나기 위해 다시 주장을 세워,

(종) 무성유정無性有情과 결정이승은 모두 성불할 것이다.
(인) 아직 성불하지 못한 유정에 속하기 때문에.
(유) 마치 보살과 같이.

라고 말한다면, 이에 대해서도 동등한 비판이 가해질 수 있기에 부정不定의 과실을 이루고 만다.

(종) 이와 같은 3인三人은 성불하지 못할 것이다.
(인) 대승의 무루종자無漏種子도 없고 보살종성에 포함되지도 않기 때문에.
(유) 마치 목석 등 여러 무정물無情物과 같이.

또 비량상위比量相違의 과실이 있게 된다. 다음과 같다.

(종) 오종성五種性 중 나머지 네 종성은 지옥에 떨어질 때에도 사덕四德[22]을 가져야 하리라.
(인) 성불이 인정되기 때문이다.
(유) 보살종성과 같이.

이를 인정하면 교학에 위배되고 이를 인정하지 않으면 이치에 위배된다. 이는 '스스로 알고 있는 것과 어긋나는 비량比量의 과실'이다.【(이상) 다섯 가지 양量】

十三。或有爲難。五種之[1]性。立比量言。無性有情必當作佛。以有心故。如有性者。此因不定。故成不難。爲如諸佛以有心故。非當作佛。爲如菩薩以有心故。必當作佛。前別[2]立因言。以未成佛之有情故。此因亦有他不定過。爲如菩薩種性。爲如決定二乘。若爲避此。更立宗言。無性性[3]有情決定二乘。皆當作佛。以未成佛有情攝故。猶如菩薩。此有求[4]難故成不定。如是三人。非當作佛。以無大乘無漏種子而非菩薩種性攝故。如木石等諸無情物。又有比量相違過失。謂五種性中餘四種性。墮地獄時。應有四德。許作佛故。如菩薩姓。許則違敎。不許違理。此違自語[5]比量過也。【五量】

---

1) ㉯ '之'는 '種'으로 복원하는 것이 옳다. 『判比量論』 필사본에서 다른 용례를 찾아보면 이 글자는 '之' 자가 아니라, 중복 표기를 의미하는 '々' 부호이기 때문이다. 2) ㉯ '前別'은 다시 교감校勘할 필요가 있다. 3) ㉯ '性' 자 하나를 제거하는 것이 옳다. 4) ㉯ '求'는 '等'의 오사이다. 5) ㉯ '語'는 '悟'의 오사이다.

---

22 열반의 사덕四德인 상락아정常樂我淨을 말한다.

8. 제14절 : 아집·법집에 대한 논파와 관계된 논의

『성유식론成唯識論』에서는 아我와 법法을 논파하기 위해 추론식을 세워 다음과 같이 말한다.[23]

(종) 무릇 갖가지 아견我見들은 참된 아我를 대상으로 삼지 않는다.
(인) 대상이 있기 때문이다.
(유) 마치 다른 것을 대상으로 삼는 마음과 같이.

(종) 아견의 대상은 결코 참된 아我가 아니다.
(인) 대상이기 때문이다.
(유) 마치 다른 법들과 같이.

또 다음과 같이 말한다.[24]

(종) 외도나 다른 승乘(소승)에서 집착하는 '심心·심소心所와 다른 갖가지 법들(色法·心不相應行法·無爲法)'은 실재하는 것이 아니다.
(인) 포착된 것(所取)일 뿐이기 때문이다.
(유) 마치 심·심소와 같이.

---

23 이하 두 추론식은 『成唯識論』 중의 다음과 같은 구절의 인용이다. "又諸我見不緣實我。有所緣故。如緣餘心。我見所緣定非實我。是所緣故。如所餘法。是故我見不緣實我。但緣內識變現諸蘊。隨自妄情種種計度。" 『成唯識論』 권1(T31, 2a).
24 이하 두 추론식은 『成唯識論』 중 다음과 같은 구절의 인용이다. "外道餘乘所執諸法。異心心所非實有性。是所取故。如心心所。能取彼覺亦不緣彼。是能取故。如緣此覺。諸心心所依他起故。亦如幻事。非眞實有。爲遣妄執心心所外實有境故。說唯有識。若執唯識眞實有者。如執外境亦是法執。" 『成唯識論』 권2(T31, 6c).

(종) 포착하는 측(能取)인 저 각覺도 그것(色法)을 대상으로 삼지 않는다.
(인) 포착하는 측일 뿐이기 때문이다.
(유) 이 각覺을 대상으로 삼는 것과 같이.

이상을 비판적으로 검토해 보겠다. 여기에는 네 가지 추론식이 있는데 이는 참된 논파다. 아我와 법法을 논파하기 때문이고, 오류의 발생이 없기 때문이다. 혹 이런 논파로 인해 대승을 논파하여 말하기를, (종) 제8식을 대상으로 삼는 갖가지 견해들은 아뢰야식의 상분相分을 대상으로 삼는 것이 아니다.²⁵ (인) 대상이 있기 때문이다. (유) 마치 (다른 것을) 대상으로 삼(는 마)음과 같이……²⁶

十四。成唯識論。爲破我法。立比量言。凡¹⁾諸我見。不緣實我。有所緣故。如緣餘心。我見所緣。定非實我。是所緣故。如所餘法。又言外道餘乘所執。諸法異心心所。非實有性。是所取²⁾故。如心心所能取。³⁾彼覺亦不緣。彼是能取故。如緣此覺。判云。此中有四比量。是眞能破。破我法故。無過生故。或因此破。破大乘云。諸緣第八識。見不緣阿賴耶相。有所緣故。如緣⁴⁾

1) ㉩ '凡'은 『成唯識論』(T31, 2a)에 '又'로 되어 있다. 2) ㉩ '取'는 '依'의 오사인 듯하다. 3) ㉩ '取'는 '依'의 오사인 듯하다. 4) ㉩ 이하 누락.

---

25 후키하라 쇼신은 이를 다음과 같이 번역한다. "갖가지 제8식을 연緣하는 견見(분分)은 아뢰야의 상相(분分)을 연하지 않아야 한다. 소연所緣이 있다고 하기 때문에. (다른 것을) 연하는 (마음과) 같이."[富貴原章信(1969), 앞의 책, p.64] 그러나 이 추론식이 앞에서 인용했던 『成唯識論』의 추론식을 변형한 것이라고 간주할 경우 위와 같이 번역되어야 한다.
26 원문은 "如緣"으로 끝나지만, 이 논증식을 '논증식 1'의 변형으로 간주할 경우 '餘心'이 이어진다고 보아야 할 것이다.(富貴原章信, 위의 책 참조)

제2편 사카이 우키치(酒井宇吉) 소장본[27]

1. 쌍근雙根은 유類는 같으나 상相은 다르다는 설에 대한 논파

……어떻게 유類는 같으나 상相은 다르다고 말할 수 있겠는가?[28] 같음과 다름은 두 가지 의미가 서로 어긋나는데 체體는 하나라고 말하는 것은 결코 이치에 맞지 않다. (이상의 논의에 대해) 비판적으로 (고찰하여) 말한다. 여기에는 아홉 가지 비량比量이 있다. 그 가운데 앞의 여섯은 그 본래의 주장을 논파하고 뒤의 세 가지 양量은 중현衆賢의 변명을 논파한다. 그래서 다음과 같이 말한다.

(종) 화합할 때에는 눈 등이 아니어야 한다.
(인) 앞에서의 눈 등과 다르기 때문에.
(유) 마치 색色, 성聲 등과 같이.

---

[27] 간다 기이치로(神田喜一郎)의 영인본 출간(1967년) 직후, 도쿄의 사카이 우키치(酒井宇吉)가 소장하고 있는 수감手鑑 중에 들어 있던 11행으로 된 한 장의 단편이『判比量論』의 일문逸文임이 확인되었고, 그 전문이 후키하라 쇼신에 의해 소개되었다.
[28] 앞부분이 망실되어 있지만, 이는『阿毘達磨俱舍論』권1(T29, 4b)의 다음과 같은 문제에 대한 해명이다. "눈과 귀와 코의 경우는 각각 두 개씩 있는데, 어째서 계界의 체體는 21가지가 아닌가? 이런 비판은 옳지 못하다. 왜 그런가? 게송으로 말하면 다음과 같다. 유類와 경境과 식識이 같기 때문에 비록 계는 둘이고 체는 하나인데……(眼耳鼻三處各有二. 何緣界體非二十一. 此難非理. 所以者何. 頌曰. 類境識同故. 雖二界體一……)" 즉 육근 가운데 '눈·귀·코'의 경우 한 쌍으로 되어 있기에 십팔계가 아니라 21계가 되어야 한다는 우문愚問에 대한 해명이다.

또

(종) 유類는 같은 것이어서는 안 된다.
(인) 다름과 체가 하나이기 때문에.
(유) 마치 다른 상과 같이.

(종) 상相도 다른 것이 아니다.
(인) 같음과 체가 같기 때문에.
(유) 마치 같은 유類와 같다.

(이는) 자파自派의 추론식에 어긋나기에 이치에 맞지 않다. 여기서 도리어 대승을 논파하는 사람들이 있어서 다음과 같이 말한다.

(종) 대승에서 말하는 색처色處는 가색假色이 아니다.
(인) 인지認知의 대상이기 때문에.
(유) 성처聲處 등과 같이.

다른 처處의 경우도 마찬가지다. 만일 대승의 주장에서 가색假色이 있다고 인정한다면 이와 같은 허물에서 벗어날 수 없다. 그러나 참된 대승의 경우도 (위에서) 말한 바와 같은 가색이 있다고 인정하지 않으며 실색實色이 있다고 설한다. 그러므로 저 추론식에서는 이미 성립한 내용을 내세우고 있는 것이다. (오)온蘊, (십팔)계界, (십이)처處 등의 일체의 법문은 모두 말이 끊어진 것 위에 가립假立하여 베풀어진 것이기 때문이다.【(이상) 열 가지 양량】

何[1]可言類同相異。同異二義。耳[2]相乖違。而言言體一。必不應理。判云。

此中有九比量。於中前六。破彼本執。後之三量破衆賢救。謂和合時應非眼等。異前眼等故。猶如色聲等。又類應非同與。異體一故。猶如異相。相亦非異。與同一體故。故³⁾猶如同類。違自比量。故不應理。此中或有還破大乘。謂大乘色處。應非假色。是所知故。如聲處等。餘處亦爾。若大乘宗許有假色。則不能離如是等過。然眞大乘亦不許。有如言假色。說有實色。故彼比量便立已成。蘊界處等一切法門。皆於絶言。假施設故。【十量】⁴⁾

1) ㉠ '何' 앞의 한 글자를 '云'으로 추정하여 번역하였다. 2) ㉠ 2017년 새로 출현한 『判比量論』 필사본 가운데 바이케이 구장본과 도쿄국립박물관 소장본의 초서체 판독과 대조할 때, '耳'는 '互'로 복원하는 것이 옳다. 이에 대해서는 김성철(2017), 앞의 논문, pp.233~235 참조. 3) ㉠ 문맥상 '故'를 삭제하는 것이 옳다. 4) ㉮ 새롭게 출현한 단간斷簡.

제3편 〈회향게廻向偈〉가 실린 필사본[29]

1. 〈회향게〉와 원효의 지어識語

증성證成의 도리에 대해 생각하는 일은 지극히 어렵지만
내 웃어 버리지 않고 자세하고 쉽게 풀어
이제 성스러운 불전에 의지해 그 일부를 제시하니[30]
불도가 소통되어 언제나 계속되기를 바라옵니다.

『판비량론』1권, 석원효 지음.
함형 2년(671) 신미년 7월 16일. 행명사에 머물면서 붓을 잡아 거칠게 끝내다.

證成道理甚難思。自非笑却微易解。今依聖典擧一隅。願通佛道流三世。[1]
判比量論一局。[2] 釋元曉述。
咸亨二年歲在辛未七月十六日。住行名寺。著筆租[3]訖。

1) ㉯ 발문跋文이다. 『續藏經』제1편 95套 4冊에 수록되어 있다.　2) ㉯ '局'은 '卷'의 오사인 듯하다.　3) ㉡ '租'는 '粗'로 복원하는 것이 옳다.

---

29 1912년 간행된 『書苑』제7호에 영인되어 소개되었고, 곧이어 간행된 『大日本續藏經』에 수록된다. 그 후 자취를 감추었다가 1978년 11월 재발견되어 간다 기이치로(神田喜一郎)에게 전달된다.
30 그 일부를 제시하니(擧一隅) : '거일우擧一隅'는 『論語』「述而」의 "하나를 가르쳤는데 나머지 셋을 알지 못하면 다시 가르칠 필요가 없다.(擧一隅不以三隅反。則不復也。)"라는 구절에서 채취한 문구인 듯하다.

제4편 오치아이 히로시(落合博志) 소장본[31] – 두 조각을 이어 붙인 것

1. 앞부분 : 진나陳那의 현비이량설現比二量說에 대한 외도의 비판과 관련된 논의

제6절. 진나보살은 오직 두 가지 인식 수단(量)만을 내세운다. 성언량聖言量 등은 비량에 포함되기 때문이다. 추론식을 세워서 이런 주장을 논파하여 다음과 같이 말하는 경우가 있다.

(종) 현량은 반드시 '비량에 포함되지 않는 다른 별도의 양체量體'를 갖는다.
(인) 인식 수단이기 때문이다.
(유) 마치 비량과 같이.

(종) 비량은 반드시 '현량에 포함되지 않는 다른 별도의 양체'를 갖는다.
(인) 인식 수단이기 때문이다.
(유) 마치 현량과 같이.

---

[31] 이는 落合博志(2005), 「61判比量論(東寺切)」, 『古筆への誘い』, 國文學研究資料館 編, 東京: 三彌井書店, pp.134~135에 실린 것으로, 이에 대한 교정과 번역과 의미 분석은 김성철(2016), 앞의 논문, pp.271~295에 근거한다.

이 (두 가지 추론식) 중에서 결정해야 한다. 외인外人에게 묻는다. 그대는 "비량에 포함되지 않는 다른 별도의 양量(인식 수단)"이라고 말하는데, 그대 이론의 '편국偏局 비량'³²을 취한 것인가, 우리 이론의 '편섭遍攝 비량'³³을 취한 것인가?……

六。陳那菩薩。但立二量。聖言量等。比量攝故。有立比量。破此宗言。現量必有。比量不攝。餘別量體。以是量故。猶如比量。比量¹⁾必有。現量不攝。餘別量體。以是量故。猶如現量。此中應決定。問外人。汝言。比量不攝餘別量者。爲取汝宗。偏²⁾局比量。爲取我宗。遍攝比量。

1) ㉔ 원문은 '比〻量〻'인데 『因明大疏抄』권38(T68, 746a)의 "現量必有比量不攝餘別量體。以是量故。猶如比量。"이라는 문장에 근거하여 위와 같이 '比量。比量'으로 복원한다. 2) ㉔ 원문은 '徧'이나 의미로 보아 '偏'으로 복원한다.

2. 뒷부분 : 삼세실유설三世實有說을 둘러싼 설일체유부와 경량부의 논쟁과 관련된 논의

……(과거와 미래)는 '일찍이 있던 것(曾)'과 '앞으로 있을 것(當)'으로서 실재한다. 만일 그렇다면 그가 "과거와 미래가 실재한다."고 내세웠던 것은, 앞에서와 같은 '이미 성립된 것을 내세우는 오류(已成過)'³⁴에서 벗어난다. 만일 '이미 성립된 것을 내세운다.'면 도리어 스스로를 해치기 때문이다. 따라서 두 가지 오류 가운데 어느 한 가지를 취해야 한다. 혹은 앞에

---

32 편국偏局 비량 : 외인外人의 관점에서 '현량, 비량, 비교량, 성언량'의 네 가지 모두를 '올바른 인식 수단(量)'으로 간주하는 '좁은 의미의 비량'을 의미한다.
33 편섭遍攝 비량 : 불교 논리가의 관점에서 '현량, 비량'의 두 가지만을 '올바른 인식 수단(量)'으로 간주하고 '비교량'이나 '성언량' 등은 모두 비량에 포함시키는 '넓은 의미의 비량'을 의미한다.
34 '이성과已成過'는 청변淸辯의 『大乘掌珍論』에서 자주 거론하는 '주장명제(宗)의 오류' 중 하나이다. 『大乘掌珍論』(T30, 268c; 269c; 271a 등).

서 "과거와 미래가 실재한다."고 단도직입적으로 말한 것이, "지금 있는 것과 일찍이 있던 것을 제외시키지 않았기 때문에 이미 성립된 것을 내세우게 된다."면, 나(今[35])는 "지금 있기 때문에 스스로를 해치는 일은 없다."고 말하겠다. 마지막 한 가지 추론식(量)은 저 논적의 추론식을 나타낸다. 그 문장(의 뜻)이 스스로 뚜렷하니 다시 해석할 필요가 없다.【(이상) 일곱 가지 양량】

曾當實有。若爾。彼立去來實有則離如前立已成過。若立已成還自害故。故於二過。取隨一也。或前直言。去來實有。不簡現曾故立已成。今云。現有故無自害。最後一量。顯彼敵量。其文自彰。不須重解。【七量】

---

[35] 『判比量論』 제12절의 다음과 같은 문장에서 보듯이 원효는 자신의 고안을 제시할 때 '今'이라는 용어를 사용한다. "今者通曰。違決之因非正因攝。有等難故。如相違因。由此顯彼有不定過。"

제5편 고토(五島)미술관 소장본[36] –두 조각을 이어 붙인 것

1. 앞부분 : 유식비량唯識比量과 관계된 단편[37]

(……彼小乘。立比)量言。眞故。極成色。定離於眼識。自許初三攝。眼識不攝故。猶如眼根。遮相違難。避不定過。屎類於前。謂若爲我作相違過云。極成之色。應非離識之色。自許初三攝。眼識不攝故。猶如眼根。我遮此難。作不定過。此極成色。爲如眼根。自許初三攝眼(識不攝故。……)

2. 뒷부분 : 정토에 대해 논의하는 기존의 제7장으로 이어지는 단편

(종) 정토淨土의 가르침은 올바른 이치를 드러낼 수 있다.
(인) 양측 모두 인정하는 외도의 이론에 포함되지 않기 때문에.
(유) 중토中土[38]의 가르침과 같이.

---

36 일본 요코하마의 가나자와문고(金澤文庫)에서 'アンニョンハセヨ! 元曉法師—日本がみつめた新羅・高麗佛敎—'라는 제목의 전시회 개최(2017. 6. 23~8. 20)와 함께 6월 24일에 '원효와 신라 불교 사본'이라는 주제로 한일공동학술대회를 열면서 도록을 발간하였는데, '고토미술관 소장본'을 포함하여 다음에 소개하는 '바이케이(梅溪) 구장본, 미쓰이(三井)기념미술관 소장본, 도쿄(東京)국립박물관 소장본' 등 총 네 가지 필사본의 원문은 모두 이 도록에 처음 소개된 것으로, 이하 이들에 대한 해서체 복원과 번역은 김성철(2017), 앞의 논문, pp.215~247에 근거한다.
37 이는 새롭게 공표된 고토미술관 소장본에 포함되어 있기는 하지만 뒤에 제시한 '동아시아 불교 문헌에 인용된 부분' 가운데 '만법유식을 논증하는 유식비량唯識比量과 관계된 단편'에서도 인용하고 있는 문장이기에 번역과 주석을 생략한다.
38 중토中土 : '야만인들이 사는 변지邊地'와 상반된 의미를 갖는 말로, '문명인들이 사는

이와 같은 비량은 그가 생각해 본 것이 아니다. 그의 (비량에 사용된) 인因은 부정不定(인因)이다. 이 (비량에 사용된) 인이 확고하기 때문이다. 설혹 이 인因에 부不(정인定因의 허물이 있음)을 찾아내어도[39] (능히 그것을 논파할 수 있다. 동등한 비판에 빠지기 때문이다.……)

淨土敎。能顯正義。極成外論。所不攝故。如中土敎。[1] 如是比量。非彼所計。[2] 彼因不定。此決定故。設求此因。有不(定過。亦能破彼。是等難故。……)

---

1) ㉠ '中'과 '敎'는 필사 과정에서 누락되어 추가했지만, 반쪽만 보이는 글자를 복원한 것으로, 이렇게 복원하는 근거에 대해서는 김성철, 앞의 논문, pp.220~221을 참조할 것. 2) ㉠ '計'로 복원하는 이유에 대해서는 김성철, 앞의 논문, pp.221~222를 참조할 것.

도시와 같은 중심지'라는 뜻이다. 불전에서는 인간의 몸을 받아, 육근六根을 다 갖추고, 중토에 태어나, 부처님의 가르침을 만나는 것이 참으로 희귀한 일이라고 가르친다. 예를 들어 『四十二章經』(T17, 723c)에서는 중토에 대해 다음과 같이 설명한다. "여섯 가지 감관을 갖추고 있어도 중심국에 태어나는 것은 어렵다. 변방의 비루한 땅에는 온갖 장애의 어려움이 많다.……무릇 어떤 사람이 중토中土에 태어날 수는 있겠지만 도道를 받들어 부지런히 수행할 수 있는 자는 드물다.(六情已具生中國難。邊鄙之地多諸障難。……夫人得生中土而能奉道勤修者鮮矣。)"

39 이후 괄호 속의 "능히 그것을 논파할 수 있다. 동등한 비판에 빠지기 때문이다.……(定過。亦能破彼。是等難故。……)"라는 문장으로 시작하는 '간다 기이치로 소장본'으로 이어진다.

제6편 바이케이(梅溪) 구장본舊藏本

1. 유식비량을 상위결정의 오류에 빠뜨리는 원효의 추론식과 그에 대한 문궤의 비판

……안식을 벗어난 것이 아닌 것인가? 만일 이런 부정인의 오류를 피하기 위해 '양측 모두 인정하는(極成) 초삼初三에 포함되면서……'라고 말할 필요가 있다면, 상위에 의거한 상대방의 비판을 막을 수 없다.[40]

문궤文軌 법사는 이런 비판을 종합하여 다음과 같이 말한다. 이러한 인因은 부정인不定因의 오류를 범하기에 적론敵論이 되지 못한다.[41] 말하자면, "소승의 종지宗旨에서는 자기들이 인정하는 안근眼根이 안식眼識에서 완전히 벗어나 있고, 만일 대승의 종지라면 자재보살自在菩薩이 육식六識을 서로 바꿔서 사용하여 안식도 저 안근을 대상으로 삼아서 그 상분相分을 나타내며, 또한 성소작지成所作智도 안근을 대상으로 삼아서 안식의 상분을 나타낸다."[42] 이러한 안근은……이다.

---

40 이상은 뒤의 '동아시아 불교 문헌에 인용된 부분' 가운데 '만법유식을 논증하는 유식비량唯識比量과 관계된 단편'에 제시되어 있는 선주善珠의 『因明論疏明燈抄』에 실린 문장과 동일하다. 이하는 새롭게 발견된 부분이다.
41 문궤는 유식비량을 비판하기 위해 원효가 고안한 상위결정의 추론식이 '확고하지 않은 추론식으로 확고한 추론식을 논파하는 것(以不定破定句)'이라며 비판한다. 장준藏俊, 『因明大疏抄』(T68, 772a); 『因明論理門十四過類疏』(A119, 362b).
42 이상의 원문은 장준의 『因明大疏抄』(T68, 772b)에 인용된 '문궤소 제3권'에 그대로 실려 있으며, 이어지는 문장은 "此相分眼根. 並是"인데 여기서 보듯이 원효는 이를 "如此眼根. 是"라고 축약한다.

非離眼識耶.¹⁾ 若爲避此不定過故. 須言極成初三等者. 則不得遮彼相違難. 文軌法師. 通此難云. 此因不定故非爲敵. 謂小乘宗. 自許眼根. 定離眼識. 若大乘宗. 自在菩薩. 六識互用. 眼識亦得. 緣彼眼根. 現其相分. 及成所作智. 亦緣眼根. 現眼相分. 如此眼根. 是

---

1) ㉮ '眼識耶'는 원문에는 '識眼耶'이나 선주善珠는 『因明論疏明燈抄』(T68, 321a)에서 '眼識耶'라고 쓰고 있으며, 그 내용으로 보아 선주의 인용문이 옳기에 위와 같이 복원한다.

제7편 미쓰이(三井)기념미술관 소장본 —두 조각을 이어 붙인 것

1. 앞부분 : 비량의 역할에 대한 논의

(묻는다.……내식內識의 존재를 논파하는 일은 비량比量이 성립할 수 있지만 말에서 벗어난 내)[43]식이 없는 것이 아니라면, 외경外境의 존재를 논파하는 일이 비량으로 성립할 수 있지만, 말에서 벗어난 외경[44]도 없지 않아야 하리라. 이와 같이 내외內外가 다르지 않지만 '없지 않음'과 '없음'을 말한다. 그렇다면 비량이 그 모두에 대해서 증명이 되지 못한다.

풀어서 말한다. 만일 내식이 앞의 말과 같이 존재한다고 내세운다면 노리에 어긋나기 때문에 비량으로서 성립하지 않으며, 그런 내세움을 논파하는 비량이 성립할 수 있다. 이는 마치 외경을 내세움이 비량으로서 성립하지 않으며, 그런 내세움을 논파하는 비량들이 모두 성립하는 것과 같다. 그러므로 비량은 증명하지 못하는 것이 아니며, '없지 않음'과 '없음'은 모두 거짓되게 시설施設한 것이니, 이(런 논의)에 의해서 앞의 비량을 의심할 수는 없다.

---

[43] 괄호 속의 번역문과 이에 해당하는 아래의 원문은 이어지는 필사본의 내용에 근거하여 필자가 추정하여 추가한 것이다.
[44] 이는 현량으로 파악되는 외경을 의미하는 듯하다. 인명학에서는 인식 수단의 종류로 직접지각인 '현량現量'과 추리지인 '비량比量'의 두 가지를 드는데, 『因明入正理論』(T32, 11b)에서 '宗等多言名爲能立'이라고 설명하듯이 비량은 '多言(여러 말들)'으로 이루어져 있는 반면, 『因明正理門論』(T32, 8c)에서 "此中現量除分別者。謂若有智於色等境。遠離一切種類名言。"이라고 설명하듯이 현량은 '離言(말에서 벗어난)'의 인식이다.

묻는다. 다른 이의 주장을 논파하지 않아도 자기주장이 성립한다. 말에서 벗어난 주장의 경우 원래 이유를 제시하는 일이 없다. 이유가 없이 주장이 성립하면 비량이 쓸모가 없게 된다. 이유를 갖지 않는 다른 주장들이 모두 성립할 수 있기 때문이다.

풀어서 말한다. 말에서 벗어난 것은 차遮함이라서 논파하는 말이 그냥 성립한다. 표表함을 갖는 다른 주장은 인因이 작용해야 비로소 성립한다. 따라서 존재하는 갖가지 능파能破의 비량들이 성립하지 않을 일이 없다. 말에서 벗어난 주장은 갖가지 주장의 말을 해도 논파할 수 없다. 비량에는 크고 뛰어난 능력이 있어서 갖가지 삿됨을 논파할 수 있다는 점을 알아야 한다.

(問……破內識有。比量得成而。離言內)識。非無有者。破外境有。比量得成而。離言外境。亦應非無。如是內外。不異而言。非無與無。是則比量。不㪺爲證。解云。若立內識。如言有者。違道理故。比量不成。能破彼立。比量得成。如立外境。比量不成。能破彼立。比量皆成。是故比量。非不爲證。非無與無。皆假施設。不得以此。疑前比量。問。非破他宗。便自宗立。於離言宗。旣無立因。因無宗成。比量無用。餘無因宗。皆得成故。解云。離言是遮。破言便立。餘執有表。轉因方成。故諸所有。能破比量。莫¹⁾不成立。離言之宗。諸執言者。所不能破。當知。比量。有大勝能。能破衆邪。

---

1) ㉮ 본서에 실린 『判比量論』 신출 필사본의 복원문은 모두 김성철의 책(2003)과 논문(2016, 2017)에 근거하지만, 상기上記한 '莫' 자의 복원은 김영석(2017), 「원효 『판비량론』의 새로운 발굴―고토미술관 및 미츠이기념미술관 소장본을 중심으로」, 『한국불교문헌의 정본화와 확장성』, 동국대학교 2017년 추계국제학술대회 자료집, 동국대학교 불교학술원 ABC사업단 외, 168에 근거한다.

2. 뒷부분 : 추론식의 인因에 부가한 단서에 대한 논의

……파破한다. 어떤 이들은 다음과 같이 설명한다. 이 가운데 '인정하는(自許)'이라는 말이 있기 때문에 불성인不成因의 오류는 없다. 나는 그 (비량比量에 달린) 이유를 인정한다. 그가 인정한 것이기 때문이다. (이는) 『대승광백론석론大乘廣百論釋論』에서 비량을 세워서 다음과 같이 말하는 것과 같다.

(종) 과거와 미래는 현재를 떠나서 참다운 자성을 갖는 것이 아니다.
(인) '자파自派의 종지宗旨에서 인정하는' 세속에 포함되기 때문에.
(유) 마치 현세와 같이.

이미 "자파에서 인정하는"이라고 말했기에 타파他派 불성不成(인因의 오류)에서 벗어난다면, 또한 "타파에서 인정하는"이라고 설하여 자파 불성(인의 오류)에서 벗어난다.
"비록 인因을 제시하는 일이 있을 때에 '인정하는'이라는 말이 없어도 말에는 실재성이 없기에 오류가 발생함은 없다."면, 이런 설명은 이치에 맞지 않다. 왜 그런가? 만일 그렇다면……가 없는 꼴이 된다.

破。有說。此中有許言故。無不成過。我許彼因。彼所許故。如廣百論。立比量云。過去未來。非離現在。有實自性。自宗所許。世所攝故。猶如現世。既言自許。離他不成者。亦說他許。離自不成也。雖有立因。不存許言。言無實有。故無過生。此說非理。所以者何。若爾無

제8편 도쿄(東京)국립박물관 소장본

1. 올바른 위타비량爲他比量[45]의 조건과 개념지의 발생

……량量이기 때문에 양측이 함께 인정하는 것이 아니지만 오류는 없다. 이 두 가지의 구별은 무엇에 의해서 입증하는가? 이는 『인명정리문론因明正理門論』에서 '다른 이를 깨닫게 하기 (위한 비량比量)'에서 다음과 같이 말하는 것과 같다. "오직 양측이 함께 인정하며 확고한 말(로 이루어져 있을 때 이)를 능립能立이라 명명하거나 능파能破라 명명한다고 설說한다. '서로에 대해 불성不成(인因)'[46]인 것과 '유예猶豫(불성인不成因)의 말'은 그렇지 않다. (그런 인因은) 나중에 성립을 시도해야 하기 때문이다.[47]" '나를 깨닫게 하기 (위한) 비량'에 대해서는 나중에 밝히겠다.

(『인명정리문론』의) 게송에서 (다음과 같이) 말한다.[48]

하나의 사태에 여러 속성 있으나
그 모두에 표상이 작용하진 않는다네

---

45 위타비량爲他比量 : ⓢ parārtha-anumāna의 의역어. '남을 위한 추리'로, 『因明正理門論』(T32, 9a)에서는 오타비량悟他比量이라고 번역한다.
46 '수일불성인隨一不成因'을 의미한다.
47 『因明正理門論』(T32, 6c)에는 "다시 성립을 준비해야 하기 때문이다.(復待成故)"로 되어 있다.
48 이는 개념지槪念知가 '타他의 배제'라는 추리의 과정을 통해 발생한다는 아포하(Apoha) 이론을 노래한 게송이다. Tucci(1978, 초판 1927), The Nyāyamukha of Dignāga, Chinese Material Center, Inc., p.53, 각주 89a 참조.

오로지 다른 것을 배제하기 때문에
확고함의 나타남이 잇따를 수 있다네
이와 같이 능상能相에도 온갖 속성 있지만
오직 소상所相 안 넘어야 남이 아님 능표能表하네]⁴⁹

量。故非共許。而無過失。是二差別。以何爲證。如理門論。悟他中言。唯有共許。決定言詞。說名能立。或名能破。非互不成。猶豫言詞。後轉成故。後明。自悟比量。頌曰。一事有多法。相非一切行。唯由簡別餘。表定能隨逐。如是能相者。亦有衆多法。唯不越所相。能表示非餘。

---

49 『因明正理門論』(T32, 9a).

제9편 동아시아 불교 문헌에 인용된 부분

1. 만법유식을 논증하는 유식비량唯識比量과 관계된 단편

(유식비량唯識比量)[50]

(종) 승의에 의거할 때(眞故),[51] 양측 모두 인정하는(極成) 색은 안식眼識을 벗어나 있지 않다.
(인) 우리 측에서 인정하는 초삼初三(眼界·色界·眼識界)에 포함되면서 안근眼根(眼界)에는 포함되지 않기 때문에.
(유) 마치 안식과 같이.

(眞故。極成色。不離於眼識。自許。初三攝。眼所不攝故。猶如眼識。)

[원효 법사의 『판비량론』에서는 (유식비량에 대한) 소승논사의 유법차별상위적인 비판을 다음과 같이 말한다.]
(종) 양측 모두 인정하는 색色은 즉식卽識의 색이 아니어야 한다.

---

50 이는 현장이 인도 유학 중 고안하여 명성을 날렸던 유식비량으로, 『判比量論』의 망실부에 실려 있었을 것으로 추정된다.
51 승의에 의거할 때(眞故) : ⑤ tattvatas. 용수龍樹의 『中論』을 삼지작법三支作法에 의해 주석하면서 주장명제(宗)가 사립종似立宗의 오류에 빠지지 않도록 하기 위해 청변이 고안한 단서로 간별어簡別語라고 불리는데, 인도 유학승 현장이 이를 수용하여 위와 같은 유식비량을 작성한다.

인因과 유喩는 앞에서와 마찬가지다.

(曉法師。判比量中。述小乘師。有法差別相違難云。) 極成之色。應非卽識之色。因喩同前。[1]

1) ㉠ 선주,『因明論疏明燈抄』권3(T68, 318a); 장준,『因明大疏抄』권14(T68, 523c).

이에 대한 해석은 아직 완벽한 것이 아니다. (원효 법사는『판비량론』에서 소승 측에서 지은 결정상위의 오류에 대해 기술하면서 다음과 같이 말한다.) 만일 오근실호용종五根實互用宗[52]을 대한다면 다음과 같이 (추론식을) 작성하여 말해야 할 것이다.

(종) 승의에 의거할 때, 양측 모두 인정하는 색은 양측 모두 인정하는 안식에서 벗어나 있다.
(인) 우리 측에서 인정하는 초삼初三에 포함되면서 안식에는 포함되지 않기 때문에.
(유) 마치 안근과 같이.

만일 이런 식으로 (오근실호용종의 유식비량을) 비판하면 부정인의 오류에서 벗어날 수 있다. 대승종에서 양측 모두 인정하는 안식은 결코 안근에 의존하는 것이 아니기 때문에, 여기서 말하는 안근은 그것의 동품이 되고, '(우리 측에서 인정하는 초삼에 포함되면서 안)식에 포함되지 않는

---

52 오근실호용종五根實互用宗:『成唯識論』권4(T31, 21a)와 권5(T31, 26a)에서는 자유자재한 부처의 경지가 되면 모든 감관을 호용互用하게 되기에, 한 가지 감관에서 발생한 식識으로 모든 감각적 대상을 감지할 수 있다고 설명한다. 따라서 오근실호용종이란 '부처가 되면 눈으로 듣고, 냄새 맡고, 맛보고, 감촉하고, 생각하게 된다는 주장'을 의미한다고 볼 수 있다.

것'이라는 인因은 여기에만 존재한다. 양측 모두 인정하는 안식은 그것의 이품이 되고 ('식에 포함되지 않는 것'이라는 인은) 여기에 전혀 존재하지 않는다. 그래서 부정인의 오류에 빠지지 않으며 올바른 추론식이 된다. 만일 '우리 측에서 인정하는 부처의 유루색有漏色'으로 '앞의 공량共量[53]'을, 다른 측에서 부정인의 오류에 빠지게 한다면, 다시 인을 바꾸어 '우리 측에서 인정하면서 양측 모두 인정하는 초삼에 포함되면서……' 등으로 말하면 된다. 무루색無漏色이나 이식耳識 따위의 연緣과 같은 것들은 비록 안식에서 벗어난 것이기는 하지만, 양측 모두 인정하는 초삼에 포함되지 않기 때문에 부정인의 오류를 이루지 않는다.

> 此通未盡。(曉法師判比量中。簡小乘所作決定相違過云。) 若對五根實互用宗。則應立言。眞故。極成色離極成眼識。自許初三攝眼識不攝故。猶如眼根。若作是難。亦離不定。以大乘宗。極成眼識。必不緣眼。故此眼根。爲其同品。識不攝因。於此定有。極成眼識。爲其異品。於彼遍無。故非不定。能作適量。若以自許。佛有漏色。於前共量。他作不定。更改因云。自許。極成初三攝等。如無漏色。耳識等緣。雖離眼識。而非極成。初三攝故。不成不定。[1]

1) ㉯ 선주,『因明論疏明燈抄』권3(T68, 322b~c); 장준,『因明大疏抄』권14(T68, 521a); 장준,『因明大疏抄』권15(T68, 528a).

(원래 원효 법사가 지은 것이다. 이 법사는『판비량론』에서 다음과 같이 말한다.) 이제 말해 보겠다. 여기서 사용된 인因은 애써서 만든 것이기는 하지만 아무 효력이 없다. '우리 측에서 인정하는'이라는 말이 요구되어 다시 적대자의 추론식(比量)과 부딪히게 되기 때문이다. 즉 저 소승 측에서는 추론식을 작성하여 다음과 같이 말할 것이다.

---

53 현장의 유식비량唯識比量을 의미한다. 김성철(2003), 앞의 책, pp.161~168 참조.

(종) 승의에 의거할 때, 양측 모두 인정하는 색은 반드시 안식에서 벗어난 것이다.
(인) 우리 측에서 인정하는 초삼에 포함되면서 안식에는 포함되지 않기 때문에.
(유) 마치 안근과 같이.

이 경우 상위인의 오류에 빠진다는 비판도 방지하고 부정인의 오류도 피하게 되는데, (그 이치는) 앞의 것보다 까다로운 편이다. 이를 설명하면 다음과 같다. 만일 (적대자가) 나를 위해 (상기한 소승 측의 추론식에 대해 유법차별)상위인의 오류를 작성하여,

(종) (승의에 의거할 때) 양측 모두 인정하는 색은 식에서 벗어난 색이 아니어야 하리라.
(인) 우리 측에서 인정하는 초삼에 포함되면서 안식에는 포함되지 않기 때문에.
(유) 마치 안근과 같이.

라고 말한다면, 나는 이런 비판을 차단하여 (이런 비판에 대해서 다음과 같이) 부정인의 오류를 지어 낼 수 있다.

(동품유同品有) 여기서 말하는 '양측 모두 인정하는 색'은 '안근'과 같이, 우리 측에서 인정하는 초삼에 포함되면서 안식에는 포함되지 않기에 식에서 벗어난 색이 아닌 것인가,
(이품유異品有) '우리 종파에서 말하는 석가보살의 실다운 불선의 색'과 같이, 우리 측에서 인정하는 초삼에 포함되면서 안식에는 포함되지 않기에 식에서 벗어난 색인가?

만일 (소승 측에서) '우리 측에서 인정하는'이라는 단서를 쓰지 않고 부정인의 오류에 빠지게 한다면, 상대 종파(대승 측)에서도 나를 위해 부정인의 오류를 작성하여 다음과 같이 말할 것이다.

(동품유) 여기서 말하는 양측 모두 인정하는 색은 안근과 같이, 초삼에 포함되면서 안식에는 포함되지 않기에 안식을 벗어난 것인가,
(이품유) 우리 종파(대승)에서 말하는 타방부처의 색과 같이, 초삼에 포함되면서 안식에는 포함되지 않기에 안식을 벗어난 것이 아닌 것인가?

만일 이런 부정인의 오류를 피하기 위해 '양측 모두 인정하는 초삼에 포함되면서……'라고 말할 필요가 있다면, 상위에 의거한 상대방의 비판을 막을 수 없다.

(本是曉製。彼師。判比量云。) 今謂。此因勞而無功。由須自許言。更致敵量故。謂彼小乘立比量言。眞故。極成色定離於眼識。自許初三攝眼識不攝故。猶如眼根。遮相違難。避不定過。屢類於前。謂若爲我作相違過云。極成之色。應非離識之色。自許初三攝。眼識不攝故。猶如眼根。我遮此難。作不定過。此極成色。謂如眼根。自許初三攝眼識不攝故。非離識之色耶。爲如我宗。釋迦菩薩。實不善色。自許初三攝。眼識不攝故。是離識之色耶。若不須自許。作不定過者。他亦爲我作不定過。爲此極成色。爲如眼根。初三所攝眼識不攝故。是離識耶。爲如我宗他方佛色。初三所攝。眼識不攝故。非離眼識耶。若爲避此不定過故。須言極成初三等者。則不得遮彼相違難。[1]

1) ㉔ 선주,『因明論疏明燈抄』권3(T68, 321a).

(『판비량론』에서는 다음과 같이 말한다.)[54] 적대자가 말하는 '우리 측에서 인정하는'이라는 단서도 '유법차별상위'의 오류를 방지한다. 즉 적대자

가 인정하는 바른 앎은 '안식에서 완전히 벗어난 색법'인데, 대승논사가 (유법차별)상위의 추론식(比量)을 작성하여,

(종) 양측 모두 인정하는 색은 안식에서 완전히 벗어난 색이 아니어야 한다.
(인) 초삼에 포함되면서 안식에는 포함되지 않기 때문에.
(유) 마치 안근과 같기 때문에.

라고 말하는 경우, 우리 측(소승 측)에서 인정하는 부처의 유루색을 끌어들여 부정인의 오류에 빠지게 만든다. 그래서 '우리 측에서 인정하는'이라는 단서를 다는 것이다.

(判比量云。) 敵言自許。亦[1]遮有法差別相違。[2] 謂敵意許量[3]定離眼識之色。大乘帥作。相違量[4]云。極成之色。應非定離眼識之色。初三所攝。眼識不攝故。由如眼根。爲引。自許佛有漏色作不定過。故言自許。[5]

1) ㉛ 선주, 『因明論疏明燈抄』에는 '亦'이 '唯'로 되어 있다.   2) ㉛ 선주, 『因明論疏明燈抄』에는 이후에 "令於佛有漏色轉"이 삽입되어 있다.   3) ㉛ 선주, 『因明論疏明燈抄』에는 '量'이 '是'로 되어 있다.   4) ㉛ 선주, 『因明論疏明燈抄』에는 '量'이 '難'으로 되어 있다.   5) ㉛ 선주, 『因明論疏明燈抄』권3(T68, 322c); 장준, 『因明大疏抄』권14(T68, 520c).

(『판비량론』에서는 다음과 같이 말한다.) '함께 인정하지 않는 것(不共許)'과 '양측이 똑같이 인정하는 것(二同許)'을 제외하기 때문에, '양측 모두 인정

---

54 이는 일반적인 유식비량이 아니라 『成唯識論』 중 다음과 같은 '새로운 유식비량'에 대한 비판이다. "(종〈전반〉) 양측 모두 인정하는 안眼 등의 식識은 (인) 다섯 가지 (식識) 중의 하나이기 때문에, (유) 나머지와 같이 (종〈후반〉) 자체에서 벗어난 색色 등을 직접적인 대상으로 삼지 않는다.(極成眼等識。五隨一故。如餘。不親緣離自色等。)" 『成唯識論』 권7(T31, 39a).

· 243

하는(極成)'이라고 말한다. (이는) '유법불성有法不成'[55]과 '상부相符(극성極成)'의 오류에서 벗어나기 위한 것이다. '양측이 똑같이 인정하는 것'은 실례가 같기 때문이다.[56] 이耳 등의 식識을 들어서 동유同喩로 삼은 것은 '(법차별)[57] 상위(인)의 오류'이다. '(식識) 그 자체로서의 색色(卽體色)'을 대상으로 삼지 않는다는 점을 증명하기 때문이다. 만약 양측 모두 인정되지 않는 것에 의해서 부정인(의 과실)을 만들어 낸다면, 앞에서 내세운 것도 부정인(의 과실)을 만들어 내기 때문이다.[58] 따라서 이제 실례를 다음과 같이 말한다. "눈병에 걸린 다른 자들이 터럭 등이나 두 개의 달을 보는 것과 같다."

(判比量云。) 除不共許。及二同許。故言極成。爲離有法不成。相符過故。二同許者。爲同喩故。擧耳等識爲同喩者。卽相違過。能成。不緣卽體色故。若以不極成而作不定者。卽於前所立亦作不定故。故今喩云。如餘翳眼者

---

55 유법불성有法不成 : 『因明正理門論』의 용어로 『因明正理門論』에서 열거하는 사립종似立宗(주장의 오류) 가운데 '주장명제의 주어(所別)를 토론하는 양측 중의 어느 한쪽에서 인정하지 않는 오류'인 소별불극성所別不極成의 오류에 해당한다. 『因明入正理論疏』 권중(T44, 122c)에서는 유법불성에 대해 다음과 같이 설명한다. "『因明正理門論』에서는 혹은 이 경우에 '유법불성(의 오류)'가 있다고 설한다. 예를 들어 '자아는 그 실체가 편재한다. 어느 곳에서든 즐거움 등을 발생하기 때문이.'라는 것과 같다. (여기서) 상캬 논사가 비록 (주장을) 내세웠지만 대승에서는 (주장명제 중의 유법인 자아를) 인정하지 않는다.(理門論說。或於是處有法不成。如成立我其體周遍。於一切處生樂等故。數論雖立大乘不許。)"

56 태현太賢은 이에 대해 『成唯識論學記』(X50, 97c)에서 다음과 같이 해설한다. "만일 똑같이 인정하는 것을 내세운다면, 안질 걸린 눈의 안식이 외부를 직접 대상으로 삼는 것이 아니어서 이미 성립한 것을 내세우는 꼴이 된다. 그러나 양측 모두 인정한다는 것에 의해서 제외시키니 그렇지 아니하다.(若立同許。翳眼眼識不親緣外。立已成也。然以極成簡者非也。)"

57 태현, 『成唯識論學記』(X50, 97c)의 설명.

58 태현, 『成唯識論學記』(X50, 98a)에서는 이에 대해 "타방부처의 식識에 의해서 부정(인의 과실過失)이 되면 그도 대승의 '원래의 추론식(本量)'에 대해 부처의 유루식에 의해서 부정(인의 과실)을 만들어 내기 때문이다.(謂以他方佛識不定。彼亦應於大乘本量。以佛有漏識作不定故。)"라고 설명한다.

見毛等二月。[1)]

1) ㉠ 태현, 『成唯識論學記』(X50, 97c~98a).

(묻는다. 이미 그러하다면, 어째서 자허自許라는 말을 설할 필요가 있는가? 답한다. 그것에 대해서는 세 가지 해석이 있다. 첫째는 다음과 같다. 현응玄應 법사와 원효 법사 모두 다음과 같이 말한다.)[59] 다른 학파의 부정을 방지하기 위해 '우리 측에서 인정하는(自許)'이라는 말을 한 것이다. 설일체유부說一切有部(薩婆多部) 등에서는 이런 인因을 위해 부정의 오류를 지어 '(양측 모두 인정하는 색은) 우리 종파에서 말하는 후신後身보살의 참다운 불선색不善色과 같이 초삼初三에 포함되면서 안근에는 포함되지 않기 때문에 안식에서 확실히 벗어난 것인가, 아니면 안식과 같이 초삼에는 포함되면서 안근에는 포함되지 않기 때문에 안식에서 전혀 벗어나지 않은 것인가?'라고 말한다. 이런 식의 부정을 방지하기 위해 '우리 측에서 인정하는(自許)'이라는 말을 한 것이다. 그가 지적하는 것은 후신보살의 참다운 불선색이기 때문에, 이를 성립하지 않게 하는 것은 '우리 측에서 인정하는(自許) 초삼에 포함되면서 안근에는 포함되지 않는 것'이기 때문이다. 그것(후신보살의 참다운 불선색)은 이런 인因('자허'라는 단서가 부가된 인)에는 존재하지 않기 때문에 부정이 아니다. 공비량共比量이기 때문에 비단 우리 학파에서 희구하는 주장을 성립시킬 뿐만 아니라, 다른 학파를 논파하기 때문이다. 따라서 다른 학파의 부정은 사능파似能破[60]라고 불린다. 공비량이 이미 이러하므로 다른 학파의 비량도 그러하다.

---

59 후키하라 쇼신은 이를 『判比量論』의 산일문으로 소개하지만, 이는 현응玄應의 저술에서 인용된 내용, 또는 현응의 저술과 선주가 오독誤讀한 『判比量論』의 내용을 종합하여 선주가 재구성한 문장일 것으로 추정된다. 그 이유에 대해서는 김성철(2003), 앞의 책, pp.172~176 참조.
60 사능파似能破 : 인명학因明學에서 논자論者의 정확한 입론立論에 대하여, 힐난하는 이의 논법에 잘못이 있는 것, 곧 완전치 못한 논파論破를 말한다.

(問。旣爾何須說自許言耶。答。有三釋。一云。應師元曉師等皆云。) 遮他不定。說自許言。薩婆多等。爲此因作不定過云。(極成之色)爲如我宗後身菩薩實不善色。初三所攝眼所不攝故。定離眼識。爲如眼識。初三所攝眼所不攝故。非定離眼識耶。爲遮此不定故。說自許言。由彼所指。後身菩薩實不善色。非是立者。自許初三所攝眼所不攝。彼無此因故非不定。由共比量。非但成自所樂宗。亦破他故。故他不定卽名不□。[1] 共量旣然。他量亦爾。[2]

1) ㉓ '不□'는 문맥으로 볼 때 '似破', 즉 '似能破'가 되어야 한다. '不' 자도 재교정을 요한다. 2) ㉓ 선주, 『唯識分量決』(T71, 452c~453a).

2. 대승불설을 논증하는 승군비량勝軍比量과 관계된 단편

(『판비량론』에서는 다음과 같이 말한다.) 승군논사勝軍論師는 비량比量을 세워서 다음과 같이 말한다.

(종) 대승경전들은 부처님의 가르침이다.
(인) 양측 모두 인정하는 부처님의 말씀이 아닌 것에 포함되지 않기 때문에.
(유) 『아함경』과 같이.

이에 대해 소승에서는 '『발지경發智經』과 같이 양측 모두 인정하는 부처님의 말씀이 아닌 것에 포함되지 않기 때문에, 그렇지만 그대는 부처님의 가르침이라고 인정하지 않기 때문에' 부정인의 오류에 빠짐을 지적한다. 즉 『가연경迦延經』[61]을 설일체유부에서는 부처님의 가르침이라고 인정한

---

61 『가연경迦延經』: '가연경'은 가다연니자迦多衍尼子(또는 迦多延尼子)가 저술한 『發智論』(또는 『發智身論』)의 이명異名인데, '가연迦延'이란 경명 중 '신身' 자의 산스크리트인 '카야(kāya)'의 음사어일 수도 있고, 가다연니자의 이름을 축약한 것일 수도 있다.

다. 경량부와 대승에서는 부처님의 말씀이 아니라고 말한다. 이로 말미암아 부정인의 과실에서 벗어나지 못한다. 현장玄奘 삼장은 이런 오류에서 벗어나기 위해 다시 인을 세워 다음과 같이 말한다. (인) '우리 측이 인정하는 부처님의 말씀이 아닌 것에 포함되지 않기 때문에.' 이렇게 할 경우 부정인의 오류에서 벗어날 수 있다. 이제 이에 대해 설명해 보겠다. 그런 인因은 다시 상위결정의 오류에 빠진다. 즉 저들은 다음과 같이 추론식을 세워 말할 것이다.

(종) 대승경전들은 궁극적인 가르침이 아니다.
(인) 우리 측에서 인정하는 부처님의 말씀에 포함되지 않기 때문에.
(유) 마치 승론勝論 등과 같이.

여기에 제시된 인에는 부정이 있기도 하다. 마치 『증일아함경』 등과 같이 우리 측이 인정하는 부처님 말씀이 아닌 것 중에 포함되지 않기 때문에 대승경전들은 궁극적인 가르침에 포함되는가? 마치 색色과 향香 등과 같이 우리 측이 인정하는 부처님 말씀이 아닌 것 중에 포함되지 않기 때문에 대승경전들은 궁극적인 가르침이 아닌 것인가? 그러므로 이제 승군 논사의 비량을 풀어내어 다음과 같이 말한다.

(종) 대승경전들은 올바른 이치에 부합된다.
(인) 양측 모두 인정하는 부처님 말씀이 아닌 것에 포함되지 않는 가르침이기 때문에.
(유) 마치 『증일아함경』 등과 같이.

이에 대한 자세한 논의는 김성철(2003), 앞의 책, pp.198~199 참조.

이와 같이 할 경우, 상위결정에서 벗어나고 또 앞뒤의 갖가지 부정인의 오류에서 벗어난다.

(判比量云。) 勝軍論師。立比量言。諸大乘經。是佛所說。極成非佛語之所不攝故。如阿含經。此中小乘作不定過。如發智經。極成非佛語之所不攝故。而汝不許佛說故。謂迦延經。薩婆多宗許是佛語。經部大乘謂非佛語。由此不離不定過失。玄奘三藏爲離此過。[1] 更立因言。自許非佛語所不攝故。如是能離。前[2] 不定過。今謂。此因還有違決。[3] 謂彼立言。諸大乘經。非至敎量。自許佛經[4] 所不攝故。如勝論等。又此新因。亦有不定。爲如增一等。自許非佛語所不攝故。諸大乘經至敎量攝。爲如色香等。自許非佛語所不攝故。諸大乘經。非至敎量。是故今箋勝軍比量云。諸大乘經。契當正理。極成非佛語所[5] 不攝之敎故。如增一等。如是則離相違決定。又離前後。諸不定過[6] 也。[7][8]

---

1) ㉠ 장준, 『因明大疏抄』에는 '爲離此過'가 '爲離不定'으로 되어 있다. 2) ㉠ 장준, 『因明大疏抄』에는 '前'이 누락되어 있다. 3) ㉠ 장준, 『因明大疏抄』에는 '違決'이 '決違'로 도치되어 있다. 4) ㉠ 장준, 『因明大疏抄』에는 '佛經'이 '佛語'로 되어 있다. 5) ㉠ 장준, 『因明大疏抄』에는 '所'가 누락되어 있다. 6) ㉠ 장준, 『因明大疏抄』에는 '過'가 누락되어 있다. 7) ㉠ 선주, 『因明論疏明燈抄』 권4(T68, 346b); 장준, 『因明大疏抄』 권17(T68, 549b~c). 8) ㉠ 다음과 같은 문장은 이상의 논의의 요약이다. "(判比量云。) 勝軍量中。三藏所加。亦有相違決定云。大乘敎非至敎量。自許非佛語所攝故。亦不爲過。理如前辨。又云。有不定。爲如增一等。自許非佛語所不攝至敎量攝。爲如色等。自許非佛語所不攝。故非至敎量。此亦不爾。色等共許是非佛語攝。因於彼無不成不定。" 『成唯識論本文抄』 권14(T65, 525a); 혜소惠沼, 『成唯識論了義燈』 권4(T43, 732a).

(『판비량론』에서는 다음과 같이 말한다.) '제5인을 논하는 것은 상위결정을 갖는데, 이는 다음과 같다.

(종) 대승경전들은 궁극적 가르침이 아니다.

(인) 소승을 좋아하는 사람들이 인정하지 않는 '전도됨 없는 이치를 나타내는 계경'에 포함되기 때문에.
(유) 마치 외도의 논서와 같이.

(判比量云。) 論¹⁾第五因。有²⁾相違決定³⁾云。諸大乘經非至敎量。樂小乘者不許顯示無顚倒理契經攝故。如外道論。⁴⁾

1) ㉎ 태현, 『成唯識論學記』에는 '論'이 '難'으로 되어 있다. 2) ㉎ 태현, 『成唯識論學記』에는 '有'가 누락되어 있다. 3) ㉎ 태현, 『成唯識論學記』에는 '定'이 누락되어 있다. 4) ㉎ 태현, 『成唯識論學記』(X50, 66a);『成唯識論本文抄』권14(T65, 522a); 혜소, 『成唯識論了義燈』권4(T43, 731c~732a).

3. 그 밖의 단편들

(원효는 다음과 같이 말한다.) 『광백론』의 비량⁶²은 『장진론』(의 비량)⁶³과 다르지 않다. 청변의 주장에서는, 제법은 모두 공하기 때문에 공의 주장을 설하는데, 이법異法의 비유가 없다.

(曉云。) 廣百比量。不異掌珍。淸辨宗意。諸法皆空。故說空宗。無異法喩。¹⁾ ²⁾

1) ㉎ 『因明論疏明燈抄』권3(T68, 323c);『因明大疏抄』권14(T68, 532a). 2) ㉎ 이를 요약하여 소개하는 문헌은 다음과 같다. "(新羅。元曉法師。判量論云。) 掌珍比量同

---

62 『大乘廣百論釋論』권7(T30, 225a)에서 "또 집착의 대상에는 크게 두 가지 종류가 있다. 첫째는 유위(법)이고, 둘째는 무위(법)이다. 유위법들은 조건(緣)으로부터 발생한다. 따라서 마치 허깨비와 같아 실체가 실재하는 것이 아니다. 무위법들도 실재하지 않는다. 무생이기 때문이다. 마치 거북이 털과 같다.(又所執境。略有二種。一者有爲。二者無爲。諸有爲法。從緣生故。猶如幻事。非實有體。諸無爲法。亦非實有。以無生故。譬如龜毛。)"라고 하였다.; 수법사秀法師, 『掌珍量導』(T65, 268b);『成唯識論本文抄』권15(T65, 530c).
63 청변은 『大乘掌珍論』권상(T30, 268b)에서 "진성에서 유위(법)은 공하다. 조건에서 발생했기 때문이다. 마치 허깨비와 같이. 무위(법)은 실체가 없어서 발생하지 않는다. 마치 공중의 꽃과 같이.(眞性有爲空。緣生故。如幻。無爲無有實。不起。如空華。)"라고 하였다.

• 249

廣百量等."『成唯識論本文抄』권15(T65, 530c); "(問。廣百論中亦有二量。彼第七云。又所執境略有二種。一者有爲。二者無爲。諸有爲法從緣生。故猶如幻事。非實有體。諸無爲法亦非實有。以無生故。譬如龜毛。判比量云。) 此二比量不異掌珍." 수법사, 『掌珍量導』(T65, 268b).

(……게다가 자은의 경우, 상위결정이 다중多重이든 아니든 다중을 말하지 않기 때문이다.) "오직 다중이 아닐 뿐이다."(라는 것은 원효 법사의 『판비량론』의 문구이다.)[64]

(……加以慈恩不云相違決定ハ多重トモ不トモ多重。) 唯不多重(者。元曉師判比量論文也。)[1)]

1) ⓔ 東南權大僧都記, 『四種相違私記』권상(T69, 251a~b).

(『판비량론』에서는 다음과 같이 말한다.) 진여眞如와 진지眞智는 능能과 소所를 벗어났기 때문에 인식 수단이 미칠 바가 아니다.[65]

(判比量云。) 眞如眞智。離能所故。非量所及。[1)]

1) 태현, 『成唯識論學記』권상(X50, 34b).

(『판비량론』에서는 다음과 같이 말한다.)

---

64 앞뒤의 문맥으로 추정컨대, 이율배반(antinomy)의 일종인 '상위결정相違決定'의 오류에 빠지는 추론식이 한 쌍만 있는지(不多重), 아니면 여러 쌍이 있을 수 있는지(多重)에 대한 논란에서 원효는 "한 쌍만 있다."고 주장한 듯하다.
65 태현은 『成唯識論學記』에서 "또 갖가지 아견은 참된 자아를 대상으로 삼은 것이 아니다. 대상을 갖기 때문이다. 마치 다른 마음을 대상으로 삼는 것과 같이. 아견의 대상은 결코 참된 자아가 아니다. 대상이기 때문이다. 마치 다른 법들과 같이.(又諸我見不緣實我。有所緣故。如緣他心。我見所緣定非實我。是所緣故。如所餘法。)"라는 『成唯識論』권1(T31, 2a)의 문장에 대해 해설하면서 『判比量論』중의 위와 같은 문구를 인용한다.

(종) 보신불報身佛은 상주한다.

(인) 온갖 재난에서 벗어나 있기 때문이다.

(유) 마치 법신과 같이.

(判比量云.) 報佛常住。離諸患故。猶如法身。[1]

---

1) 역 태현,『成唯識論學記』(X50, 125b).

찾아보기

가색假色 / 223
『가연경迦延經』 / 246
결정상위의 오류 / 239
결정이승決定二乘 / 218
경량부經量部 / 227
공부정인共不定因 / 212
공비량共比量 / 245
『광백론廣百論』 / 249
구구인九句因 / 210
구유소의俱有所依 / 207
구유소의근俱有所依根 / 207, 208

내식內識 / 233
눈병 / 244
능립能立 / 236
능연성能緣性 / 208
능파能破 / 236

다중多重 / 250
대승경전 / 246~248
『대승광백론석론大乘廣百論釋論』 / 235
대승불설 / 246

대승유식가大乘唯識家 / 206
동품정유성同品定有性 / 212
두 개의 달 / 244

만법유식萬法唯識 / 238
무루색無漏色 / 240
무루종자無漏種子 / 218
무성無性 / 205
무성유정無性有情 / 217, 218
무아無我 / 205
무위법無爲法 / 220
무정물無情物 / 218
문궤文軌 법사 / 215, 231
문비文備 법사 / 211

『발지경發智經』 / 246
법신法身 / 251
법집法執 / 220
법차별상위인 / 244
법처法處 / 208
법처소섭색 / 209
보살종성菩薩種性 / 218, 219
보신불報身佛 / 251
부정인不定因 / 201, 207, 209~212, 214,

215, 230, 231, 247
부처님의 말씀 / 247
부처의 유루색有漏色 / 240, 243
불공부정인不共不定因 / 210
불공인不共因 / 216
불선색不善色 / 245
불성인不成因 / 212, 216, 235
불제자佛弟子 / 210
비량比量 / 222, 226, 233
비량상위比量相違 / 204, 219
비량比量의 과실 / 219

사능파似能破 / 245
사덕四德 / 219
사분설四分說 / 202
삼분설三分說 / 202
삼상三相 / 215, 216
삼세실유설三世實有說 / 227
삼식三識 / 205
삼육문三六門 / 205
상부극성相符極成 / 244
상분相分 / 203
상위결정相違決定 / 209, 213, 216, 231, 247, 248, 250
상위결정인相違決定因 / 215
상위인相違因 / 211, 216
색법色法 / 220
석가보살 / 241
설일체유부說一切有部(薩婆多部) / 227, 245, 246
『섭대승론석攝大乘論釋』 / 205

성교聖教 / 205
성론사聲論師 / 210
성불成佛 / 217, 219
성소작지成所作智 / 231
성언聖言 / 205
성언량聖言量 / 226
『성유식론成唯識論』 / 207, 220
성처聲處 / 223
소승小乘 / 220
승군논사勝軍論師 / 246, 247
승군비량勝軍比量 / 246
승론勝論 / 247
승론사勝論師 / 210
승의에 의거할 때(眞故) / 238
식성識性 / 206, 207
신하臣下 / 216
심분心分 / 203
심불상응행법心不相應行法 / 220
심소법心所法 / 208
십이처十二處 / 223
십팔계十八界 / 223
쌍근雙根 / 222

아견我見 / 220
아뢰야식 / 207
아뢰야식의 상분相分 / 221
아집我執 / 220
『아함경阿含經』 / 246
안식眼識의 생상生相 / 203
오근실호용종五根實互用宗 / 239
오성각별설 / 217

오온五蘊 / 223
오종성五種性 / 219
외경外境 / 233
외도外道 / 220
위타비량爲他比量 / 236
유법불성有法不成 / 244
유법차별상위有法差別相違 / 207, 242
유분별식有分別識 / 209
유성유정有性有情 / 217
유식비량唯識比量 / 229, 231, 238
유예불성인猶豫不成因 / 236
육식六識 / 205, 207
의인疑因 / 211, 213
『이문론理門論』 / 211, 213
이식耳識의 상분의 삼상三相(生住滅) / 203
이품변무성異品遍無性 / 206, 212
『인명정리문론因明正理門論』 / 236
인식 수단 / 250
인因의 삼상三相 / 212
일향리고一向離故 / 214

자어상위自語相違 / 201
자재보살自在菩薩 / 231
자증분自證分 / 203
작의作意 심소 / 209
『장진론掌珍論』 / 249
전식轉識 / 206, 207
정인正因 / 211, 215
정토淨土 / 201, 229
제4분 / 204
제5구인 / 210

제8식 / 205
제8 아뢰야식 / 207
중토中土 / 229
중현衆賢 / 222
즉체능증卽體能證 / 203
증성證成의 도리 / 225
『증일아함경增一阿含經』 / 247
지옥 / 219
진나陳那 / 226
진여眞如 / 207, 250
진인眞因 / 216
진지眞智 / 250

청변淸辨 / 249
초삼初三 / 231, 238, 239, 241, 242, 245

타방부처 / 242
터럭 / 244
토끼 뿔 / 203

팔식八識 / 205
편국偏局 비량 / 227
편섭遍攝 비량 / 227

함형咸亨 2년 / 225
행명사行名寺 / 225
현량現量 / 226
현비이량설現比二量說 / 226

현응玄應 법사 / 245
현장玄奘 삼장 / 247
호법護法 / 202
〈회향게廻向偈〉 / 225
후신後身보살 / 245

해심밀경소서
| 解深密經疏序* |

석원효釋元曉
묘주 옮김

---

* ㉮ 저본은 『동문선東文選』 제83권(경희출판사, 1966)에 수록된 「解深密經疏序」이다. ㉯ 이에 대한 교감본은 『동문선』 제83권(조선고서간행회, 1915)에 수록된 「解深密經疏序」와 『조선불교총보』 제12호(삼십본산연합사무소, 1912)에 수록된 「解深密經疏序」이다.

해심밀경소서解深密經疏序 해제

묘 주
동국대학교 정각원장

1. 개요

신라 원효元曉(617~686)의 「해심밀경소서」는 현장玄奘(602~664) 번역본 『해심밀경』에 대한 주석서인 『해심밀경소』 3권의 서문이다. 현재 원효의 『해심밀경소』는 전해지지 않는다. 다만 몇몇 목록집에 그의 『해심밀경소』가 3권인 것으로 기록되어 있고, 본문의 지극히 일부분(六合釋 내용)이 일본 선주善珠의 『유식의등증명기唯識義燈增明記』, 장준藏俊의 『대승법상종명목大乘法相宗名目』, 기변基弁의 『대승법원의림장사자후초大乘法苑義林章獅子吼鈔』 등에 나온다.

「해심밀경소서」는 『동문선東文選』 제83권에 수록되어 있다. 서문이라 분량이 적지만, 이 경전 5권 8품의 핵심과 그 깊은 취지가 원효 특유의 호방하고 압축적인 문장으로 잘 표현되어 있다. 첫머리에 "원래 불도에서의 도道의 면모는 온전히 맑음 그 자체이며 깊고 그윽하다.(原夫佛道之爲道也。湛爾沖玄)"로 시작하면서, 공·중도·승의제勝義諦·존재들의 양상, 지관止觀 수행, 바라밀다 수행, 부처님 교화의 광대무변함 등에 관하여 심오한 취지를 간결한 문장에 담고 있다.

원효「해심밀경소서」의 압축적인 문장들을 효율적으로 이해하기 위해서는 『해심밀경』에 대한 개론적인 이해가 필요하다. 『해심밀경』은 유식학唯識學의 소의경전所依經典으로서, 중기 대승경전에 속하며, 편찬 연대는 기원 3세기 전후로 추정된다. 5권 8품으로 되어 있는데, 크게 이론문(제1「서품序品」~제5「무자성상품無自性相品」)과 실천문(제6「분별유가품分別瑜伽品」~제7「지바라밀다품地波羅蜜多品」), 증과證果(제8「여래성소작사품如來成所作事品」)로 나뉘어 논리 정연한 체계로 구성된다.

제1「서품」에서는 이 경전이 18원만상의 타수용정토他受用淨土에서 설해진 요의了義의 법륜임을 밝힌다. 제2「승의제상품勝義諦相品」은 일체법의 참다운 성품인 공·중도의 승의제의 양상을 밝힌 진제문眞諦門이다. 제3「심의식상품心意識相品」은 현상계의 존재 양상을 밝힌 속제문俗諦門이며, 여기서 아뢰야식의 작용 양상 등을 설한다. 제4「일체법상품一切法相品」과 제5「무자성상품」은 현상계와 본질계의 존재들의 양상이 삼성·삼무자성의 유무有無 중도설로 설해진다. 제6「분별유가품」에서는 지관止觀 수행법을 열여덟 가지 부문에 걸쳐서 설하여, 미혹을 단멸하고 승의·진여를 증득하는 길을 제시한다. 제7「지바라밀다품」에서는 보살의 바라밀다 수행과 증과의 과정이 설해진다. 제8「여래성소작사품」에서는 불신佛身의 원만한 공덕과 교화 사업을 밝힌다.

마치 논서처럼 정연한 체계의 성격을, 원효는「해심밀경소서」에서 "그 가르침은 지극히 정치하고 순수하여, 번잡하거나 화려한 것을 버리고 진실한 것을 담았다. 요긴하고 미묘한 것을 살펴서 궁극에까지 펼쳤다.(教也極精粹焉。棄繁華而錄實。撮要妙而究陳。)"라고 하였다. 이 경전이 교教와 이理에서 모두 갖추었음을, "교법은 삼장의 성스러운 가르침을 모두 나타내고, 이치는 네 가지 도리를 완전히 담았다.(教窮三藏聖教。理盡四種道理。)"라고 하였다.

이 경전은 여래께서 열여덟 가지가 원만한 정토에 계시면서 요의의 법륜을 굴리신 것이며, 여래의 매우 심오하고 비밀스러운 법장法藏을 열어서 밝혔기에 『해심밀경』이라 이름한다고 설명하였다.

2. 저자

한국 불교사에서 원효만큼 일반 대중에게 널리 알려지고, 사상·저술·실천의 다방면에 걸출한 인물도 드물다. 전국의 사찰 중에서 '원효사', '원효암'이라는 이름의 사찰이 많고, 원효와 관련된 일화를 지닌 유적들이 곳곳에 산재한다.

원효의 시호는 화쟁국사和諍國師이고, 속성은 설薛씨이다. 경상북도 경산에서 출생하였고, 15세 전후에 황룡사에 출가했으며,[1] 속가의 집을 희사하여 초개사初開寺를 세우게 하였다. 34세 때 의상義湘(625~702)과 함께 불법을 구하러 당唐에 가던 중 해골 속의 물을 마셨을 때 삼계유심三界唯心의 도리를 깨달은 일화는 너무나 유명하다. 그는 80여 부 200여 권에 달하는 다양하고 많은 책을 저술하였다. 그 분야가 화엄·열반·유식·중관·여래장·정토·천태·계율 등 불교학 전반에 걸쳐 있으며, 이들 저술에는 많은 경론과 장소章疏가 인용되어 있어서, 그의 해박한 법안法眼과 통불교적 화쟁적和諍的 시각을 엿볼 수 있다. 저술 중에는 소疏와 별도로 '~종요宗要'라는 제목의 저술이 16종이나 있어서, 그 경론의 핵심과 대의大意를 알기 쉽게 펼치고자 했던 배려가 잘 나타난다. 또한 화쟁사상和諍思想에 입각하여 『기신론소起信論疏』 등에서 중관사상(당시 고구려·백제의 삼

---

[1] 원효의 출가 나이에 대해서는 15세 이외에 16세·17세, 20세 이전, 29세 등 몇 가지 설이 있다. 『韓國佛敎全書便覽』 원효 저술 소개 부분에서는 15세설로 기록하고 있다.

론사상三論思想)과 유가유식(신라의 유식사상)의 사상적 대립을 극복하고자 하였다.[2]

의상과 함께 화엄사상을 전개했으며, 『화엄경』의 「십회향품」을 주석한 뒤에 절필하고 민중 속에서 불교를 보급하였다. 요석공주와의 일화는 단순한 파계가 아니다. 원효는 환속하여 복성卜性·소성거사小性居士라 자처하며 대중 속에서 본격적인 교화를 펼쳤다. 그들 사이에서 태어난 설총薛聰은 훗날 해동유학海東儒學의 시조가 되어 삼국 통일 이후 한반도 정치 체제의 기틀을 마련하였다. 그는 화쟁적 시각에서 통불교通佛敎를 제장하고, 무애행無礙行의 삶을 살다가 70세(686년)로 혈사穴寺에서 입적하였다. 훗날 고려 숙종이 대성화쟁국사大聖和諍國師라는 시호를 내렸다.

원효는 분황사와 황룡사에 있을 때 자장慈藏에게서 섭론학攝論學을 들었던 것 같다. 진제眞諦(Paramārtha, 499~569)가 번역한 『섭대승론석론攝大乘論釋論』 등으로 섭론종攝論宗의 구유식학舊唯識學을 접하였다. 현장 삼장이 16년에 걸친 인도 유학을 마치고 당에 돌아와 역경 사업을 펼치면서, 새로 호법護法(Dharmapāla, 530~561) 계통의 신유식학新唯識學을 전했다. 원효는 신유식학에 깊은 관심을 가졌다. 이런 사실은 그가 두 번이나 당에 유학하려 했던 동기가 "현장 삼장의 자은문慈恩門을 사모했다."[3]라는 기록에서도 알 수 있다.

원효의 80여 부에 달하는 다양한 저술 중에서 유식학 계통은 다음과 같다.

① 『해심밀경소解深密經疏』 3권(序 存)
② 『미륵상생경종요彌勒上生經宗要』 1권(存)

---

2 고익진, 『韓國古代佛敎思想史』, pp.380~381.
3 『高僧傳』 제4권 「元曉傳」(T50, p.730a), "與湘法師入唐。慕三藏慈恩之門。"

③『미륵상하생경기彌勒上下生經記』3권
④『유가론초瑜伽論抄』5권
⑤『유가론중실瑜伽論中實』4권
⑥『섭대승론소攝大乘論疏』4권
⑦『섭대승론세친석론약기攝大乘論世親釋論略記』4권
⑧『양섭론소초梁攝論疏抄』4권
⑨『중변분별론소中邊分別論疏』4권(제3권 存)
⑩『잡집론소雜集論疏』5권
⑪『성유식론종요成唯識論宗要』1권
⑫『이장의二障義』1권(存)
⑬『인명론소因明論疏』1권
⑭『판비량론判比量論』1권(斷簡 存)
⑮『인명입정리론기因明入正理論記』1권

3. 서지 사항

원효의 『해심밀경소』는 현존하지 않으며, 다음과 같은 목록집에서 『해심밀경소』가 3권인 것으로 기록되어 있다.

①『신편제종교장총록新編諸宗敎藏總錄』(고려 의천. T55, 1171b)
②『법상종장소法相宗章疏』(東大寺 平祚. T55, 1138c)
③『주진법상종장소注進法相宗章疏』(藏俊. T55, 1141b)
④『동역전등목록東域傳燈目錄』(興福寺 永超. T55, 1153a)
⑤『대일본고문서大日本古文書』의『나라조현재일체경소목록(奈良朝現在一切經疏目錄)』

원효의 『해심밀경소』 서문은 『동문선東文選』 제83권에 수록되어 있다. 1966년 간행본(경희출판사)을 저본으로 하여 『한국불교전서』 제1책에 「해심밀경소서」가 수록되었다. 이에 대한 교감본은 1915년 조선고서간행회에서 간행된 『동문선』 제83권에 수록된 것과, 1912년 삼십본산연합사무소에서 간행한 『조선불교총보』 제12호에 수록된 것이다. 참고로 말하면 『동문선』은 조선 성종 때 서거정徐居正 등 23명의 학자가 신라 시대부터 조선 성종 때까지의 우리나라 글을 모은 전집이다(1478년, 정편正篇 45책, 133권). 여기에 스님 29명의 시문이 실려 있는데, 이 중에서 제83권에 원효가 지은 서문序文인 「법화경종요서」, 「열반경종요서」, 「해심밀경소서」, 「진역 화엄경소서」, 「금강삼매경론서」, 「본업경소서」의 여섯 종류가 수록되어 있다.

또한 『해심밀경소』 본문의 지극히 일부분(六合釋 내용)이 일본의 아래 문헌에 산일散逸되어 있다.

① 선주善珠(724~797), 『유식의등증명기』 제2권(T65, 352b)
② 장준藏俊(1104~1180), 『대승법상종명목』(『佛全』 82, 337a)
③ 기변基弁(1722~1791), 『대승법원의림장사자후초』 제5권(T71, 572b)

최근에 후쿠시 지닌(福土慈稔) 교수의 학술적인 노력에 의해 신라·고려·조선 시대 불교 문헌들의 산일문散逸文이 『日本佛敎 各宗の新羅·高麗·李朝 佛敎認識に關する硏究』(2012년)에 집대성되었다. 여기에 원효의 『해심밀경소』의 산일문이 수록되어 있다.[4]

참고로 말하면, 『해심밀경』의 한역본으로는 ① 북위北魏 보리류지菩提流支 번역본인 『심밀해탈경深密解脫經』 5권, ② 당唐 현장 번역본인 『해심밀

---

[4] 후쿠시 지닌(福土慈稔), 「日本 三論宗·法相宗にみられる海東佛敎認識—法相宗の部」, 『日本佛敎 各宗の新羅·高麗·李朝 佛敎認識に關する硏究』 第2卷 下, 山梨縣: 身延山大學東アジア佛敎硏究室, 2012, p.13.

경』5권, ③ 송宋 구나발타라求那跋陀羅가 번역한『상속해탈지바라밀요의경相續解脫地波羅密了義經』1권과『상속해탈여래소작수순처요의경相續解脫如來所作隨順處了義經』1권을 합한『상속해탈경』, ④ 진陳 진제眞諦가 번역한『불설해절경佛說解節經』1권이 있다. 이 중에서 ①, ②는 완역본이고 ③, ④는 부분역이다. 일반적으로 유통되는 것은 현장이 번역한『해심밀경』(5권 8품)이다. 이 경의 산스크리트본은 전하지 않으며, 티베트본이 현존한다. 벨기에 출신의 불교학자인 에티엔 라모뜨(Étienne Lamotte)가 이 경의 티베트본을 출판하면서, 이것에 프랑스어 번역을 첨부하였다.

『해심밀경』에 대한 주석서로는 ① 원측圓測의『해심밀경소』10권, ② 영인令因의 소疏 11권, ③ 현범玄範의 소疏 10권, ④ 원효의 소疏 3권, ⑤ 경흥璟興의 소疏 등이 있었으나, 현존하여 널리 유통되는 것은 원측의『해심밀경소』뿐이다. 원측의 주석서는 제10권이 산실되었으나, 이것의 티베트본이 전부 현존한다. 일본인 학자 이나바 쇼주(稻葉正就)가 티베트본을 저본으로 제10권을 한문으로 복역復譯하였다. 이처럼 복원된 완본이『한국불교전서』제1책에 수록되어 있다. 티베트의 주석서로는 현존『티베트대장경』에 세 종류가 수록되어 있다.

4. 내용과 성격

원효의「해심밀경소서」는 서문인 관계로 분량이 적어서『해심밀경소』3권의 전체 내용을 짐작하기가 어렵다. 그러므로「해심밀경소서」의 내용과 성격을 이해하려면『해심밀경』의 해당 내용과 병행하여 살펴볼 필요가 있다.

『해심밀경』5권 8품의 구성 체계는 이론문(제1「서품」~제5「무자성상품」), 실천문(제6「분별유가품」~제7「지바라밀다품」), 증과(제8「여래성소작사품」)로 되어 있으며, 그 내용이 논리 정연하고 정치하여 논서 같은 성격을 띤다.[5] 현장의 번역본인 『해심밀경』(5권 8품)에 의해 이 경전의 구성 체계와 내용을 간략히 살펴보면 다음과 같다.

제1「서품」에서 이 경전은 18원만상의 타수용정토 경지에서 설해졌으며, 설주說主인 여래의 경계는 스물한 가지 공덕을 성취하신 타수용 보신 여래임을 밝힌다. 청중인 성문중聲聞衆은 열세 가지 덕을 갖추었으며, 보살중은 열 가지 큰 공덕을 성취했다고 말한다. 원효의「해심밀경소서」는 서문인 관계로 이 내용이 "열여덟 가지가 원만한 정토에 계시면서 이 요의의 법륜을 굴리셨도다.(居二九之圓土, 轉此了義法輪.)"라고 표현되었다.

제2「승의제상품」은 진제문眞諦門으로, 일체법의 진실한 성품인 승의제勝義諦의 양상을 밝힌다. 승의제, 즉 진여는 유위법·무위법의 두 가지 차별된 모습이 아니고, 일체의 언어를 떠나며, 사려분별이 작용하는 경계를 초월한 것이고, 모든 것에 두루 존재하고 일미一味로 평등한 양상이다. 또한 본질계(理)와 현상계(事)의 관계는 하나 또는 별개라는 집착에서 멀리 초월한 것임을 밝힌다.「해심밀경소서」에서는 제2품의 내용을 "간격 없이 그윽하다. 매우 큰 것이며 넓고 멀다. 끝없이 멀고 멀다. 이에 유위법과 무위법이 허깨비의 변화와 같아서 두 가지가 실재하지 않는다. 생겨남도 없고 모습도 없으며, 내면과 외부를 포괄하여 모두 없앤다. 모두를 없앤다는 것은, 두 가지 계박에서 벗어나고 이해를 드날리는 것이다. 두 가지가 실재하지 않는다는 것은 한맛과 같아져서 고요하면서도 신통의 경지이다.……요긴하고 미묘한 것을 살펴서 궁극에까지 펼쳤다. 있음·없음의 법의 양상을 열어서, 승의勝義가 두 극단을 여읜 것을 보이셨다."[6]라고 표

---

[5] 「序品」을 제외한 나머지 7품이『瑜伽師地論』제75~78권에 전문全文이 인용되어 있다.
[6] 「解深密經疏序」(H1, 553a), "玄於無閒。泰然廣遠。遠於無邊。爾乃有爲無爲。如幻化而無二。無生無相。括內外而偕泯。偕泯之者。脫二縛而懸解。無二之者。同一味而澹神。……撮要妙而究陣。開有無之法相。示勝義之離邊。"

현하였다.

제3「심의식상품」은 속제문俗諦門으로, 현상계의 존재 양상을 밝힌다. 전변轉變의 주체이며 인식의 주체인 심식의 존재 양상을 밝힘으로써, 생사의 근원을 깨닫고 유식唯識의 이치를 알게 한다. 이 품의 제목인 '심의식心意識'에서 '심心'은 곧 제8 아뢰야식이고, '의意'는 제7 말나식이며,[7] '식識'은 6식을 가리키고, 『아함경』에 그 연원을 둔다. 이 품에서 아뢰야식의 작용 양상을 설하는데, 모든 잡염법의 저장소 역할을 하고, 윤회의 주체이며, 현상계 생성의 근본으로서, 아득한 옛적부터 해탈에 이르기까지 그 흐름이 결코 단절되지 않음을 폭류의 비유로 설명한다.

제4「일체법상품」과 제5「무자성상품」에서는 현상계와 본질계의 존재들의 양상이 삼성·삼무자성의 유무 중도설로 설해진다. 즉 변계소집성·의타기성·원성실성의 삼성三性과, 상무자성·생무자성·승의무자성의 삼무자성三無自性으로 설명한다. 또한 붓다의 일대의 가르침에는 삼시三時의 교설이 있음을 밝힌다. 「해심밀경소서」에서는 "말하지 않는 것이 없기 때문에, 세 가지 법륜의 가르침이 삼천세계에 유전하여 두루 가득하다. 두루 가득한 교설은 일찍이 말이 없으며, 단박에 일어나는 모습은 본래 그러하지 않다.(無不言故。三輪之敎流三千而彌誼。彌誼之說。未嘗有言。頓起之相。本來不然。)"라고 표현하고 있다.

제6「분별유가품」에서는 미혹을 단멸하고 승의제인 진여를 증득하는 지관止觀 수행법을 열여덟 가지 부문에 걸쳐서 설명한다. 또한 이 품에서 미륵보살을 상대로 지관 수행의 유가행瑜伽行을 설하는 가운데 '유식'의 심오한 이치를 말하였다. 이에 대하여 「해심밀경소서」에서 "지관의 근본과 지말을 밝혀, 건립하고 논파함의 거짓과 진실을 가려냈다.(明止觀之本末。簡立破之似眞。)", "이에 여래께서 일생보처보살에게 저 매우 심오하고 비밀

---

[7] 『解深密經』에서는 제7 말나식의 작용 양상에 대한 내용은 나오지 않는다.

스러운 의미를 해설하셨다.(於是如來。對一生之大士。解彼甚深密義。)"라고 압축적인 문장으로 서술하였다.

제7「지바라밀다품」에서는 보살의 십지와 불지佛地에 대하여 설한다. 보살이 처음 보리심을 일으켜 복덕과 지혜의 행을 닦아 익히는 자량위부터 불과에 이르기까지 수행·증과의 단계를 십일지로 설한다. 보살의 십지의 행법을 십바라밀다에 배대하여 설명한다.「해심밀경소서」에서 이 내용을 "행은 육바라밀다를 자세히 설명했으며, 계위(位)는 십지를 널리 말하였다.……십지의 행이 성취될 때, 원만한 전의를 증득한다.(行卽分別六度。位卽宣說十地……十地行成之時。證得圓滿轉依。)"라고 하였다.

제8「여래성소작사품」에서는 불신佛身의 원만한 공덕과 작용, 여래의 중생 교화 양상, 불보살의 위덕으로 중생의 신체와 재물로 하여금 원만하게 하는 까닭, 정토와 예토穢土에 대해 밝힌다.「해심밀경소서」에서는 여래의 경지와 교화에 대해 다음과 같이 심도 있게 서술하였다. "그러므로 능히 삼세에 노닐면서 평등하게 관찰하고, 시방에 유행하면서 몸을 나타낸다. 법계에 두루 존재하여 중생을 구제하고, 미래세가 다하도록 더욱 새로워진다.……전의를 이룬 법신은 불가사의하고, 온갖 희론戱論을 끊었다. 하는 것이 전혀 없으며, 하는 것이 없기 때문에 또한 짓지 않는 것도 없다. 거론하는 것이 전혀 없지만, 또한 말하지 않는 것도 없다. 짓지 않는 것이 없기 때문에, 형상에 들어가서 하는 교화가 온 세상에 두루 존재하면서 단박에 일어난다."[8]

---

8 전게서, "故能遊三世而平觀。流十方而現身。周法界而濟物。窮未來而彌新。……轉依法身。不可思議。絶諸戲論。極無所爲。無所爲故無所不作。無所論極。無所不言。無不作故入相之化。遍八荒而頓起。"

5. 가치

원효의「해심밀경소서」는 서문인 관계로 비록 분량은 적지만, 『해심밀경』 5권 8품의 핵심 취지가 원효 특유의 호방한 문체와 간결하고 압축적인 문장으로 표현되어 있다. 『해심밀경소』가 현존하지 않기 때문에, 이 서문을 통해 『해심밀경』에 대한 원효의 뛰어난 해설을 엿볼 수 있다. 그런데 원효의 『해심밀경소』의 지극히 일부분이, 그것도 육합석六合釋 부분만이 산일되어 수록된 일본 문헌에는 원효의 견해를 폄훼하고 비판하는 내용이 있다. 분명히 원효의 탁월한 경안經眼이 『해심밀경소』에도 잘 서술되었을 것인데 말이다. 선주의 『유식의등증명기』 제2권이나 장준의 『대승법상종명목』에도 크게 인용하거나 참조하지 않았다. 심지어 기변의 『대승법원의림장사자후초』 제5권에서는 폄훼와 비판까지 하고 있다.

선주의 『유식의등증명기』에는 규기窺基(632~682)의 장소章疏에 이어 원측의 장소가 60회 이상이나 인용되었지만, 선주와 행신行信 외에는 원측의 장소를 대량 인용한 예가 없다. 또한 규기의 뒤를 이은 혜소慧沼(650~714)가 원효의 『판비량론判比量論』을 비판했던 영향 때문에, 규기의 교학을 중시한 일본 법상종에서 선주 이후에 원효는 비판의 대상이 되었다. 비판을 받지 않는 신라의 장소도 많지만, 참조하거나 적용되는 것이 적으며 인용도 몇 사례뿐이다.[9]

불교학을 연구하는 진실의 세계에서 어째서 이런 편파와 왜곡이 일어났는가? 그 까닭과 배경을 살펴볼 필요가 있다. 중국 법상종은 규기의 『성유식론술기成唯識論述記』와 『대승법원의림장大乘法苑義林章』으로 교의 체계가 정립되었다. 그러나 규기 등의 법상종은 경론經論의 문구에 때로는

---

9 후쿠시 지닌(福士慈稔), "日本佛敎における海東佛敎引用に關する諸問題—みえない海東佛敎の影響", 『잊혀진 한국의 불교사상―신자료의 발굴과 사상의 발견』, 동국대학교 HK사업단·금강대학교 HK사업단, 2013. p.16.

형식적일 정도로 '아비달마적인 접근·분석 경향'이 강했으며, 중생에 대해 현실적 차별상을 강조하여 분석하고 연구하였다. 호법의 신유식에 치우쳐 오성각별설五性各別說, 무성유정無性有情의 불성불론不成佛論, 삼승진실 일승방편설 등을 주장하면서 원측 등 동아시아 유식학자들에게 비판받았다. 원측·원효·의적義寂·태현太賢 등 한국 유식학의 특징인 화쟁적 시각이나 회통·융합의 측면이 중국 법상종에는 적다.

중국의 법상종은 규기, 혜소, 지주智周(668~723)의 3대를 거쳐 40여 년 만에 종파로서는 사실상 쇠멸하였다. 그러나 원측·원효·의적·태현 등의 유식사상은 학풍의 차이와 중화·사대주의 태도 때문에 중국 법상종으로부터 많은 비판을 받았음에도 불구하고, 신라 시대를 거쳐 고려 후기까지 유가종瑜伽宗 종파로 계승되었다. 게다가 일본 문헌에서는 '삼국사관三國史觀'[10]에 의해 규기 등을 중국 법상종의 '정통正統'으로 보고, 원측·원효·의적 등 신라인에 의한 유식 연구를 '방계傍系'나 '이단異端'으로 간주하였다. 특히 기변의 『대승법원의림장사자후초』 제5권에서는[11] 이런 경향이 심하다. 원효의 『해심밀경소』가 일본 법상종 문헌에서 폄훼·비판의 어조로 수록된 것은 이런 배경에서이다.

6. 참고 문헌

고익진, 『韓國古代佛敎思想史』(서울 : 동국대학교출판부, 1989).

묘주 역주, 『해심밀경』(서울 : 민족사, 1997).

---

10 일본에서 가마쿠라(鎌倉) 시대에 응연凝然(1240~1321)이 『三國佛法傳通緣起』를 저술하면서 이런 삼국사관三國史觀이 형성되었다. 불법의 유통을 인도·중국·일본의 삼국에 한정 짓고, 한국 불교를 일부러 배제하였다.

11 기변基弁, 『大乘法苑義林章獅子吼鈔』 제5권(T71, 572b).

묘주 역주, 『해심밀경소』 하권(서울 : 동국역경원, 2000).

민족문화추진회 역, 『東文選』(서울 : 도서출판 솔, 1998).

백진순 역주, 『해심밀경소 제1 서품』, 『해심밀경소 제2 승의제상품』, 『해심밀경소 제3 심의식상품·제4 일체법상품』(서울 : 동국대학교출판부, 2013).

월운 역주, 『해심밀경소』 상권(서울 : 동국역경원, 1995).

임상희, 「해심밀경소서」, 『한국불교전서편람』(2015).

정영근, 「圓測의 唯識哲學—新·舊 唯識의 비판적 종합」(서울 : 서울대학교 대학원 박사학위 논문, 1994).

해주 역주, 「해심밀경소서」, 『한국전통사상총서 불교편 精選 元曉』(2009).

차례

해심밀경소서解深密經疏序 해제 / 259
일러두기 / 273

해심밀경소서解深密經疏序 275

찾아보기 / 282

일러두기

1 '한글본 한국불교전서'는 문화체육관광부의 지원을 받아 동국대학교 불교학술원에서 수행하고 있는 '불교기록문화유산아카이브(ABC)사업'의 결과물을 출간한 것이다.
2 이 책은 『한국불교전서』(동국대학교출판부 간행) 제1책에 수록된 「해심밀경소서解深密經疏序」를 저본으로 번역하였다.
3 번역문에 이어 원문을 병기하고 간단한 표점 부호를 삽입하였다.
4 원문의 교감 사항은 번역문의 각주와 별도로 원문 아래 부분에 제시하였다.
   ㉝은 『한국불교전서』 편찬자가 교감한 내용이다.
   ㉲은 번역자가 교감한 내용이다.
5 약물은 다음과 같다.
   『 』: 서명
   「 」: 편명, 산문 작품
   T : 『대정신수대장경』
   H : 『한국불교전서』

원래 불도佛道에서의 도道의 면모는 온전히 맑음 그 자체이며 깊고 그윽하다. 간격 없이 그윽하다. 매우 큰 것이며 넓고 멀다. 끝없이 멀고 멀다. 이에 유위법과 무위법[1]이 허깨비의 변화와 같아서[2] 두 가지가 실재하지 않는다.[3] 생겨남도 없고[4] 모습도 없으며,[5] 내면과 외부를 포괄하여 모두 없앤다. 모두를 없앤다는 것은, 두 가지 계박[6]에서 벗어나고 이해를 드

---

1 유위법有爲法과 무위법無爲法 : 모든 존재를 크게 유위법과 무위법으로 나눈다. ① 유위법은 인연법에 의해 형성되고 변화하는 현상적 존재로서, 실체가 없는 공空의 속성을 띤다. 오온五蘊과 색법·심왕법·심소법心所法·불상응행법不相應行法이 이에 해당된다. 유위법은 생겨나고(生) 머물고(住) 달라지고(異) 소멸하므로(滅), 무상하고 괴로우며 무아無我인 속성을 띤다. ② 무위법은 인연법에 의해 만들어지지 않으며, 생멸변화의 유위력을 여읜 불생불멸, 상주절대의 법으로서, 구체적으로 진여 법성을 말한다. 그런데 무위법은 유위법과 관계없이 별존別存하는 것이 아니라 일체법의 체성이다. 만법유식萬法唯識의 입장에서 보면 유위법은 식이 전변된 것이고, 무위법은 식의 자체성自體性이다.
2 이 경전의 제2「勝義諦相品」에서 일체법이 인연 화합하여 실체가 없는 공空한 존재임을 비유로 설명할 때, '환화幻化'의 비유를 든다. 즉 재주 좋은 요술쟁이(幻術師 : 팔식과 여러 심소들을 비유)가 네거리(色蘊·受蘊·想蘊·行蘊을 비유)에서 만든 갖가지 사물들이 사실은 허깨비인 것처럼, 온갖 유위법·무위법이 만법유식으로서 공성空性임을 나타낸다.
3 제2「勝義諦相品」에서 일체법을 유위법과 무위법으로 구분하고, 이 유위법과 무위법이 둘이 아닌 이치를 언어의 가설과 방편의 설명을 통해 밝힌다. 승의제, 즉 진여는 유위법이니 무위법이니 하는 두 가지 차별된 모습이 아니고, 일체의 언어를 떠나며, 사려분별이 작용하는 경계를 초월한 것이고, 모든 것에 두루하고 한맛으로 평등한 양상임을 강조한다. 또한 본체계와 현상계의 관계에 대해서, 승의제의 양상이 진여의 본체(理)와 유위법의 현상계(事)가 하나 또는 별개라는 집착을 멀리 초월한 것(理事不一不二)임을 밝힌다.
4 생겨남도 없고(無生) : 의타기상의 존재성 부정이다. 일체법의 실상은 생겨남이 없음을 말하는 것으로서, 일체법의 공空한 이치를 나타낸다. 제5「無自性相品」에서 일체법이 자성이 없으며 무생무멸無生無滅하여 본래적정함을 설한다.
5 모습도 없으며(無相) : 변계소집상의 존재성 부정이다. 경험 세계의 형상으로 나타난 사물들은 공화空華처럼 실재성이 없는데도, 허망분별(識)에 의해 실재하는 것처럼 보이며, 개념이나 언어로써 파악되고 집착된다. 제4「一切法相品」에서 변계소집상의 상무성相無性의 이치를 여실히 깨달으면 모든 번뇌의 속박에서 벗어날 수 있다고 설한다.
6 두 가지 계박繫縛 : 상박相縛과 추중박麤重縛을 의미한다. 여기서 '박縛'은 번뇌의 다른 명칭이다. 번뇌가 중생의 마음을 속박해서 자재하지 못하게 하므로 그렇게 부른다. ① 상박은 '형상에 의한 인식 면에서의 속박'으로, 인식 대상인 상분이 인식 주체인 견분

• 275

날리는 것이다. 두 가지가 실재하지 않는다는 것은, 한맛과 같아져서 고요하면서도 신통의 경지이다. 그러므로 능히 삼세에 노닐면서 평등하게 관찰하고, 시방에 유행하면서 몸을 나타낸다. 법계에 두루 존재하여 중생을 구제하고, 미래세가 다하도록 더욱 새로워진다.

原夫佛道之爲道也。湛爾冲玄。玄於無閒。¹⁾ 泰然廣遠。遠於無邊。爾乃有爲無爲。如幻化而無二。無生無相。括內外而偕泯。偕泯之者。脫二縛而懸解。無二之者。同一味而澹神。故能遊三世而平觀。流十方而現身。周法界而濟物。窮未來而彌新。

1) ㉠ '閒'은 『東文選』 제83권(조선고서간행회, 1915)과 『조선불교총보』 제12호(삼십본산연합사무소, 1912)에 수록된 「解深密經疏序」에는 '間'으로 되어 있다.

이에 여래께서 일생보처보살에게 저 매우 심오하고 비밀스러운 의미를 해설하셨다.[7] 열여덟 가지가 원만한 정토에 계시면서[8] 이 요의의 법륜을

을 속박하는 것이다. 이로 인해 인식 대상이 공화空華와 같아서 공한 이치를 깨닫기 어렵다. ② 추중박은 '유루종자에 의한 존재 면에서의 속박'이다. 추중麤重은 추강침중麤強沈重의 줄인 말이다. 아뢰야식에 함장되어 있는 유루종자로서 번뇌장·소지장에 의한 종자이다. 그리하여 추중은 몸과 마음의 부자유성을 의미하기도 한다.[추중에 관한 자세한 설명은 원측圓測의 『解深密經疏』 제9권(H1, 428b~430c) 참조] 제6 「分別瑜伽品」에서 지관 수행에 의해 이 두 속박에서 해탈할 수 있다고 설한다.

7 제6 「分別瑜伽品」에서 미륵보살을 상대로 지관 수행의 유가행瑜伽行에 대하여 설하는 가운데 '유식唯識'의 심오한 이치를 말씀하신 것을 가리킨다. 원문에서 '一生之大士'는 일생보처보살一生補處菩薩이라는 의미로, 일생만 지나면 다음은 불과에 나아가 불처佛處를 도와야 할 보살이다. 일반적으로 미륵보살을 지칭한다. 미륵보살은 현재 도솔천에 계시며, 그 일생이 끝나면 인간세계에 와서 현재불인 석가모니불에 이어서 당래불이 되어 석존의 불처를 돕는다. 일생보처보살은 보살도 중에서 어느 계위에 해당하는가? 일반적으로 보살의 52위(또는 十信을 第1住에 포함한 42위)의 수행 계위 중에서 보살의 최고 계위인 등각等覺을 가리킨다. 유식학에서는 등각이란 표현을 사용하지 않지만, 이와 같은 맥락에서 설명된다. 제7 「地波羅蜜多品」에서 십지에 불지佛地를 더하여 십일지의 각 지地에서 다스려야 할 2종의 어리석음과 유루종자(麤重)를 언급한다. 제10지 법운지法雲地를 지나서 제11지 불지에서 다스려야 할 2종의 어리석음으로서 ① 알

굴리셨도다. 그 가르침은 지극히 정치하고 순수하여, 번잡하거나 화려한 것을 버리고 진실한 것을 담았다. 요긴하고 미묘한 것을 살펴서 궁극에까지 펼쳤다. 있음·없음의 법의 양상을 열어서, 승의勝義[9]가 두 극단을 여의

아야 할 모든 경계에 대하여 매우 미세하게 집착하는 어리석음, ② 매우 미세하게 장애하는 어리석음과, 이 두 가지의 유루종자를 부지런히 닦아 익힘으로써 원만하게 되어 여래지가 완성된다고 한다. 여래지에서 아직 2종 어리석음과 그 유루종자가 있어서 닦아 익히는 경지, 즉 여래지가 완성되기 이전의 상태가 등각等覺의 일생보처보살에 해당된다고 볼 수 있다.

8 『解深密經』「序品」의 첫머리에 세존께서 삼매 속에서 현현한 정토의 광경을 열여덟 가지 측면에서 서술한다. 정토의 열여덟 가지 원만상은 석존께서 과거 보살로서 오랜 세월 동안 이타행을 펼치신 선근에 의해 이루어진 보토報土이고, 온갖 번뇌의 속박에서 완전히 벗어난 대원경지大圓鏡智 상응의 청정 무구식無垢識에 의해 변현된 양상이다. 열여덟 가지가 원만한 정토의 모습은 다음과 같다. ① 현색원만顯色圓滿 : 매우 찬란하게 빛나는 칠보장엄이 대광명을 내어 널리 한량없는 세계를 모두 비춤, ② 형색원만形色圓滿 : 수많은 방위 공간을 연이어 미묘하게 장식함, ③ 분량원만分量圓滿 : 주위가 끝이 없어서 그 크기를 헤아리기 어려움, ④ 방처원만方處圓滿 : 삼계에서 행하는 곳을 벗어남, ⑤ 인원만因圓滿 : 뛰어난 출세간의 선근이 일으킨 곳, ⑥ 과원만果圓滿 : 가장 자재한 청정식淸淨識을 모습으로 삼음, ⑦ 주원만主圓滿 : 여래가 도읍으로 삼은 곳, ⑧ 보익원만補益圓滿 : 모든 대보살들이 운집함, ⑨ 권속원만眷屬圓滿 : 수많은 팔부중들이 항상 무리 지어 따르고 있음, ⑩ 주지원만住持圓滿 : 광대한 법의 맛을 기쁘고 즐겁게 지님, ⑪ 사업원만事業圓滿 : 중생의 모든 이익을 나타내 지음, ⑫ 섭익원만攝益圓滿 : 티끌 같은 모든 번뇌를 없앰, ⑬ 무외원만無畏圓滿 : 갖가지 마魔를 멀리 여읨, ⑭ 주소원만住所圓滿 : 보살 등의 모든 장엄보다 뛰어난 여래장엄의 의지처임, ⑮ 노원만路圓滿 : 크게 기억하고 판별하며 수행하는 대념혜행大念慧行을 노니는 길로 삼음, ⑯ 업원만業圓滿 : 크게 그치는 지止와 미묘한 관찰인 관觀을 승乘으로 삼음, ⑰ 문원만門圓滿 : 뛰어난 공空, 차별상이 없음, 원하는 바가 없음의 세 가지 선정을 해탈에 들어가는 문으로 삼음, ⑱ 의지원만依持圓滿 : 한량없는 공덕으로 장엄하고 뛰어난 보배 연꽃으로 세워진 곳. 이상의 18원만 중에서 앞의 열일곱 가지는 제18원만의 별상別相이다. 18원만상의 한자 용어 설명은 원측의 『解深密經疏』 제1권(H1, 141c~150c)에 의거한다. 18원만상의 한글 번역문은 『解深密經』 제1 「序品」(T16, p.665bc)에 나오는 본문 내용을 인용하였다.

9 승의勝義 : Ⓢ paramārtha. '최고의 대상·사물'이라는 뜻으로, 반야의 무분별지혜의 대상, 즉 진여를 말한다. 제일第一義라고도 한다. 진여나 열반과 같이 세간통속世間通俗을 넘어선 진리를 승의제勝義諦라고 한다. 『成唯識論』 제8권(T31, p.47c)에서 다음과 같이 3종 승의를 말한다. ① 의승의義勝義ㅡ뛰어난 지혜의 대상이 되는 것, 곧 진여眞如, ② 득승의得勝義ㅡ증득해야 할 열반, ③ 행승의行勝義ㅡ훌륭한 경계로 향해서 이루는 무루지無漏智. 정행승의正行勝義라고도 한다.

는 것을 보이셨다.[10] 지관止觀의 근본과 지말을 밝혀서,[11] 건립하고 논파함의 거짓과 진실을 가려냈다. 교법은 삼장의 성스러운 가르침을 모두 나타내고, 이치는 네 가지 도리[12]를 완전하게 담았다. 행은 육바라밀다를 자세

---

[10] 제2「勝義諦相品」, 제4「一切法相品」, 제5「無自性相品」에서 이러한 이치를 설명한다. 승의勝義는 유위·무위의 두 가지 차별된 모습이 아니며, 삼성설(변계소집상·의타기상·원성실상)과 삼무성설(상무성·생무성·승의무성)로써 유·무의 양변兩邊을 초월한 중도中道의 이치인 것을 천명한다.

[11] 제6「分別瑜伽品」에서 지止·관觀 수행의 유가행법을 상세히 설한다. 지止([S] śamatha)는 정신을 하나의 대상에 집중하여 삼매의 경지에 이르는 행법이다. 관觀([S] vipaśyanā)은 지止에 의해 심신의 편안함에 이른 상태에서 대상·진리에 대해 바르게 관찰하고 통찰하는 행법이다. 이 품에서 지관 수행의 체계를 다음과 같은 18부문에 걸쳐 설한다. 18부문의 명칭은 원측의 『解深密經疏』 제6권(H1, 297a)에 따르면 다음과 같다. ① 분별지관의주문分別止觀依住門 : 지관의 의지처와 머물 곳, ② 지관소연차별문止觀所緣差別門 : 지관의 인식 대상의 경계, ③ 분별능구지관문分別能求止觀門 : 지止를 구하고 관觀을 잘 행하는 방법, ④ 수순지관작의문隨順止觀作意門 : 지관에 수순하는 작의, ⑤ 지관이도동이문止觀二道同異門 : 지와 관은 다르지도 않고 다르지 않은 것도 아님, ⑥ 분별지관유식문分別止觀唯識門 : 지관을 행할 때의 영상은 오직 식識이 현현된 것, ⑦ 수습지관단복문修習止觀單複門 : 지와 관을 함께 닦아야 함, ⑧ 지관종수차별문止觀種數差別門 : 지관의 종류, ⑨ 의불의법지관문依不依法止觀門 : 수행자의 근기에 따라 법에 의지하거나 의지하지 않는 지관행을 닦음, ⑩ 유심사등차별문有尋伺等差別門 : 심尋과 사伺 심소의 있고 없음에 따른 삼마지의 종류, ⑪ 지거사상차별문擧捨相差別門 : 그치는 양상(止相), 일으키는 양상(擧相), 평정의 양상(捨相), ⑫ 지법지의차별문知法知義差別門 : 알아야 할 법과 그 의미에 대한 영상의 현현과 제거의 필요성, ⑬ 지관능섭제정문止觀能攝諸定門 : 지관이 포섭하는 선정의 종류, ⑭ 지관인과작업문止觀因果作業門 : 지관의 원인·결과와 작용, ⑮ 지관치장차별문止觀治障差別門 : 지관의 모든 장애와 그것을 없애는 방법, ⑯ 지관능증보리문止觀能證菩提門 : 지관에 의해 십지十地에서의 장애를 다스리는 과정, ⑰ 인발광대위덕문引發廣大威德門 : 지관행이 이끌어 내는 여섯 가지 광대한 위덕, ⑱ 어무여의멸수문於無餘依滅受門 : 모든 감수 작용이 소멸되면서 무여의열반에 들어감.

[12] 네 가지 도리(四種道理) : 관대도리觀待道理·작용도리作用道理·증성도리證成道理·법이도리法爾道理를 말한다. 원측의 『解深密經疏』 제10권(H1, 457b~458b)에 따르면 네 가지 도리는 다음과 같다. ① 관대도리는 상대적인 것을 관찰하는 도리이다. 즉 긴 것(長)에 상대적으로 짧은 것(短)이 있고, 짧은 것에 상대적으로 긴 것이 있듯이, 상대적이고 반대적인 것의 하나는 반드시 다른 것에 대비對比된다는 불변의 도리를 말한다. ② 작용도리는 작용의 도리, 즉 인연에 의해 생겨난 유위법에는 반드시 일을 이루는 작용이 있음을 말한다. ③ 증성도리는 증명하여 성립되는 도리이다. 즉 현량現量·비량比量·성교량聖敎量에 의해 증명하여 성립되는 참되고 바른 도리이다. ④ 법이도

히 설명했으며, 계위(位)는 십지를 널리 말하였다. 십지의 행이 성취될 때, 원만한 전의轉依[13]를 증득한다. 전의를 이룬 법신은 불가사의하고, 온갖 희론戱論[14]을 끊었다. 하는 것이 전혀 없으며, 하는 것이 없기 때문에 또한 짓지 않는 것도 없다. 거론하는 것이 전혀 없지만, 또한 말하지 않는 것도 없다. 짓지 않는 것이 없기 때문에, 형상에 들어가서 하는 교화[15]가 온 세

리는 법의 본래부터의 도리이다. 부처님이 세상에 출현하거나 출현하지 않음에 관계없이 법계에 안주하는 본래부터의 도리이다. 예를 들면 연기법, 선인낙과善因樂果 악인고과惡因苦果의 인과법 같은 것을 말한다.

13 전의轉依 : ⓢ āśraya-parāvṛtti.『解深密經』을 소의경전所依經典으로 하는 유식학에서는 대각大覺을 성취하는 원리를 전식득지轉識得智, 즉 현상계의 허망한 식識을 진여의 무분별지無分別智로 전환하는 과정으로 설명한다. 전식득지는 오위五位(자량위·가행위·통달위·수습위·구경위) 수행을 통한 전의로써 이루어진다. 전의는 '소의所依의 전환'이란 뜻으로서, '전轉'은 전사轉捨와 전득轉得을 의미하고, '의依'는 지종의 持種依인 제8식을 가리킨다. 근본적으로 온갖 유루종자를 저장하고 있는 지종의인 제8 아뢰야식이 전환되어야 최상의 깨달음, 완전한 행복이 이루어진다. 전사는 번뇌장과 소지장의 종자까지 소멸시키는 것을 말하고, 전득은 대열반과 대보리를 증득힘을 가리킨다. 대열반은 무주열반無住涅槃을 가리키고, 대보리는 사지四智 성취, 즉 제8 아뢰야식이 대원경지로, 제7 말나식이 평등성지로, 제6 의식이 묘관찰지로, 5식이 성소작지로 된 것을 말한다.『成唯識論』제9권(T31, 51a) 참조.

14 희론戱論 : 희롱戱弄하는 담론談論으로서, 부질없고 아무 이익도 없는 언변이나 분별을 말한다. 이에 애론愛論과 견론見論의 두 가지가 있다. 애론은 사물에 집착하는 미혹한 마음으로 일으키는 갖가지 옳지 못한 언변이다. 견론은 여러 가지 치우친 소견으로 하는 분별의 언변이다. 둔근인鈍根人은 애론을, 이근인利根人은 견론을 고집한다. 또한 일반적으로 재가인은 애론을, 출가인은 견론을, 천마天魔는 애론을, 외도는 견론을, 범부는 애론을, 이승二乘은 견론을 고집하는 경향이 많다.

15 제8「如來成所作事品」에서, 여래께서 변화신을 나타내는 방편으로 다음과 같은 모습을 보인다고 설한다. ① 도솔천으로부터 인간세상의 왕가王家나 큰 복전의 집안에 입태入胎하여 탄생함, ② 성장해서 여러 욕락을 수용함, ③ 출가하여 고행을 보임, ④ 고행을 버리고 등정각을 이룸, ⑤ 교화하고 열반에 드는 모습을 보임. 이 경전 외에 석가여래의 팔상성도八相成道로써 말하기도 하는데, 여러 견해가 있으나 일반적으로 ① 도솔내의상兜率來儀相 : 도솔천에서 사바세계에 오시는 모습, ② 비람강생상毘藍降生相 : 룸비니 동산에서 태어나시던 모습, ③ 사문유관상四門遊觀相 : 왕궁의 네 성문 밖으로 나가 인간이 늙고 병들고 죽는 모습과 출가수행자를 관찰하는 모습, ④ 유성출가상踰城出家相 : 성을 넘어 출가하시던 모습, ⑤ 설산수도상雪山修道相 : 설산에서 수행하시던 모습, ⑥ 수하항마상樹下降魔相 : 보리수 밑에서 온갖 마군의 항복을 받고 대각을 성취하시던 모습, ⑦ 녹원전법상鹿苑傳法相 : 녹야원에서 최초로 설

상(八荒)[16]에 두루 존재하면서 단박에 일어난다. 말하지 않는 것이 없기 때문에, 세 가지 법륜의 가르침[17]이 삼천세계에 유전하여 두루 가득하다. 두루 가득한 교설은 일찍이 말이 없으며, 단박에 일어나는 모습은 본래 그러하지 않다. 이것을 여래의 매우 심오하고 비밀스러운 법장이라고 한다. 이제 이 경전은 그 비밀스러운 법장을 열어서 밝혔다. 이런 까닭에 제목을 『해심밀경解深密經』[18]이라 이름한다.

법하시던 모습, ⑧ 쌍림열반상雙林涅槃相 : 쿠시나가라의 두 그루 사라나무 사이에서 열반에 드시던 모습으로써 설명한다.
16 온 세상(八荒) : 팔황八荒은 여덟 방위의 멀고 넓은 범위라는 뜻으로서 '온 세상', '전 세계'를 가리킨다. 팔황에서 팔八은 동·서·남·북·북동·남동·북서·남동쪽의 여덟 방향을 가리키고, 황荒은 아주 먼 땅이라는 의미이다. 팔황과 비슷한 용어로는 팔굉八紘, 팔극八極 등이 있다.
17 제5「無自性相品」의 끝부분에서 석존 일대의 가르침에 삼시三時의 교설이 있음을 밝힌다. 원측의 『解深密經疏』 제5권(H1, 281b~290c)에 따르면, 세 번의 법륜은 이사제상전정법륜以四諦相轉正法輪, 이은밀상전정법륜以隱密相轉正法輪, 이현료상전정법륜以顯了相轉正法輪이다. ① 제1시時 이사제상전정법륜은 성문聲聞의 수행자를 위한 사제四諦 법륜으로, 아직 요의了義의 가르침이 아니라고 한다. ② 제2시 이은밀상전정법륜은 대승에 발심하여 수행하는 이들을 위한 법륜으로, 일체법이 자성이 없고 생함과 멸함이 없어 본래 적정하고 자성열반임을 설했으며, 반야부 경전이 이에 해당된다. 이 역시 아직 요의의 가르침이 아니라고 한다. ③ 제3시 이현료상전정법륜은 일체승一切乘, 즉 일승一乘에 발심한 사람들을 두루 위한 가르침으로, 『解深密經』·『法華經』·『華嚴經』 등이 이에 해당된다. 이같이 삼승인三乘人을 두루 위한 일승의 가르침이 진정한 요의의 가르침임을 밝힌다. 이 경전의 삼종법륜설에 근거하여 후대 법상종法相宗에서 유교有敎·공교空敎·중도교中道敎의 삼시교판三時敎判을 건립하였다.
18 『해심밀경解深密經』: 유식학의 소의경전이다. 중기 대승경전에 속하며, 편찬 연대는 기원 3세기 전후로 추정된다. 산스크리트본은 전하지 않고 티베트본이 현존한다. 이 경전의 산스크리트 제목은 'Saṃdhinirmocanasūtra'이다. saṃdhi에는 ① 깊고 비밀함(深密), ② 곧은 매듭(堅節), ③ 상속相續의 세 가지 의미가 있다. nirmocana에는 ① 해탈解脫, ② 해석解釋의 두 가지 뜻이 있다. 따라서 이 경전의 산스크리트 제목은 ① '깊고 비밀하며 상속하는 진리를 해석함', ② '굳은 매듭 같은 미혹에서 해탈하게 함'의 뜻이 있다. 이와 같은 몇 가지 뜻이 있기 때문에 한역본漢譯本에는 '해심밀경·상속해탈경·심밀해탈경·해절경解節經' 등의 제목이 있게 되었다. 현장玄奘 역본 『解深密經』 5권은 8품으로 구성되어 있다. 제1「序品」, 제2「勝義諦相品」, 제3「心意識相品」(이상 제1권)과 제4「一切法相品」, 제5「無自性相品」(이상 제2권)은 이론문(境)이고, 제

於是如來對一生之大士。解彼甚深密義。居二九之圓土。轉此了義法輪。其爲敎也極精粹焉。棄繁華而錄實。撮要妙而究陳。開有無之法相。示勝義之離邊。明止觀之本末。簡立破之似眞。敎窮三藏聖敎。理盡四種道理。行卽分別六度。位卽宣說十地。十地行成之時。證得圓滿轉依。轉依法身。不可思議。絶諸戲論。極無所爲。無所爲故無所不作。無所論極。無所不言。無不作故入相之化。遍八荒而頓起。無不言故。三輪之敎流三千而彌誼。彌誼之說。未嘗有言。頓起之相。本來不然。是謂如來甚深密藏。今此經者。開發密藏。所以立題目。名解深密經。

---

6 「分別瑜伽品」(제3권)과 제7 「地波羅蜜多品」(제4권)은 실천문(行)이며, 제8 「如來成所作事品」(제5권)은 증과(果)의 내용이다.

찾아보기

계위(位) / 279
교법敎法 / 278

네 가지 도리 / 278

두 가지 계박繫縛 / 275

무위법無爲法 / 275

법신法身 / 279
비밀스러운 의미 / 276

삼장三藏 / 278

세 가지 법륜法輪 / 280
승의勝義 / 277
십지十地 / 279

온 세상(八荒) / 279
요의了義의 법륜 / 276
유위법有爲法 / 275
육바라밀다六波羅密多 / 278
이치理致 / 278
일생보처보살一生補處菩薩 / 276

전의轉依 / 279
지관止觀 / 278

한맛 / 276
『해심밀경解深密經』 / 280
허깨비의 변화 / 275
희론戱論 / 279

한글본 한국불교전서

신·라·출·간·본

신라 1 인왕경소
원측 | 백진순 옮김 | 신국판 | 800쪽 | 35,000원

신라 2 범망경술기
승장 | 한명숙 옮김 | 신국판 | 620쪽 | 28,000원

신라 3 대승기신론내의약탐기
태현 | 박인석 옮김 | 신국판 | 248쪽 | 15,000원

신라 4 해심밀경소 제1 서품
원측 | 백진순 옮김 | 신국판 | 448쪽 | 24,000원

신라 5 해심밀경소 제2 승의제상품
원측 | 백진순 옮김 | 신국판 | 508쪽 | 26,000원

신라 6 해심밀경소 제3 심의식상품 제4 일체법상품
원측 | 백진순 옮김 | 신국판 | 332쪽 | 20,000원

신라 12 무량수경연의술문찬
경흥 | 한명숙 옮김 | 신국판 | 800쪽 | 35,000원

신라 13 범망경보살계본사기 상권
원효 | 한명숙 옮김 | 신국판 | 272쪽 | 17,000원

신라 14 화엄일승성불묘의
견등 | 김천학 옮김 | 신국판 | 264쪽 | 15,000원

신라 15 범망경고적기
태현 | 한명숙 옮김 | 신국판 | 612쪽 | 28,000원

신라 16 금강삼매경론
원효 | 김호귀 옮김 | 신국판 | 666쪽 | 32,000원

신라 17 대승기신론소기회본
원효 | 은정희 옮김 | 신국판 | 536쪽 | 27,000원

신라 18 미륵상생경종요 외
원효 | 성재헌 외 옮김 | 신국판 | 420쪽 | 22,000원

신라 19 대혜도경종요 외
원효 | 성재헌 외 옮김 | 신국판 | 256쪽 | 15,000원

신라 20 열반종요
원효 | 이평래 옮김 | 신국판 | 272쪽 | 16,000원

신라 21 이장의
원효 | 안성두 옮김 | 신국판 | 256쪽 | 15,000원

신라 24 지범요기조람집
원효·진원 | 한명숙 옮김 | 신국판 | 310쪽 | 19,000원

신라 25 집일 금광명경소
원효 | 한명숙 옮김 | 신국판 | 636쪽 | 31,000원

고·려·출·간·본

고려 1 일승법계도원통기
균여 | 최연식 옮김 | 신국판 | 216쪽 | 12,000원

고려 2 원감국사집
충지 | 이상현 옮김 | 신국판 | 480쪽 | 25,000원

고려 3 자비도량참법집해
조구 | 성재헌 옮김 | 신국판 | 696쪽 | 30,000원

고려 4 천태사교의
제관 | 최기표 옮김 | 4X6판 | 168쪽 | 10,000원

고려 5 대각국사집
의천 | 이상현 옮김 | 신국판 | 752쪽 | 32,000원

고려 6 법계도기총수록
저자 미상 | 해주 옮김 | 신국판 | 628쪽 | 30,000원

고려 7 보제존자삼종가
고봉 법장 | 하혜정 옮김 | 4X6판 | 216쪽 | 12,000원

고려 8 석가여래행적송·천태말학운묵화상경책
운묵 무기 | 김성옥·박인석 옮김 | 신국판 | 424쪽 | 24,000원

고려 9 법화영험전
요원 | 오지연 옮김 | 신국판 | 264쪽 | 17,000원

고려 10 남명천화상송증도가사실
□련 | 성재헌 옮김 | 신국판 | 418쪽 | 23,000원

고려 11 백운화상어록
백운 경한 | 조영미 옮김 | 신국판 | 348쪽 | 21,000원

조·선·출·간·본

조선 1 작법귀감
백파 긍선 | 김두재 옮김 | 신국판 | 336쪽 | 18,000원

조선 2 정토보서
백암 성총 | 김종진 옮김 | 4X6판 | 224쪽 | 12,000원

조선 3 백암정토찬
백암 성총 | 김종진 옮김 | 4X6판 | 156쪽 | 9,000원

조선 4 일본표해록
풍계 현정 | 김상현 옮김 | 4X6판 | 180쪽 | 10,000원

조선 5 기암집
기암 법견 | 이상현 옮김 | 신국판 | 320쪽 | 18,000원

조선 6 운봉선사심성론
운봉 대지 | 이종수 옮김 | 4X6판 | 200쪽 | 12,000원

조선 7 추파집·추파수간
추파 홍유 | 허혜정 옮김 | 신국판 | 340쪽 | 20,000원

조선 8 침굉집
침굉 현변 | 이상현 옮김 | 신국판 | 300쪽 | 17,000원

조선 9 염불보권문
명연 | 정우영·김종진 옮김 | 신국판 | 224쪽 | 13,000원

조선 10 천지명양수륙재의범음산보집
해동사문 지환 | 김두재 옮김 | 신국판 | 636쪽 | 28,000원

조선 11 삼봉집
화악 지탁 | 김재희 옮김 | 신국판 | 260쪽 | 15,000원

조선 12 선문수경
백파 긍선 | 신규탁 옮김 | 신국판 | 180쪽 | 12,000원

조선 13 선문사변만어
초의 의순 | 김영욱 옮김 | 4X6판 | 192쪽 | 11,000원

조선 14 부휴당대사집
부휴 선수 | 이상현 옮김 | 신국판 | 376쪽 | 22,000원

조선 15 무경집
무경 자수 | 김재희 옮김 | 신국판 | 516쪽 | 26,000원

조선 16 무경실중어록
무경 자수 | 성재헌 옮김 | 신국판 | 340쪽 | 20,000원

조선 17 불조진심선격초
무경 자수 | 성재헌 옮김 | 신국판 | 168쪽 | 11,000원

조선 18 선학입문
김대현 | 성재헌 옮김 | 신국판 | 240쪽 | 14,000원

조선 19 사명당대사집
사명 유정 | 이상현 옮김 | 신국판 | 508쪽 | 26,000원

조선 20 송운대사분충서난록
신유한 엮음 | 이상현 옮김 | 신국판 | 324쪽 | 20,000원

조선 21 의룡집
의룡 체훈 | 김석군 옮김 | 신국판 | 296쪽 | 17,000원

조선 22 응운공여대사유망록
응운 공여 | 이대형 옮김 | 신국판 | 350쪽 | 20,000원

조선 23 사경지험기
백암 성총 | 성재헌 옮김 | 신국판 | 248쪽 | 15,000원

조선 24 무용당유고
무용 수연 | 이상현 옮김 | 신국판 | 292쪽 | 17,000원

조선 25 설담집
설담 자우 | 윤인초 옮김 | 신국판 | 200쪽 | 13,000원

조선 26 동사열전
범해 각안 | 김두재 옮김 | 신국판 | 652쪽 | 30,000원

조선 27 청허당집
청허 휴정 | 이상현 옮김 | 신국판 | 964쪽 | 47,000원

조선 28 대각등계집
백곡 처능 | 임재완 옮김 | 신국판 | 408쪽 | 23,000원

| 조선 29 | 반야바라밀다심경략소연주기회편
석실 명안 엮음 | 강찬국 옮김 | 신국판 | 296쪽 | 17,000원

| 조선 30 | 허정집
허정 법종 | 성재헌 옮김 | 신국판 | 488쪽 | 25,000원

| 조선 31 | 호은집
호은 유기 | 김종진 옮김 | 신국판 | 264쪽 | 16,000원

| 조선 32 | 월성집
월성 비은 | 이대형 옮김 | 4X6판 | 172쪽 | 11,000원

| 조선 33 | 아암유집
아암 혜장 | 김두재 옮김 | 신국판 | 208쪽 | 13,000원

| 조선 34 | 경허집
경허 성우 | 이상하 옮김 | 신국판 | 572쪽 | 28,000원

| 조선 35 | 송계대선사문집 · 상월대사시집
송계 나식 · 상월 새봉 | 김종진 · 박재금 옮김 | 신국판 | 440쪽 | 24,000원

| 조선 36 | 선문오종강요 · 환성시집
환성 지안 | 성재헌 옮김 | 신국판 | 296쪽 | 17,000원

| 조선 37 | 역산집
영허 선영 | 공근식 옮김 | 신국판 | 368쪽 | 22,000원

| 조선 38 | 함허당득통화상어록
득통 기화 | 박해당 옮김 | 신국판 | 300쪽 | 18,000원

| 조선 39 | 가산고
월하 계오 | 성재헌 옮김 | 신국판 | 446쪽 | 24,000원

| 조선 40 | 선원제전집도서과평
설암 추붕 | 이정희 옮김 | 신국판 | 338쪽 | 20,000원

| 조선 41 | 함홍당집
함홍 치능 | 성재헌 옮김 | 신국판 | 348쪽 | 21,000원

| 조선 42 | 백암집
백암 성총 | 유호선 옮김 | 신국판 | 544쪽 | 27,000원

| 조선 43 | 동계집
동계 경일 | 김승호 옮김 | 신국판 | 380쪽 | 22,000원

| 조선 44 | 용암당유고 · 괄허집
용암 체조 · 괄허 취여 | 김종진 옮김 | 신국판 | 404쪽 | 23,000원

| 조선 45 | 운곡집 · 허백집
운곡 충휘 · 허백 명조 | 김재희 · 김두재 옮김 | 신국판 | 514쪽 | 26,000원

| 조선 46 | 용담집 · 극암집
용담 조관 · 극암 사성 | 성재헌 · 이대형 옮김 | 신국판 | 520쪽 | 26,000원

| 조선 47 | 경암집
경암 응윤 | 김재희 옮김 | 신국판 | 300쪽 | 18,000원

| 조선 48 | 석문상의초 외
벽암 각성 외 | 김두재 옮김 | 신국판 | 338쪽 | 20,000원

| 조선 49 | 월파집 · 해붕집
월파 태율 · 해붕 전령 | 이상현 · 김두재 옮김 | 신국판 | 562쪽 | 28,000원

| 조선 50 | 몽암대사문집
몽암 기영 | 이상현 옮김 | 신국판 | 348쪽 | 21,000원

※ 한글본 한국불교전서는 계속 출간됩니다.

원효 元曉
(617~686)

원효는 신라 진평왕 39년에 경상북도 압량군押梁郡에서 태어났고 속성은 설薛씨이다. 대략 15세 전후에 출가한 것으로 전해진다. 특정 스승에게 의탁하지 않고 낭지朗智·혜공惠空·보덕普德 등의 여러 스승에게서 두루 배웠다. 학문적 성향도 또한 그러하여, 특정 경론이나 사상에 경도되지 않고 다양한 사상과 경론을 두루 학습하고 연구했다. 34세에 의상義湘과 함께, 현장玄奘에게 유식학을 배우기 위해 당나라로 떠났지만, 상황이 여의치 않아 중간에 되돌아왔다. 45세에 재시도를 감행했으나, 도중에 "마음이 모든 것의 근본이며 마음 밖에 어떤 법도 있지 않다."라는 깨달음을 얻고 되돌아왔다. 이후 저술활동에 전념하여 80여 부 200여 권의 저술이 있었던 것으로 전해지며, 현재 이 가운데 22부가 전해진다. 원효는 오롯이 출가자로서의 삶에 갇혀 있지 않고, 세간을 두루 돌아다니면서 대중과 하나가 되어 불교를 전파하면서, 그들을 교화하는 데 힘을 기울였다. 그의 삶과 사상은 진속일여眞俗一如·염정무이染淨無二·화쟁和諍 등으로 집약할 수 있다. 신문왕 6년 혈사穴寺에서 입적하였다. 고려 숙종이 화쟁국사和諍國師라는 시호諡號를 내렸다.

| 중변분별론소 제3권 |

옮긴이 박인성
연세대학교 영어영문학과를 졸업하고, 동국대학교 대학원 불교학과에서 석사와 박사학위를 받았다. 현재 동국대학교 불교대학 교수로 재직 중이다. 논문으로 「들뢰즈와 무문관의 화두들」 등이 있고, 저서로 『법상종 논사들의 유식사분의 해석』 등이 있으며, 번역서로 『불교인식론 연구』 등이 있다.

증의
손민아(동국대학교 대학원 불교학과 석사)

| 판비량론 |

옮긴이 김성철

서울대학교 치의학과를 졸업하였고, 동국대학교 대학원에서「용수의 중관논리의 기원」으로 박사학위를 받았다. 현재 동국대학교 경주캠퍼스 불교학부 교수로 재직 중이다. 논문으로「오치아이 소장 판비량론 필사본의 교정과 분석」등이 있고, 저서로『원효의 판비량론 기초 연구』등이 있으며, 번역서로『중론』등이 있다.

증의
김치온(대한불교진각종 진각대학 교수)

| 해심밀경소서 |

옮긴이 묘주

동국대학교 불교학과를 졸업하고, 동 대학원에서「유식학의 심식설에서 본 아동 성격심리의 논리적 고찰」로 박사학위를 받았다. 현재 동국대학교 정각원장으로 재직 중이다. 논문으로「한역경전 번역의 개선방향」등이 있고, 저서로『유식사상』등이 있으며, 번역서로『성유식론 외』등이 있다.

증의
김성철(금강대학교 불교문화연구소 HK교수)